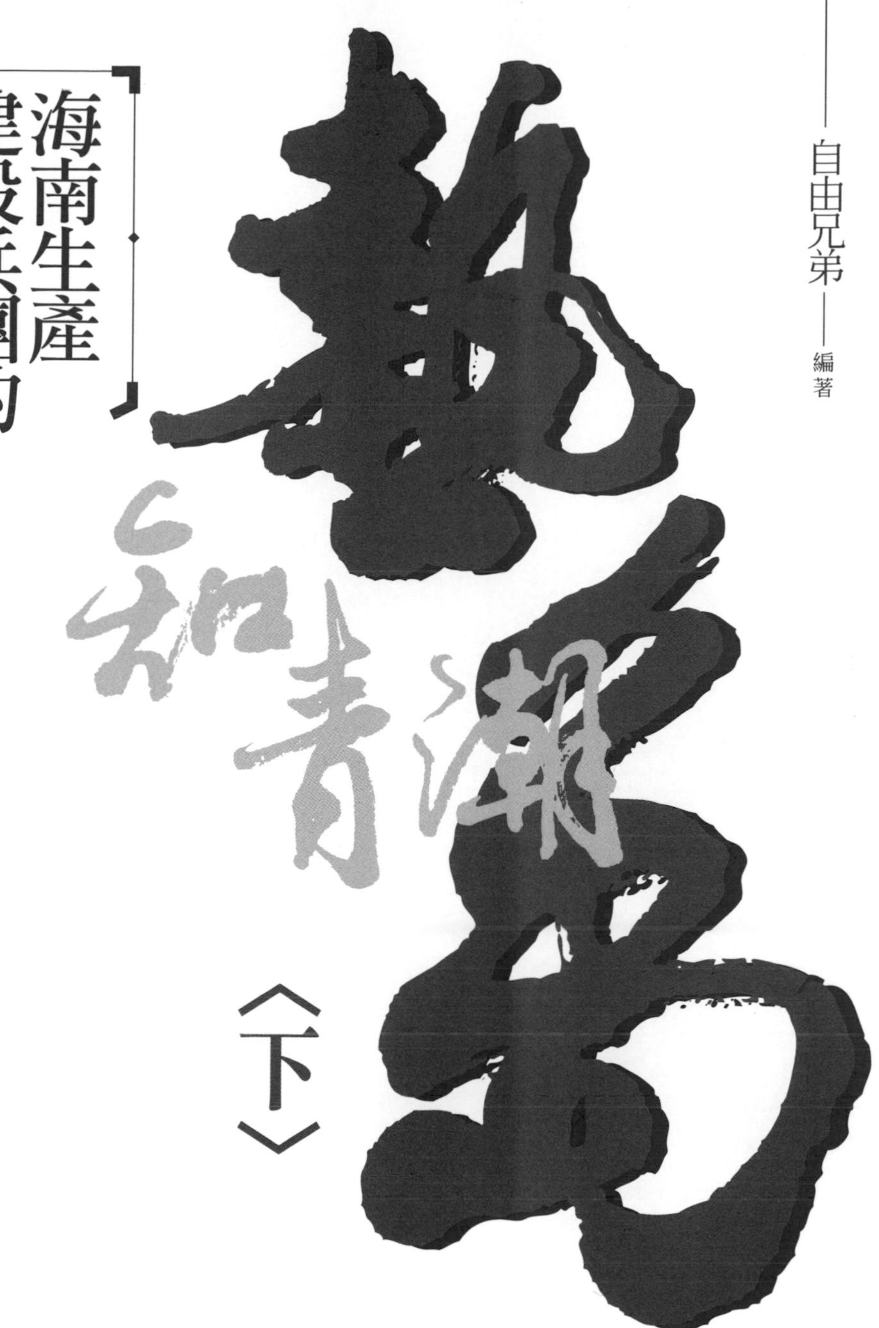

〈下〉

海南生產建設兵團的血淚見證

自由兄弟 編著

目次

第九章　難忘人性關愛的溫暖和扭曲的冷漠……005
第一節　憨厚樸實的軍工農工……005
第二節　迥然不同的連隊幹部……038
第三節　褒貶不一的「領導階層」……066
第四節　頗為風趣的民族情誼……101
第十章　曲折的返城大潮和無奈的留守長眠……129
第一節　先行一步的後門回城與照顧回城……129
第二節　奇特的病退和冒險的偷渡風潮……140
第三節　擠進恢復高考校門的縫隙……153
第四節　煩人揪心的「曲線」回城……164
第五節　無奈和自願留在農場的知青……175
第六節　永遠長眠在熱帶雨林中的知青……183

第十一章　艱難的回城拚搏和永遠的青春缺憾……193

第一節　勇於進取的成功者……193

第二節　刻苦自學的成才者……207

第三節　溫飽生計的忙碌者……220

第四節　無法彌補的青春缺憾……233

第五節　難以承受的生命之重……242

第十二章　魂牽夢繞海南兵團知青的第二故鄉……253

第一節　事業有成者的慷慨回報……255

第二節　涓涓細流匯聚的滾燙情懷……261

第三節　依然惦記著曾經滄海的夥伴……274

第四節　重新走進海南晚霞中的志願者……280

後　記　留給後人一個不加修飾的真實過去……287

第九章　難忘人性關愛的溫暖和扭曲的冷漠

第一節　憨厚樸實的軍工農工

五指山囉喔……五條河囉……
你說哪條流水多囉喔……
你說哪條流下海……
你說哪條……流回來囉喔……

月夜、溪水、灰白色的岩石上，一個十五歲多的少年正瞪大著雙眼，聆聽著一個三十多歲的黎族漢子在唱著悠揚的民歌……

那少年是我，而那漢子名叫劉文光，他來自白沙縣武裝中隊。與許多黎族大哥不同，他長得斯文白淨，中等個子，連穿著都顯得整齊乾淨。聽說他曾患過肺結核，不抽煙，也不喝酒，還時常咳嗽。一些人常常忌諱地避著他，而他，也很知趣地很少與人交往。只有自由兄弟覺得與他在一起時心情格外地輕鬆愉快……

因為同一個班，又同一個宿舍，我們的接觸十分親近。我至今仍驚歎他那靈巧的手藝：看見我的蚊帳上落有許多茅草和泥土，他砍來一根竹子，只半天工夫，就編好兩塊竹搭，又砍來幾根木棍，只片刻時間就搭起了木架，然後在我床頂和靠門口處各綁上一塊竹搭，讓我倍感溫馨……

因為年少，我常常被照顧給連隊放牛、找牛，而他則因為有病，常常被照顧去趕牛車拉木柴、運東西。於是我便常常坐在簡陋的牛車上，聽他給我瞎扯黎寨的故事。他告訴我說，黎族人十分崇拜火，每到三月三的時候，全村男女老少便會聚集曠野空地，燃起一堆篝火，先由長老將一些好吃的東西獻給火神，然後，青年男女便開始對唱情歌。發現有自己中意的人後，兩人就可以雙雙步入山林草地之中恩愛一番……

他還煞有介事地哄我，等我再長大一些，就會帶我去他們的黎寨，給我找一個全寨最漂亮的姑娘，逗得我總是盼望著快些長大……

有一次，我們拉著木柴經過一棵荔枝樹下，他突然停住牛車，只眨眼工夫，就爬到了樹上，抽出彎刀，削下幾掛圓潤的荔枝，然後遞到我的手中。

「好吃嗎？」他看見我狼吞虎嚥的神情，開心地笑問。

「好吃，這荔枝味道又鮮又甜，比其他樹上的荔枝都要好吃。」我一邊往口裏塞著，一邊點頭應諾。

「你知道這棵荔枝為何這麼鮮美嗎？」

「不知道。」我一臉茫然地停住了口。

「這棵荔枝樹上曾吊死過一個生痲瘋病的黎族姑娘。當時她的家人就在樹下挖了一個深坑，然後砍斷繩子，將她埋葬在樹下。」

「是嗎？」我驚詫地半天說不出話來，有些生氣地責怪：「既然如此，你為什麼還要讓我吃這棵樹的荔枝？」

「其實，這與荔枝無關，它不會讓你得傳染病。」好像是為了證實自己的說法，劉文光也剝開了一顆荔枝放入嘴巴。稍過片刻才歎息道：「唉！我只是想……我只是想讓你知道這姑娘當時也太可憐、太可憐了，走投無路，進不得寨子。」他忽然打住了話語，望著眼前雲霧飄渺的山嶺，喃喃自言自語地說：「不知道，不知道，以後還會不會有人記得起我……」

「你怎麼啦？阿光大哥。」我霎時感到害怕起來。

「沒什麼，來，我給你唱個新編的黎歌吧！」他撫摸著我的腦袋，清了清嗓子，便高亢地唱了起來：

下定決心不怕死囉，不怕死……
排除萬難去爭取呀，去呀麼去爭取喲……
國家大事我要管，我要管囉……
排除萬難……去爭取勝利囉，依喲勒喲咳……

悠揚的歌聲在山谷間迴盪，十分優美動聽，我也禁不住跟著哼唱起來……

就這樣，每當在連隊人多之時，他就經常教我學唱革命黎歌，而每當無人之際，他就會獨自忘情地唱起自己家鄉的情歌，但卻從來不跟我解說。只有一次，我覺得那首民歌特別憂鬱，便一再要他翻譯給我聽，他才不好意思地告訴我，那是他妻子經常唱給他聽的一首情歌，大意是：

雨打芭蕉喔……葉落淚囉……
妹想哥來也……無人知咧……
泉水長年咧…繞山轉……
遠方的阿哥喲……你何時回囉……

望著他滿臉思念的情懷，我深深體會這黎族漢子的艱辛和心酸。他的家鄉在儋縣十分貧窮閉塞的山區，上有父母老人，下有一雙兒女。為了養家糊口，縣武警中隊解散後，想到每月能有三十二元的工資，他不得不放棄全家團聚的生活，與許多戰友選擇了轉業農場的路子。為了多省點錢寄回家中，他一年很少回家，連營養品都捨不得買，只是偶爾才喝點白糖開水……

三十六年過去，二〇〇六年十一月十一日，自由兄弟與九連的知青和老指導員相逢羊城，當我們席間又提到了「劉文光」的名字時，一位當年連隊最漂亮的「隊花」竟動情地又唱起了那首古老、思念的黎歌：

五指山囉喔……五條河囉……
條條河水……會唱歌囉喔……
白軍打敗、流下海囉……
紅軍勝利……再回來囉喔……

聽著那悠揚動人的歌聲，我彷彿又回到那少年時跟隨劉文光大哥無比快樂的時光。那一刻，我趕緊起身走進了衛生間裏，我不願意讓人看到我滿眼的淚水。開始，自由兄弟總以為是自己心靈脆弱，才有這份難以割捨的情感，可是後來發現許許多多的兵團知青都有這種孩童般依戀懷念軍工、農工大哥和大嫂們的情結，有的甚至比自由兄弟更為強烈，我的心才稍微有些寬慰和釋然。

知青**潘玉英**在**〈竹簍〉**一文中回憶道：

每次看到有竹子的地方，就會想起東紅農場十一隊（豐收隊）的老工人老周，他很穩重，不愛說話，但是他那一手編竹子的手藝，卻給我留下深刻的印象。

記得當年，他對我們知青很照顧，看到我們的膠簍破了，就一聲不響地送上一個新編的膠簍。當然，他也有偏心的時候，就是編給我們幾個女知青的膠簍是雙邊的，其他人，就編單邊的，沒那麼耐用。竹子在他的手中，用途可大了，表面青青的那一層叫篾青，是用來編製籮筐、筲箕、膠簍用的；中間一層，是用來編織帽子用的；最後也就是最裏面的一層，就用來燒火煮飯，可謂物盡其用。

這個老周，可真是豐收隊一寶，他那一雙粗糙卻靈巧的手，不知為隊裏編織和修補了多少個膠簍、籮筐。記得每次大會戰前，隊裏都派他把隊裏所有的筲箕修好；大會戰期間，他是專職修理筲箕的，經過他的手修補過的筲箕，都非常結實，為我們減輕了很多負擔和後顧之憂。

他對我們幾個廣州女知青特別照顧，總是把編得最好的膠簍給我們用。要知道，一個好的膠簍，對一個割膠工來講是很重要的，膠簍除了裝每一天割膠必備的膠燈、膠刀、膠刮、磨刀石和割膠時拔下來的膠線外，當山撚熟了的時候，用來裝一簍熟透的山撚果；當油甘子熟了，摘一簍子油甘子回隊；還有的是每當下過一場雨後，在膠樹枯枝上冒出來的木耳和冒出地面的蘑菇……

那些掛滿了一樹紅的、青的、紫的山撚子最令我們興奮的了，每天割完膠後，就會迫不及待地、興奮地，但又小心翼翼地把熟透了的山撚子摘下來，一邊磨膠刀一邊吃，現在想起來都很令人回味。這個時候，結實的膠簍就很起作用了，它不是用來裝磨刀石、膠燈、膠刮、膠線，而是裝一簍滿滿的、熟透了的、大顆大顆的、令人垂涎的山撚子，回到連隊裏和戰友們分享！

更令我最難忘的，就是在我生下女兒回到連隊時，老周已經為我準備好了一個直徑大約三十多四十公分，高五十公分的竹簍。這種竹簍，隊裏每家每戶都有，是用來裝全家的髒衣服到河邊洗的，很方便但是很普通的東西。可老周卻連這麼普通的東西都為我預先準備好，而且十分精緻、結實。這些，對於我這個第一次做母親，又是隻身帶著女兒回連隊的廣州知青來說，實在是非常非常的難忘！

這個竹簍，我每天都用來裝髒衣服和尿布，在開工中間休息時到河邊清洗，洗乾淨了，還可以晾在河邊的大石頭或河邊的矮樹上曬乾，收工了，就可以拿回去，很方便。直到一年後，我調到瓊海縣府城與丈夫一起，這竹簍還很結實。記得搬家時，我用來裝上隊裏老工人送給女兒的一些小小禮物。直到現在，我每次回連隊探老工人們，總對老周說起這個竹簍。

潘玉英還深情地回憶了**〈我和女兒在連隊的日子〉**所受到連隊老工人的照顧。她說：

結婚、生小孩，這是每個女人都要面對的事，要忍受不同程度的壓力和痛苦，但每當看著自己的小孩一天天地長大，就會覺得無悔當初了。不知不覺女兒已經是二十出頭亭亭玉立的少女了，而二十多年前的情景，卻還是記憶猶新。

一九七六年二月六日，那是一個寒冷的冬天，當時最低溫度是三攝氏度至五攝氏度。剛生下女兒不到一個月，我們最最敬愛的周總理病逝了！那可是一個怎麼樣的年代啊！對於我來講，真是悲喜交織。

由於當時生小孩後身體很虛弱，血壓低，血常規不正常，醫生開了病假單，休息三個月。三個月後，自己總覺得不能超假，一來，對其他知青影響不好，二來，小孩是自己要生的，多困難也要自己去面對，儘管身體還未完全調理好，我還是回到農場豐收隊。

就這樣，我抱著女兒，回到隊裏開始了我新的生活。我是割膠工，回來後自然還是割膠。記得第一天割膠，我就像往常那樣，起床洗刷完了，點起膠燈，揹上膠簍，挑起一對膠桶就去割膠了。差不多要割完一個樹位時，突然間想起，忘了把女兒抱去托兒所。糟了！襁褓的女兒給我遺忘在床上！

由於林段離隊尚有一段路，只好一面急急忙忙割完剩下的膠樹一面心裏惦掛著還在房間熟睡的女兒，希望她不要很快睡醒。就這樣心不在焉地把樹位割完，匆匆地磨好膠刀並把膠水收完，挑著兩桶滿滿的膠水，急急忙忙地趕回隊。在收膠站，把兩桶膠水一放，也顧不上過秤，就跑步衝回到房間。一開門，還好，女兒還在熟睡。我不顧一切，就把她從床上抱起來，這時，女兒才慢慢地睜開兩隻大眼。唉，就這一刻，我才真正地感覺到做母親的壓力，心裏很亂，哭笑不得。

從這一次以後，隊裏的人都很關心我，主動地幫我抱小孩到托兒所，又主動地把幫我抱女兒回來。我女兒很可愛，不容易哭，又愛笑，又精靈，隊裏的人都很疼她，連男知青都愛抱她，老工人就更不用說了，有什麼好吃的，一定抱她去吃。

這下子，我可好了，每次收工或割膠回來，不必急於到托兒所接小孩，可以把要做的事做了，才去找她。經常是我端著煮好的米糊在連隊到處找女兒。有時候，真把我搞得團團轉。那時候，女兒在我手上只有餵奶、洗澡和睡覺的時間。

那年頭，食物十分缺乏，大人吃得簡單，小孩也一樣。那時，要吃點肉，除了隊裏每月殺一頭豬外，就要到墟上買了。有時，碰巧隊裏放假，或者我那天割兩個樹位，下午不用開工，若趕上新市鎮墟期，我都會去趕墟。從豐收隊去新市鎮要走一個鐘頭的路。每次，我割膠回來總是匆匆地吃了飯，把女兒一揹，就與其他人一起去趕集了。夏天就撐著傘，頂著烈日；冬天，用一條大毛巾把女兒一包，揹著她就去趕路。

因為擔心趕晚了買不到肉，走路總是急急忙忙的。好不容易擠進肉檔買了一元錢肉，趁著太陽還未下山，又趕路往回走。回到隊裏，把女兒一放，我整個人像散了架子似的，但想到女兒肚子餓著，未待緩過氣來就又忙著煮飯了。鍋裏的肉飄來陣陣的香味，多想拿一點嚐嚐，我也好久沒有痛痛快快地吃肉了，但一想到孩子，就會很自然地產生一種責任感，應該給孩子吃最好的東西。看著小孩吃得津津有味，就會覺得比自己吃還有味。當然，我先生有時也託人從府城帶點鹹豬肉來，這時，我就可以嚐一點點。

剛出生的小孩在開始的幾個月裏要吃米糊的。那時，要自己親自去磨米粉，但一次又不能磨得太多，太多了放久會變酸、變壞的，只能一次磨一點。雖然只磨一點點，但也要花不少時間。每次，我在半夜起來割膠時，用水把米泡上，待割膠回來，倒掉水，把米攤開晾乾，吃過午飯就去磨米。

隊裏有一個大石磨，專門用來磨米粉的，磨米粉得兩個人才可，一人推磨，一人放米。米不能一次放得太多，太多磨出來的米粉會很粗，要一點一點地放，才能磨出幼滑的米粉來。磨一斤米起碼要一個鐘頭，磨完了，得放在太陽底下曬乾。下午收工回來得趕快收回來，免得太陽下山後，沾上霧水，米粉就很快會變酸不能吃的。吃過晚飯後就拿一個細孔的銅網篩子，把米粉慢慢地篩一通，把篩好的再攤開散散熱氣。如果那天陽光猛烈，米粉就可以裝起來密封，否則，就得多曬一天。雖然，每次為了磨那一點米粉而失去了中午的午睡時間，但幾位婦女在樹底下的陰涼處，一邊磨米一邊說著家常話，逗著小孩玩，也覺得是一種享受。

我先生當時已調到瓊山縣農場部工作，由於工作單位相隔太遠，故他很少回來探我們，一切的一切都得自己去做，獨自去承擔。還未生小孩前，我是隊裏團支部書記，又是副指導員，當時，農場就只有我這個還未入黨的知青當副指導員。那時，我們隊的青年不多，才十幾個知青，他們都很自律，也算團結，不用我多費心的。

生了小孩後，我就根本顧不了那麼多，尤其是到場部開會更不可能了，因此，我向隊領導申請辭去團支書和副指導員的工作。當時我的手腕關節發炎，痛得提水、洗衣服都要咬著牙，忍著疼痛。割膠用的是手腕力，割膠時更痛，為此，經常要請假不去割膠，隊裏只好派我去做林管工。

有一天，團部來了幾位幹部，一打聽，是來蹲點的。那時候場領導下隊蹲點，絕不會平白無故下來，肯定是來抓典型的，這個典型不是好的就是壞的。我想，隊裏又有什麼典型給場部抓呢？也不放在心上。沒料到，過了幾天後，在晚上開全隊大會時，他們卻把我擺出來批評了。雖然沒有指名道姓，但全隊的人都知道那是衝我而來的。

當時，我真的很氣憤，好想哭，無奈又無助，好不容易開完會，我默默地抱著女兒，走回房裏去。那一夜，我輾轉難眠，心裏總不服氣，總想向他們做一番解釋。但冷靜下來想想，工作組的人是瞭解我的，場領導也瞭解我的，相信他們會「一分為二」地看問題。結果，我的想法是對的，工作組臨走時，特意對我說，他們這樣做，主要是恨鐵不成鋼，還說會幫我解決困難。我多謝了他們的好意，也覺得對不起他們，讓他們失望了。

後來，過了不久，歐國沛書記就找我談了一次心，轉達了場部的意思，說場部根據我的實際情況，有意調我到場部中學去當音樂老師，徵求我的意見，如果我同意，場部會馬上發調令。當時，不知為什麼我對這個消息反應麻木，腦子裏只有一件事，就是不要離開豐收隊，我捨不得豐收隊。我婉拒了場領導的好意，其他人都替我可惜，但我還是堅持自己的決定。

在隊裏，有一條不成文的規例，就是結婚以後，隊裏會批幾條木料給你蓋小伙房。蓋一間小伙房並不簡單，得備料，割茅草，扶泥牆。那時，如果沒有江門知青兩兄弟伍熾榮、伍焱朝和多瓊、秀蓮等老工人的幫忙，我自己是不可能蓋得起一間小伙房的。單是割茅草，我們就利用了幾天半休息，頂著烈日趕著牛車到幾十里外的地方割茅草；每天吃過晚飯，趁著天還未黑，就挖椿洞，一點點地挖。洞挖好了，茅草也割夠了，就可以上樑豎椿了，接著就是上頂、扶泥牆。

經過一個多月的努力和老工人的幫助，終於我也擁有一間不錯的小伙房，日後就不用再蹲在房間外的走廊裏煮東西，就連洗澡也不用到連隊洗澡房輪候了。最有作用的就是可以養雞，那時為了能給小孩多增加一些營養，我託老工人到大路去買了一隻雞回來，下的蛋全都給女兒吃。其他的知青也愛到小伙房來煮東西吃。二十多年過去了，我還是很懷念那間小伙房，我更感激江門知青伍氏兩兄弟和茂江夫婦對我的幫助。

七六年，那可是一個充滿悲痛的年代，中國連續失去了兩位國家主要領導人，失去周總理的悲痛還未平息，又傳來毛主席病逝的消息，舉國悲痛，人心惶惶。全國都在開追悼會，農場也不例外，各連設了一個靈堂，每人都在毛主席像前鞠躬。開追悼會的那一天，全農場職工奉命在場部一個大操場集合。

我們割完膠，匆匆地就往場部趕，走了兩個鐘頭的路，來到了場部每次召開全場大會的地方。因為是開追悼會，全體人員肅立，規定不能隨意坐下。也不知過了多少時間，兩隻腿已在發軟，好想能坐下來歇歇，但不行，這是一個很嚴肅的會場。這時，臺上廣播著什麼已沒心思去聽了，一心只想著快點回去餵小孩。

可能差不多快結束悼念儀式吧，隊領導讓我們幾位哺育孩子的婦女和幾位有病的職工先離開。離開會場不遠，我的兩腿就不斷地發抖發軟，走幾步就得停下來。我和江門知青歐麗兒一起走，她也和我一樣腿發抖發軟，我倆就這樣相扶著，走走停停的。我心裏越急，就越是走不快，後來全隊的人都超越我們了，我們還是走走停停的。

天黑了，我們倆才拖著兩條疲乏的腿回到連隊。走進隊裏，經過籃球場，從江門女知青的宿舍門口傳來一陣陣我女兒的笑聲和吱吱喳喳的說話聲。一聽到這熟悉聲音，我就迫不急待地跑過去，把女兒抱過來，坐下來就餵奶給她吃，心想女兒一定餓壞了。可是，這小傢伙卻一點也不想吃。一問，原來那幾位江門女知青回來後，看到她餓得直哭，就把自己從江門探親時買回來的餅乾給她吃了。

我上前謝謝她們，抱著女兒回到小伙房。一開門，看見桌子上有一份飯，不知是哪位好心人已幫我從食堂打飯回來了。這下子，眼淚禁不住流下來。我是不輕易流淚的，回來幾個月，多艱難我都沒流過一滴眼淚。但在那一刻，我實在忍不住了，因為隊裏的人對我太好了，試想，如果沒有好心人的幫忙，我那天的情況就糟透了。

一九七七年三月，我調到瓊山縣府城鎮，和我先生一起，從此，我又開始人生另一種生活。離開豐收隊時，我真依依不捨，捨不得豐收的人，捨不得那條清清的小河，捨不得那乾乾淨淨的林段，更捨不得坐落在老膠林中的宿舍和我的小伙房……

類似的老軍工、老農工的關愛，在許多知青的腦海都記憶猶新。知青**陳經緯**在**〈接受「再教育」中的插曲〉**也曾有一個感人的細節：

……一九六九年的春天，我和菊秋、偉芳一起分配到了政治班長林志謀的班裏，勞動了大約一個星期，翻土、挖大芒、撿草根，然後堆積起來點火燒了來作為種花生時的草木灰肥料。對老工人來說，這種活是最輕鬆不過了，可是對我們剛歸國的華僑學生來說，尤其是菊秋、偉芳她們兩個女孩子，這種連續揮鋤兩小時的活可就算是平生從沒幹過的重活了……

老林班長還有其餘兩位婦女都按照隊長的交代，時時刻刻留意著我們，看見我們幹到無法再揮鋤時，總會及時下令歇一會兒的。我們把鋤頭一扔，一屁股坐在大樹墩上喘息，只見另一位聽說是苗族的副班長，此時就會收集很細小的枯枝、乾草之類，堆成一小堆，耐心地點火，然後撿起清理田地時發現的幾個番薯（地瓜）放上去烤，烤完以後便分給我們大家來吃。看著我們幾位知青吃得香，他們嘴角也洋溢著笑意……

為了妥善安置來場的知青，有的農場老工人甚至義務擔負起照料知青們的家長和兄長責任。知青**4050**感慨道：

二〇〇七年四月二十一、二十二日，當年南林農場楊梅隊退伍老兵余金明夫婦倆，專程到廣州看望曾經同甘共苦共同生活多年的知青們，受到大家的熱烈歡迎。

當年老余對楊梅隊的知青們無論男女真可謂無微不至的關懷，他家的小伙房就是我們的食堂，只要他家有什麼吃的，哪怕是一點糖水，首先想到的就是我們，殺個雞、宰個鵝更忘不了叫我們去「掃蕩」。我們那時的「三光政策」比鬼子們更乾淨與徹底。誰的工具鋤頭、砍芭刀、斧頭等，每天出工前都是他幫準備好的，該磨的他先磨好，該修的他早修好，晚上在海邊站崗放哨他總是衝在前，在勞動中他總是將難做的留給自己，十多年如一日無私無怨地關心愛護大家，他跟我們的感情是十分深厚的。

回城後，雖然大家天各一方，但這個關係依然如舊地保持著，經常通過電話互報平安，碰到困難時互相鼓勵，互相支持。二十多年後的再次相聚，真是十分感慨，在那個環境結下的情誼，只有我們自己能體會，正如他老婆說：「你們與老余的感情真比親兄弟還要親。」

知青481005也深情地回憶說：

……二○○六年十一月農場場友廣州聚會，我遇到我的班長楊文權，他夫妻倆也參加了這次聚會。看見他們倆，使我格外親切地想起在連隊的一段往事。老楊是我的班長，四川人，那時他的岳父母都在一起，老楊的岳父姓黃，我們都叫他黃大伯。

他和黃大娘都非常勤勞，家裏養了很多雞、兔子，還種了各種蔬菜和薑芋、煙葉等，每到月末，我們這些煙民都是靠黃大伯的煙葉來度過那幾天的艱難日子的。那時老楊一家對我非常好，經常叫我去他家吃飯，黃大伯醃的四川泡菜，都是從山上採來的野菜泡製的，非常爽口，即使回來二十多年，每每憶起都回味無窮。還有那薑芋粉做的粉皮，都引起我無窮的追憶。

一九九六年回海南農場，我特意帶了一點海味和一些禮物，回連隊探探我的老班長和他們一家，但連隊的工友說他九三年就回四川了，我聽到後感到很是遺憾。這次廣州聚會，能夠見到他們夫妻倆，得知他們現在隨兒女在廣州，生活各方面都算可以，我的心也感到一點欣慰，只是多敬了他們幾杯，以了卻我的一段思念。

知青**風雨同舟**說：

> ……十六連的丘國光是我的班長，又一起做「衛生戰士」。有一次我和曉蘭跟著他，用一大包野芋頭煲成一碗藥茶，潮汕知青羅喝下去流了半碗鼻血。他的朋友想動手打人，班長老實地說：「過半個小時再打嘛。」好在那碗藥茶逼退了羅一週的四十度高燒，轉危為安。丘國光心中有數，我們差點沒給嚇死。還有黃錦芳啊，我被蜂螫成豬頭，就是你連夜上山採藥，搗爛了給我塗滿整個腦殼和畫個大花臉，我躲在小茅屋裏三天不敢出門。可如今想來卻是無比的感激和溫暖……

這些軍工、農工不僅心地善良，而且能夠坦然面對坎坷逆境。知青**亞東**對此心存敬意，他在〈**大吹和二吹**〉一文中回憶道：

> 海南農場的生活十分單調，為了打發日子，人們充分利用群居社會的特點，自娛娛人，主要的內容就是吹牛。我們生產隊有兩個人特能吹，人稱「吹伯」。剛去的時候，聽不懂客家話，一次在村口碰到號稱「二吹」的李觀球正在向隊裏的幾個客家老太太說牛打架的事，可能最精彩的一段剛講完，他兩邊嘴角已積滿白沫，背著手，得意洋洋地看著幾個驚得一直張著嘴、瞪大眼睛的老太太嘿嘿直笑，連說：「唔系嘛該（可不是嘛）。」另一個掉了牙的矮個小老太太則不停地發出「阿咩……阿咩（媽呀）」的驚歎。
>
> 因為李觀球吹的都是雞毛蒜皮的事，所以只能逗逗隊裏的老太太，有一搭沒一搭的。講的人煞有介事地比比劃劃，聽的人虛張聲勢地發出感歎，鼓勵著講者繼續發揮，反正誰都沒當真，不過是湊熱鬧，撿個樂。應了東北人那句話：「下雨天打孩子，閒著也是閒著。」我之所以一直記得這個場景，就是因為講的和聽的都透著假，還都做得那麼「蠍虎」，絕了！

說到二吹，自然少不得要說「大吹」了。「大吹」是我們司務長老王他爹，據說是黃埔軍校五期的學員，畢業後當過海陸豐聯縣特派員！他老人家吹起來譜可就大了，動輒就是蔣介石、周恩來如何，平時老百姓難得聽到的名人逸事，到他那成了閒話家長，聽得你一愣一愣的。我們隊沒電，海南島漫長的夜晚裏，有這麼一個見多識廣、口若懸河的活寶，不知給那裏的人們帶來多少樂趣。

據說他家小伙房門口，天天晚上都是圍了好幾層人在聽他吹，有的人為了離得近點，吃完飯就早早去占位子了，精彩程度可想而知！可惜我們去了後，工人和知青們互相猜忌，都怕對方說自己沒有階級立場，結果是「麻稈打狼，兩頭害怕」，再也沒人找「王伯」聊天了。我與他的緣分淺，其口才只領教過一回，還是批鬥他的會上。

一九六九年，隨著「一打三反」運動的不斷深入，一大批「隱藏得很深」的「階級敵人」和「蛻化變質分子」都陸續被揪了出來，王伯的稱呼也與時俱進地變成「王八」。他是一個隨遷的職工家屬，七十歲了，那時已不大出門，以至於鬥爭深入到把兩口子「耍花槍」的話都拿出來上綱以後，居然還沒動到他這個大頭。懼於「階級鬥爭的蓋子沒揭開」的罪名，駐隊工作組還是將他問題提到議事日程上來了。

工作組召集我們這群骨幹認真分析了敵情：階級鬥爭是複雜的，狡猾的「老王八」放了這麼多年毒，我們居然沒有抓住他的狐狸尾巴！從目前掌握的情況來看，還很難確認他的具體「罪行」，這說明我們連隊階級鬥爭這根弦還繃得不緊，革命的警惕性還不高！如何能證明他雙手沾滿了人民鮮血，或是國民黨潛伏下來的老牌特務呢？因為我黨的教科書上早就說過，這些人的頂子是用革命人民的鮮血染紅的，罪行是肯定的，還沒挖出來罷了。而且還有一個同學曾套過他的話，證明他懂無線電！毛主席教導我們：「在戰略上要藐視敵人，在戰術上要重視敵人。」怎麼攻破缺口呢：

地主出身？他是早年背叛家庭投身革命的；

國民黨員？那是國共合作時期，毛澤東都入過該黨，不好發揮；

鎮壓海陸豐農民革命？他說到任上就沒問過政務，並且因對國民黨不滿，不久就脫離了國民黨的「黨組織」。

早有人提出過外調，但根據線索，他的知情人如蔣介石、陳誠等，要等打下臺灣才行。我黨這方，則周恩來、葉劍英等老一輩無產階級革命家工作都這麼忙，肯定抽不出時間過問此事，陳炯明等大軍閥又早就死了。

搜集他平時的言論，好像也不得要領。現在我還記得兩條：一是說當時蔣介石剃著青嗶嗶的光頭，手裏拄根文明棍。二是自稱當年脾氣很壞，有一次和小媽吵架，掏出手槍一槍把小媽打到樓下去了。前者是貶意的表述，後者是地主階級內部矛盾，是狗咬狗的事情。最後的方針好像定為：以革命的理論分析他的反動實質，由工人群眾現身說法去揭露他的剝削階級本性。雖然誰都心中沒底，但鬥爭會是非開不可的，「在鬥爭中學習鬥爭」嘛！

經過緊張的籌備，在夏天的某個涼爽的晚上，在連裏那盞汽燈的嘶嘶聲中，批鬥會開始了。首先是工作組長一聲斷喝：「王××，你出來！老老實實向黨和群眾交代你的反動歷史！」自然，口號聲適時響起。同一時間，在後排陰暗的角落裏，響起了清脆的「卡拉板」聲，由遠及近。那時早就興塑膠鞋或者輪胎底了，沒想到這個老古董還穿著木拖鞋。板聲一響，後排黑影裏就有人發出「嗤、嗤」的笑聲。

回頭望去，只見此君鶴髮童顏，精瘦的身材挺得像根竹竿，洗得藍裏透白的一身寬鬆衣褲配在上面，怎麼看都像披了一襲斗篷似的。他繃著臉，氣宇軒昂地邁著大步。如果是穿著硬底皮鞋或是帶著馬刺的皮靴，那響動自是威嚴，可偏就配了雙「卡拉板」，像數來寶的演員一邊打板一邊登場一樣，衣褲隨著步伐一竄一竄地蕩著，就這麼飄飄悠悠地走到臺前，那模樣既像蘇聯電影裏的騎兵師長「夏伯陽」，又像《封神演義》裏的「濟公長老」，還沒說話就有人笑得岔了氣，真不像話！

王伯操著純正的粵語，開始了侃侃而談：先是如何投筆從戎，再到黃埔軍校的軍旅生活，隨即是國共高層的活動、反軍閥的鬥爭、商團叛亂……本來這時候應該有人出來喝停，並喊一些：「不許某某避重就輕！」「敵人不投降就叫他滅亡！」之類的口號，但大家聽得出了神，都忘了這是一場嚴肅的階級鬥爭……反正當時會場上確是鴉雀無聲，誰都怕聽漏了這段絕版的「民國演義」。他像講鄰里間的事一樣繪聲繪色地大談澎湃領導海陸豐農民運動的趣事，聽得人緊張、興奮，講國民黨如何無能，自己如何跟上司頂牛、陽奉陰違，最後掛冠脫靴不辭而別，聽得我下意識中反倒替他叫好。隨著故事的跌宕起伏，聽眾們又進入了三十年代民族工業如何艱難發展的歷史，彷彿親歷了王伯那家「生生輪船」公司的慘澹經營……

我還記得故事的結尾，他說：「到著日本仔打淡水，遇啱一個飛機轟炸，嘔喉，含不啷謀矖！」像我們喊萬歲時為表明心跡，要雙手握拳竄起來高呼一樣，王伯最後也將雙手呈V字形伸向上方，但手卻是鴨掌一樣，是撐開的，眼睛看著臺下，說不上是形容鬼子炸彈的氣浪還是形容他的家當，那眼神、那動作，好像對大家說：「我什麼都沒啦，還要咋地？」或是「我投降啦，還不行嘛？」就此，王伯的交代在哄堂大笑中嘎然而止。像剛上臺一樣，他氣定神閒地立著，好像還要等掌聲一樣。半晌，工作組長才回過神來，急忙領著眾人喊了幾段口號。

接著是由一位經過工作，已經「覺悟」的投親靠友人員上臺揭發，說是他剛來生產隊時沒工作，王伯帶他到山上打白藤（就是做藤椅的那種藤條），作為代價，打到大條的要給王伯，細的才歸自己。這說明他的剝削階級本性到什麼時候都不會改變，遇有適當的時候就會出來表演云云……據說會後他三爺把他好個罵，這是後話，會是怎麼散的已經不記得了。

王伯當時講的很多事都很可笑，七〇年我探親學給廣州的人聽，把他們都笑壞了。可惜，他那時在講一個四十多年前的故事，而我現在回憶的，差不多又是一個四十年啦，好多細節都淹沒在漫漫的歲月中了。蘇聯作家沙米亞金在《多雪的冬天》一書中的感歎道：「時間的翅膀啊，你是那樣的堅硬，只一展，就飛得那麼遠了。」寫到這裏，我的心情也是如此。

好像是二〇〇二年我們在惠州聚會那一次吧，得知王伯在遣送回鄉後已經作古，他的真實故事也再無人過問了。但每當憶起往事，那個穿著大布衫，趿著「卡拉板」，在悅耳的敲擊聲中飄然登臺的乾瘦老人的形象就時時浮現在腦海中。在排山倒海的運動面前，他是那樣的卑微和無助，卻又是那樣的豁達和從容。是的，面對著人生的溝溝坎坎，我要向王伯學習，趿著我自己的木拖板，在這自嘲而又自得的聲響中，大步趟將過去。

知青**黎服兵**關於**〈老董〉**的回憶更是值得一讀：

……老董，伴隨我度過苦澀青春的退伍老兵。從他身上，我知道了什麼是人生和苦難。我佩服他的堅韌不拔，也佩服他的聰明狡黠。在他身上，我學到了許多許多。要不是這次回農場在大老史家遇到，我已把這段苦難藏進腦海深處一個角落，不想提起。

我在武裝連因為多嘴，被流放到武裝連剛開墾的邊遠大山，開始了第二次建新點的苦難生活，開頭幾天全體人員只有武裝連派出的五人，後來陸陸續續由各隊調進，除了連隊幹部外，其他人不是調皮搗蛋，就是身體有毛病，再就是出身不好，巧的是全隊僅有的五個男知青，都是廣州的，他們的父輩，也是同一支抗日游擊隊的戰友。

晨星十隊就這樣組建起來，開始了建草房、打水井、挖苗圃的勞作，就如兩年前建十三連的重複。在建草房糊泥牆的當口，山口進來一部拖拉機，拖拉機載著一家五口，兩大人三娃娃，最小的一個還叼著媽媽的乳頭，這就是老董一家。

老董精瘦黝黑高個，眼神精神靈動。開始我倆不認識，第二天糊泥牆時我帶班，太陽當頂毒辣無比的時候，剛轉身拉泡尿回來，全班男女沒了蹤影。我剛開罵，老董第一個「嗖」地從無牆的草房陰影裏蹦了出來，雙腳快速踩著泥巴，跟著我喝罵偷懶的男女，這傢伙滑得很呢。

不過老董幹活麻利，樣樣在行，上山砍樹條子，下山編草排，芽接、定植，樣樣拿得起放得下，但有一樣他是死活不幹的，就是打砲眼放砲的砲工。從這點表現，我就知道他是個工兵油子，懂行，怕死，因此對他也有點鄙夷。

後來相處久了，才對他有所理解。他是山東兵，其實很講義氣，碰上我這從學生娃轉入江湖的子弟，很對脾氣。他不願幹危險性高的活，是身負四條生命的原因。老董五十年代當的兵，五八年隨部隊復員到了海南晨星農場，因為有文化，一來就當了生產隊會計，娶妻生女，轉眼就遇上「文革」。當然，六十年代退伍兵鬧海口的熱鬧場面他也是主角之一。

「文革」後期清理階級隊伍，農場也跑不掉。老董管帳、管錢，是當然的懷疑對象，加上他的大女兒（當時三至五歲）不知是搞髒了一張領袖的像還是說錯了一句話，他就成了全場重大案件的主角，進「學習班」，被拘留審查。他老婆是農村女人，沒見過大場面，認為老董完了，要挨槍子兒，被嚇瘋了，成了精神病人。工作組見出了大事，老董本身也查不出什麼問題，才把他放了。

這回老董不依不饒了，天天找隊裏和場部要說法，要賠償。他口才好，也占理，但農場是不能講理的，不賠錢（沒錢？），不治病，不糾正平反，一拖拉機把老董一家五口送到最偏遠、最艱難的新隊——十連。

在這期間，瘋婆子還給老董生了個小女兒，從零歲到六歲，一連三個女兒，把老董牢牢地釘在十連動彈不得，到場部一來一回得一天，四張口都等著他餵飯呢。瘋老婆的病不時發作，抱著吃奶的小女兒赤裸著爬上山罵大街，喊冤叫屈，叫毛主席睜眼。她說的是山東土話，我們只聽懂一半，那調子聽得我們心驚膽戰。特別是黑夜，那撕心裂肺的呼聲，連狗都嚇得趴下打哆嗦。每當婦人發病時分，老董得忍著屈辱和無明火，給她披衣灌藥，拉她回家。我住他家隔壁，看著他遭難而咬緊牙關不吭氣，不罵瘋老婆，暗暗佩服，是條漢子！

看他日子難過，我們都生了惻隱之心，在老婆鬧、孩子哭的時候，幾個廣州知青都想幫他一把。但老董的屋子髒得難以想像，一進門腳下就滑溜溜的，屎尿的惡臭襲來，能沖人一個跟斗。女知青講衛生，不得不退，男知青也很難堅持，最後剩廣州發配來的小偷名叫小黃的和我，因為和老董同一個排，硬頂下來了。我們常把三個髒得像土撥鼠般的女娃子提出來交給女知青打理，把髒被子衣服扔到河溝裏淘洗，還用星期天挖掉屋裏一層髒土，墊上新土。搞了幾回，老董的家終於能進人了。

老董月工資大約是三十二元，要養活一家五口，實在沒有一點可能性。知青一人有二十七元，是大財主了。男知青的錢是留不住的，一發工資，到農村去買雞鴨狗什麼的，幾天就花完，雖也叫老董家大小來吃，卻頂不了一個月饑荒。女知青好心，家裏有寄來吃的也留給老董的女娃子，錢有餘的也經常塞給老董，老董可不願占這便宜。

那時每人每月要交二百斤乾柴火到食堂，交不夠的一斤扣兩分錢。那幾個廣州女知青身單力弱，哪能交夠柴火？累計下來，每個人欠了有千把斤。我代理司務長，照連隊定的規矩扣，算下來就有了五六十元錢在帳上。老董知道以後，跟我說好，柴火由他來打，錢由我退。接連好幾個星期天，老董都扛來最重、最耐燒的大樹頭，炊事班的伙夫吵著不肯收，說樹頭劈不開怎麼燒鍋，被我說好說歹壓服，把女知青的柴火帳都了了。女同學們最後還是把這筆錢硬塞給老董，看得出，這倔強的山東漢子眼圈都紅了。

這幾千斤硬木疙瘩堆在伙房，伙夫們只能乾瞪眼，後來都讓我練了劈柴功夫。甩大錘換了掄斧頭，倒也痛快，和幾個伙夫也成了朋友，以後凡有大樹頭，都喚我來劈。半年下來，樹頭劈完，功夫已成，接著寫出了〈鋼斧篇〉。在十連的日子是我大量讀書，傳抄地下文稿、詩篇，寫作的一個高峰期，自我幻想為遭流放的俄羅斯十二月黨人，而老董就是我最基本的勞苦大眾。

老董好讀書，有機會總從團部撿回一些半新不舊的《參考消息》，在晚飯後難得的閒暇中和我討論國內外大事。說得投機了，我也會滔滔不絕地胡謅，他在一旁畢恭畢敬地聽著，歎著，讓你欲罷不能。也因為有此鍛鍊，團部建黨工作組來隊工作時，讓我這不是黨員的知青給全體黨員上黨課，這也算是奇聞吧？從阿芙樂爾巡洋艦說到甘迺迪、赫魯雪夫的「廚房辯論」，從托洛茨基說到陶里亞蒂，直把全連黨員侃暈為止。

十連離團部遠，途中還要翻一座山嶺兩條河，團部的電影我們看不著，只好到隔一條河溝的黃嶺（三團）一個連隊去看電影，他們那好像一個月能放一場。每到這時，十隊會提早收工，全體出動，小孩子們更是興奮，一路小跑跟著。老董的孩子小，又沒鞋穿，往往是我肩頭扛一個，小偷肩上扛一個，上山過河又上山，小傢伙們興奮莫名，我們也樂在其中。上月回場碰到已為人婦的二丫頭，我打趣說她小時候還被我抱過呢，她羞得臉都紅了，端上一盤甜甜的西瓜。

因為和老董共過患難，凡事推心置腹，他還給我說過親。我排有個苗圃班，都是女知青，挺聽我的指揮，和老董關係也好。不知哪個傻丫頭動了我的心思，讓老董來說，我當時一門心思要回城哪敢答應，只寫了一闋〈清平樂〉回贈，現在只記得一句：「我輩應生醫國手。」倒是辜負了女孩和老董的一片好心。

更為難得的是，一些軍工、農工不為當時「以階級鬥爭為綱」的政治形勢所惑，依然善待遭受困境的知青。知青jake在**〈老班長〉**一文中就講述了這樣一對夫婦給他的關愛：

我「上山下鄉」的另一個收穫是開拓了社會人生的視野，結交和擁有了許多朋友。而朋友中我最想見的是我的老班長……

老班長姓李，廣西人，少數民族。一九六〇年退伍轉業軍人、中共黨員、身高一米七五，生得精悍敏捷，清瘦的面上雙目精光閃閃，為人善良正直，幽默風趣，說著一口半鹹不淡的普通話。平常的一句話，他說出來總讓人展顏一笑。六八年剛到連隊時，我們三個同學分到他的班上，我們一聲大哥，令他歡喜到不得了。從此待我們如親兄弟，領我們到他的家，翻出三把上好木材的鋤頭把，裝上新鋤頭，開始了我們戰天鬥地的新生活。

老班長教我們上山砍原木怎樣才不會在原始森林迷路，炸穴種橡膠樹怎樣裝炸藥才安全又爆炸力大等等。在上中學時我們也下鄉勞動過，但那時候是野營性質，現在可都是玩命的活。老班長對我們班九個知青都很照顧，危險和粗重的活搶先幹，那可是衝鋒在前、撤退在後。我們那時剃個光頭，在海南島熱毒的太陽下不肯戴帽，誓要曬黑皮膚煉紅心，他搖搖頭笑著說，飯要一口一口地吃，急不來的。海南農場一年內有三四個月沒有青菜吃，餐餐吃蘿蔔乾和醬油送飯，只有老工人才可以擁有自留地種菜。此時，他就常常招呼我們三個到他家吃飯，吃點青菜解解饞。

那時候大會戰一個接一個，早上午時摸黑上山，晚上還要燒著火把幹兩個小時才放工。海南島冬天的河水也冰涼刺骨，老班長的母親總是默默地燒好一大鍋熱水等我們回來洗澡。我在農場十年沒有患上知青常有的風濕病，我想除了當年我們常常煲蛇粥（當地盛產飯鏟頭毒蛇，但當地人不吃。每當有人捉到毒蛇，就會站在操場大叫：「廣州仔，快來捉蛇去煲粥！」），主要是勞累後沒有浸凍水，有熱水沖涼。

橡膠樹苗越種越高，一路種到大山頂原始森林的邊緣。晨霧像白色的飄帶掛在半山腰，我們從山頂望下面的村莊，就像七仙女在天庭望著人間的董永，景色十分美麗。瘴氣隨著山風從山間一陣陣湧出，沒有任何防護，我們都知道危險，但沒有辦法，軍令如山，只能加緊工作，汗水和著大山蚊一把一把從臉上和我手臂上抹下，我終於倒下了。在團部衛生隊茅草房的木板床上足足躺了七日七夜，幸好遇上上海醫療隊防治瘧疾巡迴小組巡迴到我團，才得到根治。那時不興打吊針，吃的藥是有效的，但都要經過一個發病週期。每天都在等待病魔的來臨，先發冷，冷起來蓋三床棉被牙關也咬得咯咯聲響，然後發燒，一直燒到來四一點六攝氏度，打退燒針也沒用，我都燒到暈了過去。迷糊中知道自己被脫光光，醫生用酒精幫自己抹身散熱，最後的壓軸戲是出一場透汗，整個人像被人淋了一桶水，高燒慢慢退下去了，人感覺到周身一鬆，疲勞卻慢慢湧上來，於是又昏睡過去。

我還記得上海醫生姓金，一個三十多歲的臉冷心熱的漢子，留著小鬍子，寫得一手漂亮的斜體鋼筆字。他力勸我住多一個禮拜，但每天躺在床望著四壁泥牆，我實在怕了。最後，金醫生開了一大瓶硫酸亞鐵片劑（可能有一斤重）給我，足足吃了一個多月。

在那七天七夜裏，我也不記得有沒有吃東西，護士姑娘每日二次查房探熱，葡萄糖是沒有吊的，我記得的是每天趁發冷發熱之間的間隙，爬起來一搖三擺地去拉尿，然後爬回去床上等下一個節目開始。這時候，老班長探我來了，帶著塑膠熱水瓶裝了一鍋雞粥送來，他說：「你大嫂煮好讓我拿來。」我當時和著熱淚吞下，大哥大嫂，你們不是親人勝似親人。好在年輕，熬一熬也過去了。不過幾天工夫，一個精壯的漢子變成了猴子，從此以後，我的身子就再未強壯過。

有一段時間，我被工作組整到「死上死下」，為了不株連別人，只好自我孤立。一日，我路過老班長家門口，大嫂叫了我進屋坐下，問我為何很久不來家坐坐。我將和工作組的矛盾向大嫂訴說，大嫂說：「哪有這樣整人的，我的家庭成分是貧農，你不用怕，有什麼事來找我好了。」她的話令我感到人間的溫暖，增強了我活下去的勇氣，令我永世不忘。

當年我年少無知，也做了一些傷過老班長心的事。一日，老班長叫我星期天幫他家殺豬。家裏殺豬在農場是一件大事，我根本幫不了忙，要我去只是幫忙分享他的榮耀。不巧，那天我有事。

我有一個很尊敬的同學，是六〇年印尼歸僑生，生活習慣優雅講究，卻被批判資產階級生活作風，懲罰性地調往深山一個新連隊。我每年都去探望他一次，一方面是心中掛念想見見他，另一方面含有不讓人看小他的涵義。你看一個人在深山裏頭，從來沒有一個人來看望他，別人會怎樣想，而我就是探望他的這個人。

從我的連隊到他那裏，來回要走八個多鐘頭的山路。簡易公路沿著溪流蜿蜒而上，海南島森林的景色極美，枯藤老樹，鹿叫猿啼，但那時只覺得滿腔淒涼。我一個人走在黃泥路上，路總是走不到頭。寫到這裏，腦裏浮現出當年同學孤單的身影站在山坳口的大樹下盼望著我的情景，心中依舊淒涼。

我的這次約會，是兩個星期前託人帶口信約好了，他連隊的電話，是聾子的耳朵——擺設，不通的，沒辦法改期只好上山去。待我回到連隊，天已黑了。同屋告訴我，大嫂找我幾次，叫我去吃飯，老班長給我留了一大碗豬肉，我當時真是羞愧難當，感激難言。

日子不緊不慢地過去，我和他都離開了原來的連隊，但過年過節都有來往。後來，我回城了。回城之前，我去他連隊和大哥大嫂告別，想到以後天各一方，大家眼圈兒都紅了。分手後我走到村口，大嫂從後面趕來，拿出二十元錢送給我。二十元當時是半個月的工資，老班長他上有白髮高堂，下有嗷嗷幼兒，節衣縮食過日子，我死活不肯收，她死活不肯收回。她說我回到廣州沒有工作，一定用得著。最後，我拗不過她，只好收下。真是「桃花潭水深千尺，不及汪倫送我情」。

回到廣州後，我很長時間找不到工作，每天為兩餐奔波，慢慢地海南的事都忘懷了。在九十年代中期，許多農墾工人退休後都選擇回家鄉定居，聽說老班長也回去家鄉了。如今藉知青網平臺，讓我表達對老班長深深的敬愛和感激之情：大哥大嫂，你們的日子過得好嗎？身體還好吧！我真的好想好想你們！

值得多說幾句的是，作者愚石的這篇〈老班長〉，是我看到回憶老軍工們最好的帖子之一。作者不僅語言流暢，而且情真意切。所述老班長對知青在工作上指教，在生活上關照，尤其是在政治上關懷，不懼壓力依然如故地溫暖著「挨整」的知青，其人性關愛的光輝實在令人感動。而且那老班長的妻子在作者要回城之際，早已料到了日後生活的艱難，竟慷慨地贈予相當半個月工資的二十元錢，其拳拳疼愛之心，怎能不令人感激不已、思念至今？

下了「紅衛輪」，剛從海口乘車到達六師十團（烏石農場）團部，我和全然不認識的幾十名一起來的廣州知青，被留在團部參加為期數週的新兵學習班，等待分配下連隊。

也不知道是什麼原因，我被大家自由投票選了當排長，成了學習班的「最高首長」，其實那時我還戴著「黑七類」（父親被扣上這頂大黑帽的罪狀，包括「大右派」、「歷史反革命」、「反動學術權威」及「以自殺背叛黨和人民」等等）子女帽子，只不過受蒙蔽群眾的眼睛不怎麼雪亮罷了。

既當了「首長」，就不能不事事帶頭起模範作用，於是到分配時，上級領導暗示我們幾個當班排長的要帶頭主動要求到最艱苦的新建連隊去，於是我第一個表態，於是真的就與其他二男二女被分到新建不久的二十一連。「排長」這官職（臨時的，民選的，沒正式任命的）也就當了十來天。從離開團部那天起，我又回復到了普通一兵的身份，此後十年，一直都沒再當過「官」了（班長、團宣傳隊創作員、中學文藝宣傳隊負責人等等當然不算「官」）。而這十來天的「官」給我的最大收穫，就是一到兵團就去了全團最艱苦的新建連隊，這在我們那一批數十名知青中，是少數，大部分都被分配去老連隊。當然，這是自找的，怨不得別人。

二十一連位於中線國防公路一百三十公里處，老工人習慣把連隊簡稱為「一三〇」。我們知青倒很喜歡這個簡稱，因為聽起來有點神秘感，很有點部隊番號的味道，寫信給那些沒來成兵團去了農村插隊的同學時，信封上神秘兮兮地寫上這「番號」，自然「番號」前不會忘記寫上「中國人民解放軍廣州軍區生產建設兵團六師十團」，滿像什麼保密的國防單位，多少滿足了心底裏的一點虛榮。

連長梁日章是個看上去滿慈祥的中年人，慢性子，脾氣很好，極少發火，沒有一連之長的架子。姓王的指導員平時也總是笑嘻嘻的，但某些時候那副黨支部書記派頭讓人對他敬而遠之，人也是個好人，只是

知青**麥蒔龍**在**〈班長陳創牛〉**中也深情地回憶了一位老軍工對他的關懷：

在一些不大不小的事情上愛嘮叨幾句。

我分在二班，班長陳創牛是個待人熱情、性格活潑、幹練、機靈的小個子，據說在部隊時當過首長警衛員。我很喜歡我的班長，可惜只和他相處了半年多，後來我被抽調到團宣傳隊當創作員，就與他分開了。再後來曾一度重返二十一連，卻去了炊事班當「上士」，二十一連「移防」（整個連隊搬遷到更偏僻的山旮旯裏）後，我二度從團宣傳隊回連，又去了另一個生產班當班長，不能再跟他了。再後來二十一連解散，我去了八連當小學老師，不記得他去了哪個連。之後我調去場部中學，就再也沒有與他有聯繫，直到我離開農場。二〇〇五年五月我回訪烏石，打聽之下，才知他早已舉家調去了別的農場。

陳創牛班長是我在兵團（農場）十年期間唯一的班長，因為後來我先後在團宣傳隊、七八小學、場部中學工作，頂頭上司中再也沒有班長編制。與班長相處，會有一種很放鬆、很舒服、很親切的感覺，沒有壓力和拘束。他那機靈、略帶點兒調皮甚至狡黠的笑容，不會令你覺得他是你說一不二的頂頭上司，而是比你大不了多少的兄長，是與你從小玩到大、不時愛跟你開個小玩笑的鄰家哥哥。

剛到連隊時，由於是新建連隊，條件很差，知青們沒有自己的小伙房，食堂也沒能力供應洗澡用的熱水，大家都只好到小河溝去用冷水擦身。連從潮汕來的農村青年都對著那刺骨冰冷的河水發怵，何況我們這些從廣州來的城市知青。下連隊第一天晚上，我在小河溝邊，邊發抖邊用冰冷的河溝水簡單地擦了擦，往回走的路上發愁此後整個冬天怎麼辦，忽聽一聲「小麥！」，回頭見是班長。他熱情地硬拉我到他的小伙房去，指著一大鍋熱水，笑著命令道：「以後你就每天來我這裏洗澡！」我的心一熱，頓時覺得全身都暖暖的，有了一種「家」的感覺。

班長平常是笑口吟吟的，很少耍態度發脾氣。但幾個月之後，沒想到他竟對我發了一大通火，甚至連「三字經」都罵出來了。那是一次全團開荒大會戰，我自告奮勇當了爆破手。也沒怎麼學爆破技術和避險知識，只是簡單瞭解一下基本的操作，就倉卒上陣了。

結果是理所應當的。頭兩輪爆破相安無事，第三輪，我在點最後幾砲時，最早點燃的已經爆響了，爆炸聲越來越近，炸起的沙石沙沙地落下，有的砸在我的背脊。我點完最後一砲，扔了火捻就拚命往安全地帶猛跑，忽然一小塊被炸飛的小石子，遠遠從後面飛來，斜斜地擦著了我的額角。幸好，不是正正地砸中腦袋，否則很可能就此報銷了小命（也不知為什麼，那天竟然沒戴任何防護頭部的護具，只戴了一頂布軍帽）。

血流了半邊臉，班長本來就不怎麼贊成我去搞爆破，只是我好勝堅持要去，領班的退伍兵老苗（一個有點「油」的老兵，據他自己說在部隊跟雷管炸藥打了多年交道，從沒出過事）又拍胸口直說「沒問題」，才勉強讓我去的。現在真的出事了，把他急得眼都紅了，衝到我跟前，衝著我就大吼起來：「你……你他媽的！混蛋！」

我自從認識班長以來，這是第一次見他發那麼大的火，也是第一次聽見他罵粗口，像換了一個人似的。他滿臉的焦急，右手舉起再狠狠地捶在自己的右大腿上，然後湊近，仔細察看我額角的傷口，接著讓衛生員替我包紮，又扶我在一棵樹下坐下，口氣緩了下來，長長舒一口氣，說：「還好，沒傷到要害！」

之後，班長勸過我不要再搞爆破了，但我這人倔起來也挺倔的，不肯示弱，尤其是在負過傷以後，還堅持要繼續搞爆破。不過我應承班長，以後一定注意安全，一定戴安全帽，一定不再負傷。但後來我還是兩次再遇險情，一次還是爆破，一次是撲救山火，不過都僥倖逃生出來，那是後話。

除了陳創牛班長，其他還有不少老工人給我留下了深刻的印象。當時我們連沒設排級幹部，副指導員梁可思（之前任司務長），司務長徐世君（後來任副連長），其他的幾位班長班副分別是張和、廉守剛、何慶芳、何思端、梁永浩、馮兆佳、謝鎮鋒等，都是退伍兵，也都是好人。文書是海口知青林明莊。梁可思和廉守剛現在都已退休，同住在七隊。年代久遠，記憶模糊了，可能不大準確。

同蒔龍一樣，海南西華農場知青**胡雲貝**在〈**馬燈**〉一文也述說了相同的心情：

我高中畢業，正趕上「史無前例的文化大革命」。由於家庭瞬息之間的變化，我唯恐被歷史所淘汰，急忙忙、氣昂昂地奔赴海南省幹革命去了。一晃二十幾年過去，數年前當我幾經周折，終於從海南調回廣州，一登上廣州港的碼頭，我幾乎是頭也不回地疾走出大門，我害怕回顧這辛酸的歷程，企圖永遠從記憶中抹去這痛楚的一頁。

然而，事實並非如此。好長一段時間，當我徜徉在市內喧鬧的馬路上，當我閒步在綠色的草坪邊，當我看到那奔流的江水、那航行的輪船，我腦海中總浮現出在海島生活中許許多多的人和事。他們無時無刻不在牽動著我的情思，而特別使我不能忘懷的是我所在連隊的老管理員尹子龍同志。

他是我接觸到的茫茫人海中平凡得不能再平凡的一位老人，一位南下的解放軍老戰士。戰場上他縱橫了幾十年，農墾戰線上也揮汗了幾十年，顛沛的生活經歷在他的臉上早早地刻下了滿臉的皺紋，使得他本來黝黑的臉面平添了幾分冷漠的神色，兩道濃眉之下，那似乎有點乾涸的眼眶內，淡褐色的雙瞳是那樣的有神，透出一股老人少有的英氣。一件褪了色的軍服，穿在他瘦削然而筆直的軀幹上，一頂軍帽遮蓋了他滿頭的白髮。他性格內向，不苟言笑，總給人一個倔老頭的感覺。我們這兩代人的情誼，就是在那痛楚的年月中開始的。

那是一個冬夜，北風呼嘯，我伏案於衛生所的煤油燈下，埋頭寫家信，藉此慰貼心靈，取得溫暖。突然門外闖進來一位青年，兩腿沾滿了泥巴，腰間橫佩著一把砍柴刀，神色慌張，氣喘吁吁地對我說：「醫，醫官，快！快！」我猛地站起來，驚惶地問：「什麼事？」「我老婆要生了，接生婆接不下來，請你去一下吧。」他一邊說，一邊焦急地搓著他那雙凍得發僵的雙手。「你在哪個村？」我連忙問道。「老田村。」他負疚但期待地看著我。

我心裏咯噔一下，呆住了，救死扶傷是我義不容辭的責任。但看著他腰間的佩刀，在這山村寒夜，跟這樣一位陌生的莽漢，到離這雖不遠但山路崎嶇的老田村……正當我無所適從之際，老管理員披著一件軍棉襖，提著一盞馬燈，出現在我面前，他僅對我說了一句：「小胡，快收拾，我陪你去！」……當我們踏上歸途的時候，他深沉地告訴我農村缺醫少藥的狀況，就像一位老父親在訴說兒子的病情那樣沉痛。自那一次後，每一次農村出診，他總是陪我一道前往，提著馬燈，在我前面引路。至今，他那身影、那腳步、他那盞在我人生困惑迷惘的年月裏讓我倍感溫暖的馬燈，還縈懷在我腦際，它將永遠在我心頭閃爍，照耀著我今後的人生。

這樣一位外表嚴峻的老人，卻有著這樣一顆灼熱的仁愛之心，真令我佩服和驚訝！他不是用語言，而是用行動給人安慰和舒坦，但他有時也表現出非同尋常的倔強和固執。他管理著全連隊的資產、勞動工具，近乎頑固地遵循著他定下的管理條例。誰損壞了工具，丟失了哪怕是挺平常的一頂帽子，不認認真真地寫上幾句檢討，就領不到新的。為此，調皮的男知青們背地裏都叫他「倔老頭」。

然而，在生活上他對我們卻是那樣地關心、體貼。他去場部、去趕墟，總忘不了給我們捎帶上幾斤肉和零食，可出於管理員的職業習慣，帳目非要分文不差。有一次我欠了他幾分錢，他一連幾天地催著我要，當我如數歸還時，他才露出幾分帶有歉意的微笑。在無言之中，教育我們，做事要一絲不苟、涇渭分明。但當我病倒時，他親自桿麵條、煮雞蛋，熱氣騰騰地讓他的妻子捧到我床前，還非要我當著他的面吃完。遭受了坎坷人生各種淒惋的我，禁不住兩行熱淚、順面淌下。

在我最後離開連隊的那一天，管理員趕著牛車送我到公路上。我望著自己親手栽下的小膠樹苗已長成茁壯的大樹，望著公路兩旁蔚然成材的防風林，望著八年前從這走進、現又從這走出的熟悉的林間小路，望著面前這樣一位慈祥而又嚴峻的老人，回想起我們創業的艱難，八年以來來自各處的溫暖和冷遇，我只覺得鼻子發酸、眼睛發澀。管理員默默地打點著我的行李，遠處傳來公共汽車的喇叭聲，管理員的身子抖動了一下、怕冷似地用雙手把棉襖收斂了些，抬起頭，對我說：「到家，捎封平安信。」

我分明看到他的眼睛是濕濕的，臉上是苦澀的笑。我忽然憶想起就是他在場部迎來了我們三十五位知青，幾年間，他趕著牛車一個又一個地送走了，有的回城，有的上調，輪到我已是最後的一個了。此刻這淳樸的老人，心頭翻騰的是怎樣的一股難捨之情啊？

他是山東人，扎根在海南，而且扎得那樣深！而我們，歷史的變革，把我們拋在這偏僻的海島山村，現又將把我們一個個地召喚回城。我忽然感到內心深處某種東西被喚醒了，我對這裏的一山一水、一草一木、一人一事都有著濃厚的依戀之情。是眼前這位老人用他那質樸的品格、善良的心靈，啟迪著我去思索這知青生涯的意義……

是的，這種長輩的疼愛之情，宛如黑夜原野的馬燈，不僅給遠離父母家人的知青心裏增添了莫大的慰藉和溫暖，而且為他們指明了人生的前行之路，使他們在艱難的歲月中學會了體諒，學會了感恩。知青**1968hf**在**〈母性的眼淚〉**中的描述就很能說明這一點：

> ……當我從一個少年成長為小伙子，生活中見到得多了，對女性的哭泣和眼淚慢慢有了不同的感覺，慢慢地少了鄙夷，慢慢地多了感恩。而從鄙夷到感恩的這一轉變應該是在農場當知青時完成的。
>
> 剛到連隊幾個月，連隊的一個燒磚瓦的老工人就病死了，開完追悼會，我們才認識了他的妻了，一個從廣西山區來的叫做秀蘭的四十多歲的樸實女人。秀蘭有四個未成年兒女，丈夫死後，一家的擔子都壓在她的身上了，但她很樂觀、很勤勞，靠她那每月三十多元的工資養活兒女和她自己。
>
> 我們知青沒有自己的伙房，冬天洗澡要到老工人的廚房燒熱水。秀蘭的伙房靠近知青用的水井，我們幾個男知青便每天到她那裏舀熱水。秀蘭總是早早燒好一鍋熱水，見我們提著鐵桶去了，就會給我們舀

滿，一鍋不夠就再加水加火煮。整個冬季都是這樣。我們說要為她撿柴火、挑水，她就會罵：「你們是怕無熱水給你們嗎?!」我們當然樂得如此，男人總是不屑於幹那些女人幹的活的。

有一次我得了病，發高燒，一天沒去秀蘭那舀水，兩天也沒去。第二天晚上她就來找我了。見我躺在床上，摸摸我的額頭，我就看見她的眼圈紅了，眼淚說流就流下來。她哽咽著責備我：「你點解吾早講比我知呀，啊！你這個傻崽，病也吾講比我知，點解甘傻啊?!」我躺在床上，聽著她的責備，看著她流淚，心頭突然一陣熱。聽著她的責備，竟然覺得是那麼的柔軟，那麼的溫暖，覺得有一種溫軟的東西在融化著濕潤著我的男子漢的心，又像有一股冬日的明媚陽光照進了我的心田。

秀蘭責備了我幾句，抬起衣袖擦著眼窩，匆匆走了。不久，她就提著一小鍋粥、捏著兩個熟雞蛋回來了，她用我放在桌上的飯盆舀了粥，又把雞蛋剝了殼，看著我吃下了，又匆匆去叫連隊衛生員。第二天又是提著粥，捏了兩個熟雞蛋……我後來從她的女兒口中得知，那幾天吃的雞蛋還是剛在孵小雞的蛋，我在海南十年吃過鴨蛋無數，吃的雞蛋也真的只有那一回呢。

秀蘭家裏很窮，所以平日吃的、穿的都是先讓給她的幾個未成年的子女，隊裏發的勞保鞋和工作服都給了子女穿，自己一年到頭都赤腳，穿著補了又補的舊衣裳，冬天裏也只是加多兩件單衣。有一年冬天特別的寒冷，一次我看見她穿著很少的衣服雙手抱著自己的身子瑟縮地赤足在走著，我心裏忽然有一種傷感和不忍。

我急忙回宿舍拿了一件毛衣送到她家裏，秀蘭開頭死活不肯收，後來我說自己還有兩件毛衣，不會受凍的，她又推了幾次才千多謝萬多謝地收下了。第二天，秀蘭特地對我說，她長這麼大還從來沒有穿過這麼好、這麼暖和的衣服。看到秀蘭歡喜，我心裏更歡喜。倒不是因施與得到感激而歡喜，而是為秀蘭肯接受我的回報而感到歡喜。

也是那年冬天，我回穗探親，母親見我身上沒穿那件毛衣，特意問起，我說送給老工人了。母親聽了十分生氣，罵我不懂得珍惜，不懂得她的艱辛。經母親的嘮叨，我才知道那件毛衣是母親花了幾十個晚上特意用雙線編織的（何為雙線，我還不大清楚），所以特別厚實。我心中對有負母親的深情感到愧疚，也將送毛衣的原委細細說了……

母親默默地聽著，眼眶濕潤了，她不再責備我，不再提那件毛衣。到我要回農場時，母親特意要我帶上一包餅乾給秀蘭，並叮囑我代她向秀蘭問好，感謝她對我的照顧。母親為我遠她而去，在天涯海角還有一位善良的女人，在她的兒子身上傾注母愛而深感寬慰，她在內心深深地感激著這個素未謀面的女人……

是啊！儘管在那艱難困苦的日子，海南兵團的軍工和農工們普遍生活都不富裕，甚至日子過得比知青還要艱難，但是大多數的軍工和農工們甚至他們的家人，都懷著一顆憨厚樸實而又善良仁愛之心，將遠離父母親人的知青視作自己的弟妹或是自己的子女，不僅平時在工作上耐心指導幫助，而且在生活上盡自己的微薄之力關心照顧。逢年過節之際，也忘不了這些小伙子、小姑娘。知青**風雲**在**〈年飯〉**充滿感激地回憶道：

……說起在連隊過春節，不得不寫一下當年我們在年前的一些憂慮：頭一年，沒有知青申請回家過年。要過年了，妹妹還小，才十五六歲，而且從沒離開過家，這次和我一道獨立生活成為異鄉異客，儘管和許多知青在一起過集體生活，但妹妹還是有點想家，有點茫然。我們團支部的知青相約把假期給好好安排一下，過年大家給連隊的老工人們串門拜年去。

大年三十，我們在連隊聚餐後剛回到宿舍，江蘇籍老工人老田就找上門來了。說是我們遠離父母背井離鄉到海南，真不容易，一定要請我們到他家裏一起過年，也順便嚐嚐他們江蘇的風味，推辭不掉姐倆便應邀到田家。剛出門便遇上湖南籍的軍工老陳來請，拉著我倆的手說是都來了幾趟了，不上他家不行。結果，在我們答應了在老田家稍坐會就上他家去才放人……

就這樣，大年三十晚飯，我們被連隊的老工人拖來拉去地吃遍半個連隊。原來平時像個無底洞似的肚子這會被撐得快走不動啦，用妹妹的話來說，她吃下去的東西已經被填到脖頸上了。沒出南正山，竟把山東、江蘇、四川、廣西、湖南、廣東、海南本土等祖國各地過年的風俗習慣有了一個大致的瞭解，品味了因陋就簡做出各種風味的山東的餃子、大餅，湖南的煙熏肉，四川的臘魚，海南的糍巴，廣西的米通等等。還有老工人平常採集的山珍、海南蘑菇、楓菌、木耳、竹筍、野山椒……

除夕大餐真是令人目不暇接，有些食品還是這些退伍兵家屬在老家的親人不遠千里寄來給他們過年的呢，這會兒如數家珍地全亮出來了，非得請我們這群非親非故的小青年嚐嚐。在湖南軍工羅學春的家裏，有生以來第一次品嚐了黃猄、野豬和山雞的滋味。比起開放改革後那些暴發戶大款專門費盡心機花大錢去品嚐野味，我們不是早領導潮流的多少年嗎？（笑）我們離開羅家回宿舍時，遠遠看見還有老工人在知青們的宿舍前一間間地開門、敲窗的搜索，看看還有哪位知青在家。

妹妹見狀拉住我說：「姐，我們躲吧，我撐得難受，再也吃不下了。」當我倆繞過膠林從屋後的窗戶跳進黑燈瞎火的房間時，藉著窗外月色，竟看見同宿舍的小莉妹妹大字般地躺在床上。原來她也是被好幾個老工人請回去吃年飯撐壞了，這會逃回來把房間門在外面給鎖上，從房後的林段前跳窗進來。任憑來找的老工人敲門呼喚都不敢再出去應酬。

如今知青們聚會時，聊起年三十晚餐知青被軍工、農工們拉到家中大串門過年的趣事，依然會興致勃勃地數著哪家的山珍、哪家的野味。依然會深情地交流著在南正山上熟習天南地北民風，傳誦和懷念農墾軍工、農工對知青的親切關懷之情，而這一情景確實使人永生難忘。

即使是對於知青年少無知的一些淘氣舉動，大多數老軍工、農工都能寬厚待之，很少與之計較結怨。知青**Zhuoming**在**〈惡作劇〉**中有一段述說就很能說明這一點：

調皮搗蛋是孩童們的天性，尤其是半大不小的男孩子們，更會挖空心思地去捉弄他人。我們初到海南農場時，都只是十六七歲的小青年，正當不羈之年，雖然農場裏繁重的體力勞動和嚴格紀律約束之下蟄伏不露，但稍有機會就會顯露其豐富的想像力，盡其搗蛋之能事。我們當年搗鬼的手法有時是出人意外的，往往使得受害者怒不可遏卻又無可奈何。直到十多年後我們重返農場時，老工人們還談起我們過往的「傑作」。

農場老工人們都養了不少雞，由於糧食緊張，幾乎都是只養不餵，由其「自食其力」。正所謂適者生存，久而久之，這雞兒們也就形成了牠們求生覓食的一套：人們下地開工時牠們會自動跑到野外去找吃的，而當人們下工回來，牠們也會依時返回。尤其是食堂開飯後，牠們都會聚集在我們這些單身漢的宿舍門前，希望能撿拾我們撒下的殘羹剩飯。其實，覓食可恕，卻是弄得門前灰塵滾滾一片狼藉，令人生惡。更有甚者，稍不留神，牠們還會肆無忌憚地穿堂入屋，地上、桌上，甚至床上都會留下牠們的足跡及糞便。

於是，我們想出了一個「絕世」奇招出一口氣。把雞引進屋裏捉住，然後把雞的下唇剪掉再放走。因為那雞嘴巴不會流血，從外表上完全看不出雞兒的損傷。開始幾天牠們照樣生龍活虎地四處啄食，而由於沒了下唇，根本不可能啄起食物。只是啄而無食，啄了老半天一點東西也沒下肚子。幾天後，雞主人見雞兒腳底發軟，以為是雞兒病了而宰殺，方才發現端倪。當然是怒髮衝冠，但事過幾天，又找不著證據，也只能是罵罵幾句罷了……

事過半年，我們又故伎重演，以更加巧妙的法子對付一群同樣令人討厭的鴨子。我們針對鴨子的吃食不像雞兒精挑細啄，而是囫圇吞嚥習性。起初有人提議用魚鉤子釣鴨子，但怕真的弄出「命案」來不可收拾，最後想出更『絕』的一招：用一根長長的線兒，每隔一段綁上一塊熟老菜梗子，線的另一端綁在門前的小樹上。當鴨子到來時，把整串菜拋出去，鴨子蜂擁撲食，狼吞虎嚥地吞下帶線的菜梗。結果，鴨子就是被這根細線一隻一隻地串連起來。由於線是綁在小樹上的，十幾隻被串在一起的鴨子，只能圍著小樹團團轉而無法掙脫。

我們一旁還火上加油地往鴨群裏撒些飯粒，引來大群餓雞飛撲向鴨群中搶食。驚慌失措而又「牽腸掛肚」的鴨子拚命嘶叫撲逃，而餓瘋了的雞卻是不顧一切地啄食灑落在鴨子身上的飯粒。一時間飛煙滾滾，場面熱鬧有如「滑鐵盧」。

這場人為的雞鴨大戰，最後還得人為地平息，「調解人」當然是雞鴨們的主人。我們早就躲到宿舍裏「隔門觀戰」；並準備迎接隔門的一頓臭罵。然而，或許是我們這招雖然是夠損的了，但卻是手法絕妙，連牠們主人也給逗樂了，反正雞鴨雙方各無損傷，也就輕描淡寫地嘮叨幾句了事。

這些看似微不足道的關懷和寬厚深深地感動著兵團的知青，以至於使他們自覺或不自覺地在日後的人生觀和世界觀中，也形成了關愛仁慈、助人為樂的好傳統和好風氣。許多年後，自由兄弟發現大多數知青，只要談起當年這些憨厚樸實的軍工大哥大姐、大媽大伯們的關懷，依然是心中充滿感激和思念之情，我想，這或許是好多知青在回城後，依然牽掛惦記著海南農場那塊曾經印記著青春熱土的深沉情愫之一……

第二節　迥然不同的連隊幹部

寫下這節題目，自由兄弟的腦海就想起了當年所在的連隊吳惠川指導員。二〇〇六年我們牙叉農場場友在廣州聚會，誰也不會想到，這位七十七歲高齡的老人，竟會從四川成都乘飛機趕來，而且還帶來了他的兩個女兒。

他的兩個女婿也是潮汕去海南的知青，因忙於自己公司的事務，無法陪同前來。聞訊老指導員前來，連隊的許多知青都紛紛趕來看望，連兩位在深圳、香港忙於經商的知青陳木順和譚福生也急忙駕車趕到羊城……

是夜，秉性豪爽的潮汕知青陳木順點上了滿滿的一桌美味佳餚，款待相聚的隊友，二十多名知青圍坐一張大大的圓桌，將老指導員請入上席，大家頻頻舉杯向他祝福，又調皮地逗著他的女兒說起了連隊的往事。老指導員只是象徵性地舉起酒杯，因為他歷來煙酒不沾，只是嘿嘿地開心笑著。那時節，我們彷彿又回到了位於群山環抱、薄霧繚繞的九連清晨，看到他穿行於一排排茅草房的走廊，聽著他帶有四川口音的吆喝：「起床囉！起床，小伙子們、小姑娘們，快點起床、起床……」

瞭解老指導員人生經歷的知青，除了崇敬之餘，都免不了有幾分歎惜。這位生於四川省青神縣的老人，五十年代初曾是解放軍某陸軍步校的少尉教官，後來因為家裏解放時多了幾畝田地，說是地主家庭出身，被轉業去了黑龍江北大荒農場，在那裏苦幹了幾年。後來，又響應黨的號召來到海南島的牙叉農場，曾在許多連隊幹過領導。一九六八年，他從八連帶著四十多名廣州知青和白沙武警中隊轉業的戰士來到九連開始創業。那時留給他們的只是一塊推土機推出的平地，剩下的一切都是他與小伙子們用雙手建造起來的，住房、伙房、豬圈，還有那培育膠苗、菜苗的耕地……

說來有趣，由於當時都是清一色的「刀把」，加上連隊位於深山野嶺的盆地，四周沒有村莊人煙，知青們傍晚到溪邊沖涼根本就不帶短褲，洗完身子，搓淨短褲，就赤裸裸地走回宿舍。有的小伙子在山上幹活，嫌短褲粘在身上汗膩膩地難受，索性就赤裸全身開荒鋤地……而每當這時，老指導員總要板起臉來吆喝幾聲：「快穿起來，小伙子們，快穿起來，那東西寶貴得很喲，你們將它放出來，萬一給蚊蠅叮壞，以後還怎麼用它？」一位知青活靈活現的話語，逗得滿桌人哈哈大笑……

後來，連隊又陸續分來了女知青，這種毫無遮掩的「原始狀態」狀況才有所收斂。但緊接著男女戀愛的麻煩事情也出現了。一天深夜，兩個廣州來的男女知青跑到山澗的一座小橋下面戀愛，正在親熱之間，被連隊的一名副職領導和幾個基幹民兵「抓」了回來。那領導氣急敗壞地說要敲鐘召開全連批鬥大會，多虧指導員婉言攔住了：「年輕人，也該到了談戀愛的時候，況且他們又沒違反國法。我們這樣貿然批鬥不符合愛護知青政策。但是他們夜裏私自跑到這麼遠的地方，叫人實在不放心，該認真檢討才是……」

於是，一場可能帶來悲劇後果的批鬥被制止了。之後，吳指導員又在會上要求，男女知青相互交流思想最好是在連隊的宿舍或是附近，特別是要控制衝動的感情，不要做出令自己和連隊丟臉的事情。也許正是這種寬鬆的氛圍，使連隊八、九對知青的戀情，都從地下轉到了公開。女的在生活上幫助男的，男的在工作中幫助女的，其中五六對有情人還終成眷屬。

去到連隊的許多知青，有不少人心裏都揹著沉重的所謂「家庭包袱」。記得有段時間，到了海南兵團不久，與自由兄弟一起到農場的兩位同學的家庭問題都已澄清，又成了工人階級後代的「紅五類」，由於根正苗紅，不久都先後被抽到了團部和師部警通排。只有我和另一名「黑五類」子弟還待在各自的連隊。那時，我的情緒十分低落，不知何時才有出頭之日……

「小伙子，走，今天下午團部召開會戰三級動員大會，你跟我一起前去參加。回來爭取寫個廣播稿件向大家宣傳宣傳。」一天清晨，吳指導員突然叫我帶上簡單的洗漱用具，踏上了彎彎曲曲的山路。

「其實，不管別人怎麼看你，遇到什麼坎坷，你自己一定要看得起自己，有些東西只不過是暫時的，就拿我來說，當年一起與我在步校的教官有的已是師團級別的幹部，可我依然很坦然，因為這並非我的過錯。想到能和你們這些知青在一起，也是一個難得的緣分。」

那天，他跟我講了很多人生道理，鼓勵我放下「家庭包袱」積極爭取上進，之後，又極力推薦，讓我擔任了一班的副班長。這是我平生的第一次當官，還只是一個不滿十六歲的少年，就得學著去處理人際之間的關係，尊重和激發他人的感情。它對於我的人生觀形成影響很大。以至於許多年後，我在企業擔任部門的領導工作時，還會不經意地想著老指導員的為人處事方式方法……

二〇〇五年的秋天，我因公出差成都，老指導員聽說我來，提前從青神縣城趕到成都，急著問起了我返城後的狀況，還交代女兒曉敏非要在高檔食府招待我不可。臨別，他站在小區的花圃前，久久地揮手向我送別……

看著他有些駝背卻依然硬朗的身影，那一瞬間，我忽然想起連隊駐地的那棵古老高大的紅棉，每當我們從縣城彎彎曲曲的山路返回之時，它總是微笑守望在連隊的路旁，給人一種到家的溫馨。老指導員啊，您真幸福！這麼多年過去，依然還有這麼多的知青，像孩子般地圍攏在您的身邊，祝您健康長壽！那是您一生用愛心澆灌出來的燦爛呀！

自由兄弟這篇〈連隊駐地路旁，有一棵慈祥守望的紅棉〉的帖子上網後，版主**亞東**感慨地點評說：「在那個年代，遇上一個好的領導，是知青的幸事。當這樣的領導要有擔待，也有風險，如階級鬥爭觀念不強等。我們六師四團三連曾在中線抬水泥電桿上山，路過加叉，正是午飯的時候，見到某連的知青男男女女在一起說笑，有的甚至結伴吃飯，當時真是大吃一驚：世上竟有這事?!」

是的，確如所說，當知青的得講運氣，碰到好的連隊幹部，那父輩兄長的溫馨關懷會讓你覺得心情舒暢，雖苦猶榮。其諄諄教誨又會使你在人生道路上大有長進，甚至終身受益。聽許多兄弟姐妹閒聊時反映，當時兵團許多的連隊領導都還是很有人情味的。這一點在知青**aige**的**〈連長〉**回憶中可見一斑：

……連長有兩個兒子，老三是女兒，老婆算是女人中長得滿漂亮的，乾淨利索，還有一頭黑黑的長髮。我們常對連長說：「連長，你老婆是牛糞上的一朵鮮花。」連長從不生氣。他是黨員，黨員講的就是實事求是。

連長的大兒子叫「軍海」。四川話叫他時，只要叫偏小小就是一句地道的廣州方言，且是罵人的話「豬×」。四川人嗓門大，加之軍海比較淘氣，連隊裏常會聽到連長家大聲叫「豬×」的噪音。剛開始，我們私底下笑。後來，女知青也和男知青一樣毫無忌諱地乾脆叫他「豬×」。

一天，連長從場部興沖沖趕回連隊，放下行李，沒有進自家門，直接就敲鐘集合。一陣子，我們全部集合到了連隊的球場上。原來連長要傳達「最高指示」，場面開始安靜嚴肅。連長抖了抖身上的泥土昂起頭注視了一下全體戰士，激昂地大聲讀毛主席教導我們：「挖深洞……」還沒把下句讀完，大家開始哄笑。連長急忙說：「錯啦……錯啦……」跟著讀「挖地洞……」還是沒把下句接上，大家開始狂笑，場面一陣混亂。

我是個「好青年」，我不救場誰救場？我站起來大聲講：「深挖洞，廣積糧，不稱霸。」連隊一片肅靜，連長驚訝地瞪著我問：「你怎麼曉得？」我誠懇地答：「連長，我上午聽了收音機。」連長樸實地笑了。這時連長老婆用了一句極標準的廣州方言衝著連長說：「你真豬×。」連隊又是一陣笑聲。

憑心而論，連長兩夫婦都非常樸實、善良，和指導員的暴躁臭脾氣相比，連長要溫和得多。況且連長老婆不能容忍連長對我們的嚴厲。連長只要一批評我們，他老婆就會橫加干涉。遇到這情形，我們會興災樂禍地看著連長受老婆的訓斥，場面十分可笑。

一天，連長起床就吹哨。集合！集合！大家並列排好隊後，連長開始訓話：「太懶散啦！拖拖拉拉的……」話還沒說完，連長老婆伸出手指頭點著連長的鼻子說：「你還好意思說人家青年，你還不是沒洗臉涮牙，前卅年睡不醒，後卅年睡不著，人家是青年嘛。」連長只好把哨子一吹：「解散！吃飯，開工！」很多時候連長想發威就是發不了，誰叫他娶了個漂亮老婆！

連長是退伍軍人，上過朝鮮戰場，如果沒有這段輝煌經歷，恐怕他是找不到老婆的。四川賀縣一個貧苦的農民，幾乎沒有文化。當上連長後常常也參加一些會議，看他的會議紀錄就像一本天書，除了他自己沒人能看懂。一次連長的筆記本丟了，被我撿到，交還給連長的時候我不明白他為何那麼高興，其實那個本子上沒有一句完整的話。我好奇地問連長：「這是什麼意思？」連長說明天要種黃豆啦。哦！原來這個小圈圈是代表黃豆。連長說：「正是！正是！」我自言自語這是象形文字，連長立即反駁；「這不像熊！

像黃豆！」我哭笑不得地詢問連長：「那要是不種黃豆，種花生，圈圈是不是要畫大一點？」連長說：

「正是！正是！」

每個人都願意聽到別人的讚美，連長也不例外。要讚美一個其貌不揚的人需要高超的技巧。普寧知青胡漢民算得上是一位語言幽默大師，他常常把連長讚美得心花怒放，而自己又不顯阿諛奉承。次，上山種紅薯。上午十點連長吹哨，稍作休息。往常，指導員帶隊幹活，實打實最多也就休息十來分鐘。碰上連長帶隊又有胡漢民在場，那又是另一番景象。哨聲剛停，胡漢民來到連長身邊用土煙捲了個「喇叭筒」點燃放到連長嘴邊，然後開腔：「連長，看你這身材小巧玲瓏，在朝鮮戰場上一定是個機靈勇敢的好戰士」。

連長興致來了：「正是！正是！我的連長就滿喜歡我的，我的連長在朝鮮受了傷，我照顧他，朝鮮的阿媽妮都誇我心細會做事。」

胡漢民追問：「朝鮮的阿媽妮有女兒嗎？漂亮嗎？喜歡你嗎？」

連長應聲：「有個很漂亮的女兒。」

「為什麼你沒把她搞到手？」

「我們是軍人，『有三大紀律，八項注意』，不能調戲婦女。」

「這怎麼叫調戲，朝鮮姑娘是不是叫金達萊？」

連長反問：「你怎麼曉得？」這時連長身邊的人越聚越多。

「連長，看你年紀輕輕，頭髮稀稀，我們汕頭人稱頭髮為——毛。連長真是智慧的頭上不長毛。」這時有人從連長的口袋裏掏出筆記本。「請連長把最近的會議精神再傳達一下吧！很多內容我們還沒有領會。」連長有所警覺，起身看錶。胡漢民迅速從連長手腕上把手錶取下帶在自己手上。

「連長，這手錶帶在我的手上一點也不自然，那帶在你的手上那真是天作之美，一表人才。」

不知不覺，太陽垂直射向大地。哨聲再次響起。收工！回連隊的路上，胡漢民還在喋喋不休。

連長七四年回了一趟老家。臨行前一晚，家中聚滿了清一色男青年。他們你一句、我一句沒大沒小、半玩笑半認真地說：「連長你這次回老家，任務光榮又繁重，傳宗接代就靠您啦，我們不靠組織靠誰？你當領導不幫忙找老婆叫我們如何安心革命工作，當初你沒組織關懷能找到這樣漂亮的老婆嗎？」茅草房是完全不能隔音的，他們的嘻笑、調侃我都聽得清清楚楚。連長明天就要啟程，特別興奮，一概點頭：「好的、好的，每人一個。」我心想：還能一人兩個！連長真能吹牛。

一個月後，連長還在回連隊的途中，那幫男青年就迫不及待地在半路把連長接上了。一大幫人歡歡喜喜挑著行李，浩浩蕩蕩，熱鬧非凡。我伸出頭一望：天啊！連長身後真的跟著五六個羞答答的陌生女孩。莫非連長真的回家給他們帶「老婆」來了？這男女之間也該講點緣分，要不成，連長怎麼辦？他家能養得起這麼多老鄉嗎？我為連長捏一把冷汗。

再數一數，好像是五個。不對，再認真數一次，確實是六個。五個？六個？她們在行進中還是數不清。閒人嘛，喜歡湊熱鬧，靠近再數；我驚奇地發現有一對是雙胞胎「孖女」。孖女！我叫了起來。長得一模一樣，紅紅的臉蛋，水靈靈的，像含苞待放的花一樣好看。我真的佩服連長，連長太厲害啦，這麼多漂亮女孩竟敢與他同行，千里迢迢來到一個完全陌生，我們千方百計要逃離的地方，這裏真能成為她們的家園和樂土嗎？我真被連長的勇氣折服。連長太善良，他是真正的好心人。

闊別了海南島三十多年後，我們回來了，千思萬緒。當年那些四川妹子都分別嫁給了幾個普寧知青和大甫知青。後來也陸續隨夫君回了老家，日子過得十分甜美。我特別關注那對雙胞胎，她們分別嫁給了普寧的兩個優秀知青。說他們優秀，一是因為人品，二是因為相貌。連長把這對雙胞胎姐妹花分別插在適合她們的土壤中，而不是牛糞上。這時我很想見見連長。有人告訴我：連長在他老婆去世後，隨軍海回了四川。連長真可憐，他撮合了那麼多好姻緣，自己卻不能夫妻白頭偕老。妻子的離去，使他飽受了慘重的折磨。我站在連隊的土丘上默默地說；連長你真好，祝福你一生平安！

對於一些連隊幹部的表面固執和倔強，其實內在的憨厚和善良，許多知青也是頗有領教的。五師四團的知青**賴明**在**〈倔強的周老頭〉**生動地回憶說：

……剛成立的畜牧三隊來了一個姓周的隊長，一個典型的海南老頭，五十剛出頭卻已鬚髮早白，佝僂著腰身，半禿的腦袋上一年到頭扣著一頂皺巴巴的藍色同志帽，耷拉著帽簷，舊得發白的藍布上總留著一片片的鹽漬，帽簷的陰影下，一雙小眼眯縫著。

其貌不揚的周隊長幹起活來可真是一把好手，樣樣逞強的小青年從不敢向他叫板，只有一個「服」字。可這位當年享受國家二十三級幹部待遇的周隊長脾氣實在不敢恭維，倔得很。頭一兩個月，我們還畢恭畢敬地尊稱他周隊長，時間一長，全體同志一致改叫他為周老頭，普通話的尾巴還不忘加上捲舌的兒化音。

那一年，我們上山採石，地點在五星分場的天角潭附近。周隊長決定把採石作業面定在一座山的凹陷處。爆破滾下來的大小石塊順坡而下可以堆集在凹陷處，但經過我們用大錘處理過的片石，卻要用人工往高處搬動一段不短的距離才能滾下山坡由汽車運走。周老頭有令我們當然得幹，於是，我們開工了。如此繁重的體力勞動，搞得我們個個筋疲力盡，特別是兩條腿，像灌了鉛似的，收得工來顧不得洗澡便把自己往床上一摔，好一陣才緩得過勁來。

我們牢騷滿腹，好幾個老工人也在一旁怨聲載道，可周老頭像什麼也看不見、聽不到，照樣天一亮就把開工的哨子吹得要震破耳膜。我們要求轉點，可周老頭兒死活不幹，滿口的海南話夾雜著星點唾沫直把我們剩下的大半句話給堵了回去。

來到作業點，剛好輪到負責掄錘破石的我們像約好了似的，不經意地把石片的重量控制在一百二三十斤重（那時我們幾個知青已經有這種能耐了）。只見周老頭雙手扣緊石塊，氣沉丹田一弓腰，額頭的青筋憋得猶如蚯蚓一般，雙腳挪動著往上搬動石塊。幾個壯漢跟著他轉了幾個來回，實在無法支撐，喘著粗氣坐在大石塊上。

周老頭兒一手掀下同志帽，胡亂地用帽子擦著頭上身上的汗水，眯縫著眼睛狐疑地瞅著我們，嘴裏嘟噥著：等一下換你們幾個幹一幹。到連隊一年半載，海南話已經可以連聽帶猜懂得八九不離十了，側著耳朵的幾個知青正拄著錘柄在一旁偷著樂，一聽此話忙湊到隊長身邊。

一個用安全帽作搧風狀，一個笨拙地搓了一根喇叭捲塞到老頭的嘴角，央求道：「隊長，您年歲也不小了，多保重。這活我們也幹得來，不過你沒看見我們幾個還在發育，這陣子也沒有肉吃……」這回兒周老頭也緩過勁來了，把同志帽往腦袋上一扣，搓了搓手，直起腰，從牙縫邊擠出一句：「看來大家也沒什麼力氣往上搬了，這樣吧……」於是，我們順利轉場成功。

每天中午和傍晚是放砲炸石的時間，一天中最快樂的時光。當然裝炸藥、點砲這些技術活是不能讓周隊長他老人家幹的，全部由我們一幫知青包辦。時間一到，一串哨響，一聲呼嘯，兩個負責點砲的知青嘴裏叼著煙捲，吸一口點一砲，轉眼間就蹦出了工作面向安全地帶轉移。

這回隊長在我們的安排下帶頭跑在前面，留在後面的清一色都是知青。氣喘吁吁地跑了一段距離，我們朝前一看禁不住一個個捧腹大笑，只見周老頭哈著腰，光腳板提拉著解放鞋，深一腳、淺一腳地往前跑，腦瓜上仍然扣著那頂同志帽，柳條安全帽卻拿在手上捂著後腰。

笑歸笑，烏鴉一般從天而降的石塊可不是鬧著玩的。我們一陣狂喊，這邊廂乾著急，那邊廂卻只見周老頭只是用手拉了拉同志帽的帽簷，柳條帽從右手換到了左手，仍然緊緊地捂在腰眼上，右手倒是捂在了後腦勺上。

隱蔽點的樹蔭下，周老頭兒習慣性地摘下藍布帽擦著額頭上的汗水，坐在柳條帽上，夾著煙捲的兩隻手指不停地戳著我們幾個知青：「剛才你們幾個在後面叫什麼？不是還沒有響砲嗎？再說了，我還戴著帽子嘛。下一次讓我在後面，我倒是要看看你們幾個是怎樣跑的。」現場的老老少少一起哄堂大笑，伴著陣陣悶雷般的砲響，一天的勞累早已飛到九霄雲外。

瞧，多麼和藹可親的連隊領導形象，只幾個片段就生動地躍然紙上！與這樣的領導在一起幹活，再苦再累你也會覺得無拘無束地很安全很快樂……

知青**馮國森**在**〈掉在地上的木薯皮〉**一文中，也講述了一個「用心良苦」的故事。儘管這故事如今讀來有些苦澀，但我卻深深為連隊領導那種體貼部下、甘冒風險的一片真情所感動。尤其是看到指導員將那塊掉在地上的木薯皮在自己的衣服上蹭了兩下，當著大家的面吃了下去的細節之時，我的眼睛止不住為連隊幹部那種無奈下的「小題大做」所蘊含的一番苦心而潮濕。以下是馮國森幽默的述說：

……天濛濛亮，指導員大老史吹哨緊急集合。我們在嚴厲的口令聲中稍息立正向右看齊。我最討厭向右看齊，因為我們班站在隊首的高個子，他身上的缺點和他的個頭一樣的「出人頭地」。我還要向他看齊！

當我們的脖子被口令從右邊擰到中間的時候，指導員開始訓話。指導員從他的腳下撿起一片黑乎乎的東西，厲聲問：「這是什麼？」沒有人回答。天沒亮，看不清。再說了，指導員正在氣頭上，不要自討沒趣。領導問話，有時該答，有時不該答。到底該不該答，那是你的判斷力、你的悟性。領導有時的問話，是自問自答，是一種講話的藝術，是文學修辭上的設問。這個時候有誰回答了，那是傻冒，是白癡，是不識時務。沒有人回答，以呆若木雞的狀態表達對領導及其講話的恭敬與順從。

指導員也沒有對自己的設問做回答，而是講起了國際形勢、國內形勢、廣東形勢和兵團形式。當我們的腿開始發麻的時候，終於講到我們連隊的形勢。我們連隊的形勢，和全國一樣是一片大好，不是小好，存在一點小問題就是飯不夠吃。我們每人每月定額四十二斤大米，是國家規定的南方農林業工人的標準，平均每人每天一斤四兩米，可惜還不夠吃！

指導員講，為了解決大家的肚子問題，想了許多辦法。其中之一，就是大家今天早上增加的早餐花樣——木薯。哦，大家才看明白了，也是天已經大亮能看清楚的緣故，指導員手上舉的是一片木薯皮，是從開荒工地駐地的臨時操場的髒稀稀的泥地裏撿到的一片木薯皮。

指導員講：「今天早上的早餐這麼豐富（其實只有白稀飯和沒有剝皮的水煮木薯），是司務長經過千辛萬苦從老百姓那裏買回來的。容易嗎？一百六十元買的大約一畝大小的一片木薯地，我們自己去挖，自己收，地裏的木薯多，算我們的運氣好；地裏沒有幾根木薯，算我們全連倒楣。一百六十元多嗎？那幾乎是全連半年的食堂經濟收入，是你們差不多一年的個人工資！」

我們議論，哇，乖乖！

指導員接著講：「你一百六十元很多嗎？老百姓還不想賣給你，因為被抓住了，是搞資本主義。」

我們都覺得，這個早餐來之不易，想到一句古訓：「一粥一飯當思來處不易。」

指導員舉著木薯皮說：「這麼好的糧食你們就丟了？」還引用了領袖的話：「貪污和浪費是極大的犯罪。你們不覺得，這不是犯罪嗎？」

有人嘀咕：「皮怎麼能吃呢。」指導員聽到了。「誰說的？那是誰？誰說不能吃?!」指導員將那塊木薯皮在自己的衣服上蹭了兩下，當著大家的面吃了下去！我們目瞪口呆，有人不可理解，有人無地自容……

指導員吃的那片木薯皮，肯定是佇列中的我們之一丟的。海南的木薯和大陸的不同品種，無毒，可生吃。種在山地裏的木薯，生吃的口感像吃生地瓜，但比地瓜甜。熟吃還比地瓜「粉」，北方話應該是「很麵」。海南木薯與地瓜的另一個不同點，是地瓜的皮很薄而木薯的皮很厚。木薯皮起碼有三層皮：沙皮、肉皮、水囊皮。沙皮不能吃，但沙皮粘附著的肉皮，還有三毫米的「肉」，是可以吃而且很好吃的。如果指導員把那塊木薯皮的沙皮剝了，吃肉皮，我們就完全理解了。

畢竟是我們之中有人浪費了糧食，按領袖的話說是犯罪。從此，我們都非常注意節約，不隨便浪費，而且養成了節約的好習慣。有人看到豬食裏手指般大小的地瓜，也覺得非常浪費，從豬食裏扒出來吃，那是後話。

類似這種敢冒搞資本主義錯誤風險，想方設法搞些副業，填飽連隊人員肚皮的幹部在當時還有一些典型事例。在知青1968hfz寫的帖子之中，自由兄弟找到了一篇風趣的〈試酒〉文章，真實再現了這一情景：

> 農場周邊都是大大小小的村落，村民們生性懶惰，尤其是男人。每天，男人們都是衣衫襤褸地扛上一桿粉槍，腰間掛一砍刀，一酒壺，一火藥袋，在山上瞎轉。打到了獵物，便即時在山溪旁生起篝火，把獵物燒烤了，就著酒吃個精光，醉臥山間。
>
> 村民會釀酒，因為懶，家中粗糧、細糧都匱乏，無五穀可釀且釀酒過程也煩瑣，所以男人們喝的酒幾乎都要到農場生產隊的小賣部裏買，或用布票，用實物等價交換。小賣部賣的只有六角八一斤的五加皮和二角六一斤的甘蔗酒，村民只有喝甘蔗酒的錢。有錢時，將一個鋁質行軍壺往櫃臺上一擱，大聲叫道：「給我打滿。」缺錢時，只能怯怯地說：「先打半斤吧。」酒癮上來又身無半文時，就會賠著笑臉，求賣酒的先賒半斤；賣酒的至多故意為難他一下，最後也賒。村民雖窮，卻守信用，過不了兩天，總會把錢還的，不像一些文明人那般的狡詐。

農場十五連副隊長黃三財負責管連隊的養豬、種菜、食堂等後勤雜事。在老家時已學得釀酒做豆腐之類的手藝活。有一年，連隊收成的番薯多得人吃不完、豬吃不完，堆在屋角發芽。黃三財心血來潮，在豬場裏利用原來煮豬食的大鐵鍋，加添些簡單的蒸餾家什，釀起了番薯酒。

出酒之日，正巧是連隊開「反擊右傾翻案風」大會。豬場派出一個人去開會，黃三財叫了知青徐東來頂缺。開會大家都喜歡，因為不用頂著毒日頭在外面幹活流汗，在文化室，支書、隊長在上面囉囉嗦嗦或結結巴巴，下面可以東歪西倒地流著口水打盹。徐東滿腹牢騷地來了頂缺。他先餵了豬，又切豬菜，再倒進大鍋，往灶膛裏塞進幾個柴頭，任其慢火煮熬，開始看黃三財釀酒。

「隊長，這就是酒嗎？」徐東指著鐵皮管裏一滴一滴淌出的清水，問道。「嗯」黃三財答。

「真的？」「嗯」黃三財又答了一聲，只顧著用根木棍沿鍋邊漏氣的地方塞著爛布條。

「這酒不能喝吧？」「你說呢?!」黃三財聽著眼前這毛頭小子一連串的疑問，心裏不樂意了。徐東沒再問，蹲下去揭開一個已盛滿酒的陶甕，把腦袋貼著甕口嗅嗅。果然酒味濃烈。「我試一口看看？」「試吧」黃三財高興了，把擱在鍋蓋上的長柄木勺遞給徐東。

「雖是酒，番薯味太重了。」徐東嚐了一小口，吞下一半，吐掉一半，挑剔起黃三財釀的番薯酒來。

「拿什麼釀就有什麼味，你還想拿番薯釀出人參酒來嗎？要喝就喝，不喝趕緊蓋回去，不要走了我的酒味。」黃三財聽不得別人說他的酒不好。

徐東不管他高興不高興，又撩他說：「別人的酒，味重，燒得著火。你的爛番薯酒也燒得著嗎？」

「笑話！燒不著還算是我釀的酒嗎？」黃三財不屑地答道

「你敢打賭燒得著嗎？」「燒得著，從我褲襠下鑽過去。燒不著，我放你三天假，不用出工。怎麼樣？」黃三財認真起來了。徐東聽了，重新把那甕酒掀開蓋來，俯下腦袋去嗅了又嗅，心裏也一邊在盤算。說實話，這酒能否燒著他根本沒底，只是對那三天的放假實在有吸引力。他決定碰碰運氣。「好！賭就賭！」他答道，「燒不著你可要認帳，要放我三天假啊」

「要燒得著時，你小子可別耍賴，乖乖鑽我褲襠啊。」黃三財也回應，算是互相做出了承諾。徐東蹲在陶甕旁，用木勺舀出一勺酒，掏出打火機，點著，湊近木勺，木勺裏頓時就燃起一層淺藍色的火焰，還有一股酸溜溜的味道。「哈哈！快鑽我的褲襠吧，你小子，說你你不信。」黃三財此時在一旁，得意萬分，已開始把兩條瘦腿八字形架開來，要徐東馬上兌現。

「你這甕酒燒得著，那一甕肯定燒不著的！」徐東一見燒著了酒，心裏早就慌亂了，三天放假泡湯，還要鑽別人的褲襠，無論如何都不幹。他真的像黃三財擔心的那樣，開始耍起賴來。

徐東不管黃三財願意不願意，先把手上那勺酒倒回甕裏，本打算就去舀另一甕酒，誰知慌亂中並沒把燒著的酒滅掉火，在倒酒的那一剎那，酒甕口呼的竄上一團藍色火焰，直竄徐東的頭臉，頭髮就窸窣地燒了起來，一陣臭味。躲閃都來不及。黃三財驚嚇之中急中生智，順手在地上抓起一片破麻包袋往徐東頭臉扣去，又抄起把木勺，往豬食桶裏舀了勺水，不管乾淨不乾淨就淋下去，見無了動靜才把麻袋扯開，露出了徐東驚恐萬狀的臉面。片刻之間，徐東已是面目全非，頭髮沒了，眉毛沒了，眼睫毛都沒了，臉面被火燎成了土紅色，整個腦袋光溜溜的，活像一隻土紅色的酒甕了。

徐東只是驚魂未定，他看不到自己。黃三財這時卻比徐東緊張，鑽褲襠的事早忘了，身為隊長，與小青年玩打賭鬧出了事，他有責任。

到了下工開飯時分，徐東手拿飯盆去食堂打飯，路上和人打招呼，人們一時都認不出是他來。奇怪，怎麼看身材和那八字腳的走路是徐東，那臉面卻一點不像呢？第二天，大家在工地上說起見到徐東時的感覺，感慨地總結了一個共同看法：人再怎麼醜也不能沒有眉毛，沒了眉毛，再俊俏的臉也會不成樣子。

徐東的臉面燒成了酒甕，黃三財的番薯酒卻出了名，四周的村民知道黃三財能釀出燒得著火的酒，紛紛求黃三財賣酒。連隊黨支部開會時，黃三財即時反映了村民的願望和自己的想法，黨支部也迅速做出決定：調徐東到養豬場當黃三財釀酒時的下手；番薯酒一斤賣二角三；賣酒的錢每星期買一次肉，在飯堂煮了，給職工改善生活。徐東的眉毛剛重新長出一點時，黃三才釀的番薯酒已經賣得紅紅火火了。

讀罷此帖，自由兄弟實在有些羨慕徐東，分在這樣的連隊，跟著這樣的連隊黨支部，不僅有口福（賣酒的錢每星期買一次肉），而且可學釀酒技術，（以後回城餓不著自己）真是一舉兩得。更為難得的是，在**1968hfz**另外一篇**〈三財趣事〉**的帖子，自由兄弟得知這個來自廉江的「半個老鄉」三財副連長為了改善群眾生活，一年到頭都要經常搞些所謂自力更生、豐衣足食的副業生產，比如種些花生、甘蔗、番薯、冬瓜、水稻等。這些農活都得在下午做完主業收工後，又帶上鋤頭糞箕去幹一兩個小時。而每當這時，三財就想方設法把全連隊的人都攆出來了幹副業……

難怪這個連隊收成的番薯多得人吃不完、豬吃不完，堆在屋角發芽。偏又給精明的三財想出了釀酒換肉吃的好點子。唉，倘若當時海南兵團每個連隊幹部都有這樣的膽識和能耐，何愁大家會餓著肚子滿山遍野地找吃食？

在海南兵團，還有許多真心實意愛護體貼知青的連隊領導幹部，他們那種善良誠摯的關愛和呵護讓知青們久久難以忘懷，以致這一情誼歷經歲月風雨而不褪色。知青**風雲**在**〈隊長羊啟安〉**就講述了這麼一個連隊幹部：

二〇〇六年五月，我應農墾總局的邀請參加了知青回訪農場的活動。我一到場部招待所，丟下行李就往已經調到場部附近生產隊的老工人馮大姐家奔去，想讓大姐幫我聯繫一下當年同在一個連隊生活工作過的老工人，大家在一起見見面好好聊一聊。

我前腳剛到馮大姐家，老隊長羊啟安開著個小馬力的摩托車就趕到了。車前面的兜兜裏還裝著一個飄著誘人香味的海南特產——大樹鳳梨。車擋前別著一把菜刀在五月的陽光下閃閃發光。原來他前天就聽說我將要代表西慶的下鄉知青回訪第二故鄉，他在樹上覓好了這個飽滿圓潤的菠蘿蜜，讓它在樹上好好長著誰也不許打它的主意。這會聽說農場的車把我接回來了連忙去把它給摘下來，拿著準備開鳳梨用的菜刀直奔到招待所找我。到招待所聽說我已下工人家了，又匆匆開車趕來。我雙手接過看著老隊長遞來的那香氣撲人的大樹果實，望著那張誠懇樸實的面孔，那一頭的熱汗，那陽光下仍閃動著光芒的菜刀，眼裏不由得湧上一股熱流……

記得那是在一九六八年底，我們一群來自廣州的青年學生下放在海南島西北部的西慶農場裏的八一隊。羊啟安是我們當時的隊長，就憑他姓羊當初就讓我好奇了好一陣，一問，原來他是海南儋州縣的本土人，因為他純樸忠厚，事事聽黨的話，處處身先士卒地走在群眾的前面，所以就算在「文革」中，他在群眾中仍是威信不倒，兩派的群眾都沒把他怎麼樣。

我們剛到海南，就是他常手把著手地教我們幹農活。對知青的關愛就像對自己的弟妹一樣。我們一位別號叫小貓的女知青，在下到一個叫九畝六的水田裏工作時，水田裏長滿了大螞蝗，「海南的螞蝗可以做腰帶」，那可是海南島一大怪。螞蝗是一種首尾都帶著吸盆的軟體動物，平時牠靠吸取動物如牛血為生，牠在吸附人體時牠的吸盆會分泌一種麻醉液使人絲毫不覺得痛苦，只是在牠吸得肚肥腸滿離開時，那傷口才會陣陣劇痛並流血不止，可見牠的恐怖和厲害了。九畝六水田的螞蝗特別的大，隊裏的婦女誰也不敢到這裏開工。螞蝗久沒聞到人血的了早就饑渴不已。

知青們都是城裏生城裏長，先前誰也沒見過這麼大的吸血怪物。因為當時的最高統帥毛主席一聲令下，我們都奔農村這廣闊天地裏接受貧下中農再教育來了。青年學生們在這裏本著改造自己的非無產階級思想，個個不甘落後，小貓是共青團支部委員，更是事事嚴格要求自己。只見她站在水裏的兩條腿爬滿了螞蝗，十多條螞蝗在瘋狂地吸著她的血。可惡的螞蝗是很難把牠弄掉，因為牠是軟軟的一條兩頭帶吸盆的長蟲，你拔了這頭的吸盆牠那頭的連著，拔了那頭的這邊的又吸住了。小貓只好不去管牠，任憑牠們貪婪地吸著自己的血，一直堅持工作到收工。但是，羊啟安隊長第二天還是下了死命令，不許小貓再到田裏去了。幾十年過去了，知青們的這種工作態度竟還使老羊耿耿於懷。

使老羊久久念道的另一件事是在一九六九年初，國家物質生活很貧乏。要過年了，場部發下來一張購買手錶的票券，當時老羊是隊長，每天半夜都要早早起來打鐘招呼大家起床割膠，沒有鬧鐘也沒有手錶，他為了怕誤了大家開工的時間常常是睡不穩覺，這次場裏發下來的錶票大家一致通過給隊長購用。可是會後羊隊長把這難得的錶票悄悄地給知青們送來了。說是他習慣了早起，用不著看錶，這票就送知青好了。我們幾個知青一分析，就知道老羊家的困難，他並不真的是不需要而是沒有錢去購買。大家二話沒說各自把自己的錢拿出來湊在一塊，星期日就去把手錶給買回來了。當我們把這塊閃亮的國產錶送到隊長手裏時，他哽咽著半天說不出話來。

閒時老羊也愛和我們聊起在儋州特有的民俗風習和他的風流往事，並曾使我們驚詫不已。原來在當地每逢農曆十五的夜晚，這裏的年輕人都會參加山歌對唱，鄉裏的男青年和女青年分別集中在兩個山頭，邊用儋州方言唱著情歌邊慢慢互相走近，先是大合唱，越走越近到後來便是各自唱自己的了，唱著對著彼此找尋到了對心的情人。然後，女青年便可以把男青年帶到自己父母為自己在山上蓋起來的茅草房裏圓房，直到懷孕或有了孩子後才去和男青年結婚。這就是傳說中的海南有八怪之一：「少女揹著孩子談戀愛。」我們八一隊裏的本地人的婚姻多是經過這樣的對歌——當地叫「嗌叮」而促成的。老羊隊長在說起他的夫人時，不無驕傲地誇獎她是帶著孩子和自己結婚的。

這次回訪和老工人們在一起，彼此有說不完的思念，道不完的深情，畢竟我們曾同耘一方土，共飲一井水，彈指之間三十八年過去了，我的知青情結依舊濃烈如酒。生命在反思中昇華，沒有了昔日經歷過的艱辛，也就不能有如今面對困境的灑脫……

是的，風雲姐妹說得不錯，跟著這樣實心實意的黎族漢子，你就會湧起一股想與他喝酒的衝動，不管是木薯酒或是山蘭酒，你都會坦然地一醉方休。因為跟這樣的人相交相處，你心裏踏實。不用擔心他會賣你害你，也不用擔心你有困難危險，他會袖手旁觀……

但是，自由兄弟也不能不遺憾地提到，當時海南兵團的一些連隊幹部由於受歷史背景影響和自身文化和修養的欠缺，對知青的一些心理和行為瞭解不夠，以「高人一等」的教育者自居，在日常管理上常常採取簡單粗暴的方式方法，給一些知青的心理造成了莫名的傷害。知青**小子**在**〈指導員〉**中回憶道：

在鍵盤上排列出「指導員」這三個字時，我的雙手停止了敲打，我的心隱隱作痛。指導員離開我們已經三十多年了，但他一直還在我的記憶中徘徊。很多知青都不喜歡他，甚至討厭他，其實那都源於他對我們過分的嚴厲。

如果說當初把我調到二十二連是為了挽救我的政治生命，那麼讓他擔任我們的政治指導員對他個人而言無疑是致命的傷害。把出身好、當過兵作為政治資本，不考慮他的文化程度和個性修養，盲目地把他推到政治舞臺上的同時也把他推到了死亡的峭壁上。血腥的政治和年少無知的知青經歷了殘酷的對峙，他們都成了無辜的受害者。累累傷痕，悠悠歲月，歷歷在目的往事不堪回首……

指導員是一個說話結巴且脾氣火爆的人，即便不是每個知青都口齒伶俐，但他還是說不過一張普通的嘴。也許是脾氣火爆時引起說話結巴，也許是結巴無法表達自己的意願引起的火爆脾氣，總之，每次和知青爭吵到最後都會以打架收場，幸災樂禍的同時我感到一絲悲涼。有語言障礙的政治指導員，顯然不是我們的對手，至少每次的爭吵和打架都對他的人格造成了傷害。

知青占我們全連整人數的百分之九十五，陸續調來二十二連的知青大部分是在原來的連隊無法待下去，或是太搗蛋，或是愛打架，或是偷懶不出工，團領導錯誤地認為只有靠嚴厲的管教，這些知青才會老老實實，因此二十二連成了名副其實的「再教育」基地。指導員也深知任重道遠，但革命工作他也不敢推卸，直至辛勞成疾病死在這個崗位上。

「遠親不如近鄰。」茅草房蓋好後，指導員一家搬到了我的隔壁，一牆之隔使我對他有了近距離的深入瞭解。他的心地善良和火爆脾氣是均等的，他和兒女之間的對話從不結巴，說話輕聲細語。最小的女兒那時也有五歲了，他總是喜歡把她揹在背上，從來也沒有動手打過孩子。在家裏他是吃飯最快的一個，一句「我飽了」，便立即撤退，為的是把好吃的留給孩子。

我非常愛聽他的三個孩子喚他「阿爸，阿爸」時的嬌嗔，兒女和父輩之間的那種骨肉之情常常讓我感動。我感覺指導員是一個親和的好父親，如果不是政治指導員的工作纏身，他會把父親這個角色演繹得更加出色。每次和知青吵完、打完他都整夜整夜不能入睡，隔著一道泥牆我也能聽到他不停地用那個大竹筒抽煙，咕……咕……咕，他的內心充滿了痛苦和困惑。

「窮在路邊無人問，富在深山有人尋。」指導員帶領我們勤幹、苦幹加巧幹，終於得到豐厚的回報。老虎山腳下的二十二連曾經成為全團生活最好的連隊，團部領導經常開著吉普卡來「檢查工作」並且不忘瓜分我們的勞動成果。蔬菜、木瓜、紅薯、甘蔗，他們樣樣都喜歡。汽車開走之前，我們還要列隊齊聲高呼：「首長辛苦了！向首長致敬！」……

吉普卡一溜煙開走了之後，指導員成了我們發洩和攻擊的目標。我一直以為男知青稱呼指導員「高佬」是因為他的身高，直到這次吉普卡開走後我才明白「高佬」在他們心目中的真正涵義。范知青走到指導員跟前一個字一個字用極標準的普通話慢慢地說：「你不要以為你是高大的高，你是枉臯臯的臯，你是碌臯的臯。」大笑，狂笑，我很久都沒有見過這麼熱鬧的場面，更沒有見過指導員這麼痛苦的表情。

連隊的義務勞動的熱情掉到了冰點，指導員再指揮我們義務勞動時不得不使出最後一招：「共青團員、共產黨員跟我上。」可是指導員這樣做又錯了，本來還想和他一起幹的群眾找到了不去幹的理由，我們當然地視他們為「組織活動」，不去參加義務勞動也就更加理直氣壯了。

指導員和連長都去了團部開緊急會議，愉悅的心情讓我們每個人的臉上都綻放著幸福的嬉笑，男知青蹚過廣壩河從昌江縣買回一頭大肥豬，一呼而上七手八腳地燒水，殺豬，放血，吹氣，刮毛，開膛破肚。我們像一支訓練有素的隊伍把「團結，緊張，嚴肅，活潑」發揮到了極至，在大家的熱情支持和誘導下，炊事員給每人加了二兩米飯。女的把吃不了的飯給了男的，男的就回敬女的一塊豬肉，美味的豬肉讓我們共用前所未有的和諧。

幸福的時光總是消失得太快，指導員和連長從團部開完了緊急會議，我們吃下去的豬肉消化後也逐漸排空，雖然不留一點痕跡，但是倒楣的事還是發生了。連隊的豬接二連三地發病，身上出現小紅點，紅薯熬粥也不吃。指導員急得團團轉，開口說話就結巴。他徑直地朝男生宿舍跑去，綽號叫「為食貓」的正在有滋有味地啃雞骨頭，指導員不由分說走上去就把他的飯碗打翻在地。「為食貓」一頭霧水，兩人發生了爭吵，指導員的簡單粗暴激怒了慢條斯理的「為食貓」，他撿起地上的碗朝指導員的頭上扣過去，黃色的搪瓷碗不偏不倚正扣在了指導員的頭上。情急之下指導員按照慣例把腳上的木屐脫了下來朝對方扔過去，唉，又打起來了……

這時不知是誰大聲地叫了起來：「好消息！好消息！又有一隻豬犧牲了，今晚有肉吃了。」連長及時地吹響了哨子：「集合！……」連長是一個非常溫和的四川人，他的好性格和指導員的臭脾氣形成鮮明的對比，我們都喜歡連長。但是這次連長也發火了，他一定要把豬發「瘟」的原因查個水落石出。我心裏直犯嘀咕，我們大塊大塊地吃還嫌不夠，這豬最多也就聞了點香味，不至於吧，豬和豬之間真是心有靈犀，還是牠們終於明白等待牠們的就是白刀子進紅刀子出。

這次買豬回連隊改善生活是大家的主意，除了「為食貓」去外面獨食沒份以外，我們都有參與。為了表示我們要悔過自新，每人寫了一份檢討並委派語言幽默大師胡知青上臺做深刻檢討。當晚連隊召開緊急會議，發言從來就不要稿紙的胡知青一上臺就裝模作樣地找稿紙，先是找上衣的口袋，然後再找褲口袋，又跑到連長身邊摸了連長的上衣又摸長褲，最後在自己的肚臍眼裏拿出一張小紙條，還沒有讀，笑聲一浪高過一浪，會議在狂笑中結束。

豬「瘟」事件中，「為食貓」受到了委屈，他跑到團部告了指導員一狀，並且發現寫材料的還不止一兩個人，很快一紙調令把指導員調到了十六連。指導員依依不捨地和我們告別，二十二連從無到有耗盡了指導員的心血，他長期都患有胃病，痛到臉色發青也不肯休息，去到十六連後他帶著胃痛的毛病去就醫，一紙「肝癌晚期」的診斷書放到了親人的面前。在兵團醫院治療了十多天後他離開了人世，時年三十五歲。指導員安息吧！

「高佬」安息吧！

在我的心目中你一直是高大的——高！

類似的「教育者」與「被教育者」的心理隔閡，在知青CCS〈又是除夕夜〉中也有深刻的回憶：

……那年，因為難以回家，留在海南過年。年三十下午，一班小青年都到小溪來洗刷。乾乾淨淨過個年嘛！唯獨連長依然提了一桶水回去擦身子。大家又是一陣竊笑，因為誰也沒見過連長洗過澡。於是打賭：誰能問出個究竟，大家幫誰洗一週髒衣服。

吃完年夜飯，沒處可去的我們仍然賴在伙房的煤汽燈下吹牛扯蛋。不久連長也加入，話題開始熱烈起來。我自以為時機成熟，趁著連長高興時突然問道：「連長，我們來這麼久啦，怎麼從來不見你洗過澡呢？」大家都把狡黠的眼光射向連長和我。沉默了一會，連長不太高興地回答：「怎麼，你看不起工農大眾？嫌我們大老粗髒嗎？我一輩子不洗澡照樣幹革命，你一天不好好學習毛澤東思想我就要狠狠地批評你！」

開始，大家還繼續嘻嘻哈哈地議論著洗澡和學習的辯證關係，連長卻突然嚴厲起來，指著我說：「我見你第一眼時就知道你的資產階級思想比較嚴重，你看看，別的知青都理平頭或短髮，只有你是一頭鬈髮！」

「是天然的呀！」我囁嚅著。

「天然？咱們貧下中農、工人階級能長有這種資產階級的腦瓜？你下鄉這麼久，表現還行。我以為你改造得差不多了，想不到一有機會尾巴就露出來了。不光如此，你一有空就在看那些已經發黃的爛書。現在向我和大家做個交代吧……」

「我看的是魯迅的書呀！」我噙著淚水低應。

「你信的書？我才不信呢？只有天天讀毛主席的書，你才不會變修，其他的書讀太多沒你好處！」

面對如此的再教育，我無言以對。屈辱、憂傷充滿了少年的胸懷……

這個除夕就這樣不歡而散。這個除夕雖說不上刻骨銘心，卻也令我終生難忘。以後，我偶爾在一篇雜文中得知，我國有一個地區因長期乾旱缺水，人的一生只洗三次澡，分別為出生時、結婚時、離開人世時，連長是不是那裏人氏或者另有隱情就不得而知了。

事後，髒衣服一直沒人幫我洗，那幫混小子狡辯說我並沒能問出究竟來，若想不洗，一定得再問出個所以然來。我還敢嗎？說來也怪，之後不久，隨著世界觀改造步步加深，我的鬈髮也過早地同步脫落，不幾年已成謝頂之蘆，如今只能對著老照片顧影自憐。

親愛的連長，你還好嗎？你的戰士為當年年幼無知無端冒犯你向你表示深深的歉意，願你在新時期永葆革命的青春，祝福你永遠幸福開心！……

如果說，知青CCS與連長的衝突，是因為文化層次或生活習慣上的差異所造成的誤會（當然，也不排除連長有生理或心理上的缺陷，無意之中被知青CCS傷了自尊而老羞成怒的可能），那麼，知青Chenyhang講的這則故事，則在某種程度上，說明了當時兵團一些連隊領導幹部的盲從或狡詐：

……講到連隊領導，我就想到那時的一次運動。準備批鬥會前，連隊指導員找我談話，這話的意思一直在我心頭留下深刻印象和陰影……

當時，指導員對我說：「偉大領袖教導我們，要相信領導和群眾百分之九十五是好的，就是說有百分之五要拿出來『照照相』。你們這批廣州知青二十七人，要找出一點五人出來『站球臺』。劉某、李某和你的家庭成分比較高，但你表現突出，拿出來『照相』影響不好，但你一定要站出來發言。你看，在劉某和李某拿誰出來好？（無回答）我點名，同意的你點點頭。（我無反應，其實我的心在震動、顫抖！我們這樣的開荒賣力，有什麼風吹草動，還拿我們來開刀?!就因為成分不好？）我再點名，你不出聲就是默認了。你準備好發言，看你表現了。」

當時，我是欲哭無淚，或者是不敢流淚。晚上躺在床上，難過得眼淚流了出來，卻只能悄然抽泣，不敢哭出聲。以後的工作我更加的賣力，生活中更加沉默寡言，思想上卻有更多的思考和想不通，鬱悶通過每天一早一晚後來只在早上的小廣播（讀報紙）中發洩。

看了這段述說，豈止是作者的心在震動、顫抖！連自由兄弟的心靈也在莫名地震動、顫抖和憤怒！就因為「成分不好」？就因為這個百分之五的指標？就非得要找出一點五人的知青出來站球臺？簡直是一個混帳透頂的邏輯！而這個指導員也是一個唯命是從、缺少同情心的「走狗」！

難道就不會用「可教育好的子女」「出身不由己，道路可選擇」等理由去化解這種無端降臨在知青身上的政治災難嗎？難道為了執行上級的「極左指示」，就非得要狠著心腸地將這些只有十六七歲，這樣地開荒賣力的知青推到批鬥臺上，才是政治立場堅定的表現？你有否將心比心想想他們今後怎麼抬頭做人？怎麼去消除對批鬥者，尤其是組織批鬥者的刻骨仇恨心理？

況且，這種背後教唆「黑五類子女」的知青點頭站出來批判「同類」的做法，無異於暗拳傷人，讓不用「站臺」者心靈所受的傷害更難以癒合。唉，說得輕一些的評介，這叫做「故弄玄虛」或是「居心不良」；說得重一些的評介，是「心懷鬼胎，借刀殺人」。捨此之外，自由兄弟找不出更為妥當的評語。

更有一些連隊領導對待知青毫無惻隱之心，其處理問題已經不能用方式方法簡單粗暴來形容，而是缺乏最起碼的做人的善良本性。知青**aige**在〈**蟻民**〉中講述了一個令人髮指的故事：

……在海南農場落戶後，有小道消息傳來：「農場要組建生產建設兵團，直屬廣州軍區。」農工變成兵。雖說小道，未經證實，但對一群初進茅屋的城裏人也的確興奮了一陣子，內心大有「冷手撿個熱煎堆」的感覺。

沒多久，場部來了幾位軍人，說是建團籌備組的。命運的寄託點燃了希望。隨著籌建的深入，場裏隊中的生產、生活的瑣碎事都開始向部隊靠攏，不知不覺中訂立不少諸如「不得談情說愛」、「不得開小灶」、「不得擅自離隊串門」等等規條。種種不成文的規條基本都是衝著咱幾位下鄉青年男女而爾。因這是場部直屬隊，家屬居多。娶了老婆、嫁了男人的都有「小伙房」，我們沒有，也不敢有，只好盯上集體伙房的爐灶口。偷著「開小灶」時，待伙房打烊，從爐灶口扒出一堆奄奄一息的木炭，墊上鍋，煮上稀飯、糖水之類的肚皮填充物。

有一天，機會來了，隊裏收花生，由於連日的暴雨，成熟的花生在田裏很多發了芽。以往，家屬們會把「花生芽」帶回「小伙房」，據說味道好極了！這回領導說不行了，要抵制資本主義思想。幾次宣講了：花生芽私有化後的「毒性」（指資本主義思想的毒）；還明確指出：花生芽爛在地裏是肥，拿回家就是毒，一個也不能吃！久聞「花生芽」的美味，誰管它是肥是毒，機會來時還是往軍水壺裏塞了滿滿一壺。

晚上，我們在爐灶口炮製的一鍋想像中的美食被巡夜的領導發現後，我們全懵了！他居然以毒攻毒，在鍋裏撒了一把「六六粉」。我們都知道「六六粉」的用途：播種前花生種子混上「六六粉」，種子埋入土裏可防螞蟻的侵食。那夜，目睹泡沫沸騰的鍋，心寒至極，在如此領導心目中，我們僅是蟻民罷了！

看完這個簡直沒有人性的連隊幹部的兇神惡煞的故事，知青**johnnyhuang**深有感觸地歎息：

……在那段艱苦歲月裏，連隊幹部有人情味真是覺得溫暖得多，反之，知青只有過著度日如年的生活了，唯一的希望是寄託那封家書和盼望探親的日子早些來臨。我們連長姓史，此人陰險、狡猾、小氣，經常刻薄知青，後我們改他姓屎！但副連長就最體諒我們，知青對他也好，合得來；他還經常夜晚到知青宿舍和我們聊天，吹牛，車大炮，講故事。姓屎的不甘心，派了臥底（二五仔）打聽副連長同知青講什麼故事，聊什麼樣的天。真是豈有此理？

指導員人正直，但嚴肅，無法啦，在政治掛帥的年代嘛！前段日子，同連知青說副連長退休回到中山縣的鄉下後因病去世了……遙遠的我，感覺有一種莫名的失落，就像失去了一位親人一樣的哀傷！但他那種豁達、正直、樂天的笑聲陪伴著我們度過艱難困苦的歲月，感謝你，我們知青永遠懷念你，願你在天國也永遠的快樂！

在知青網上，我還讀到了一篇**aige**寫的**〈英子的愛與怒〉**帖子，真實生動地描寫了一個敢於為自己神聖的愛情權利抗爭的女知青，也真實反映了當時一些連隊幹部對知青戀愛橫加干涉或設置障礙的現象：

……一個風和日暖的星期天早上，英子告訴我，她有朋友要來。我問：「男友？」她沒回答，只含蓄一笑。我明白了。兵團（農場）當時流行「大禮拜」，所謂「大禮拜」就是兩個星期才有一個休息日。通常這一天各連隊會抽出半天來「搞副業」，我們連隊也不例外，種紅薯餵豬，種花生榨油，說是自給自足，改善生活。對於我來講，剩下自己能支配的半天，洗刷一下床單、寫寫家書也就過去了。而對於「情竇初開」的英子，這半天可是久盼的時光。

隨著陽光接近直射，英子已魂不守舍。我問：「他怎還未到？」潤紅眼眶的她顯露出了內心的焦慮與擔憂。其實，我問是多餘的。當時何來手機聯絡？幾乎所有的私人聯絡都靠書信，場內一封普通的書信都是要走上二天的。她大方地告訴我，她（他）倆邂逅於某老連隊，就因「情竇初開」被發現，被及時隔離，分別被調到相隔二十多公里的新點，今天是他第一次來。我再次明白。

中午時分，英子沒白守那份從集體伙房打回來的飯菜。他終於到了。興奮之下，英子特意在飯裏拌了幾羹白沙糖，算是「加菜」。就這樣，放下心頭石的她與爬坡涉水走了五個多小時山路的他在溫馨與甜蜜之中享受了一頓「粗茶淡飯」的午餐。下午，隊裏通知下來了。「大部隊」外出翻整花生處女地，「老、弱、病、殘」留隊「剝花生種子」。所謂老、弱、病、殘也就家屬而爾。見英子有點為難，我建議她找領導要求留下「剝花生」，保住「聚」的時光。英子帶著猶疑踏進正副指導員的家門（當時很多新點都是夫妻支部），卻帶著失望與委屈回來了。

下午的「搞副業」勞動開始，「大部隊」出發了。這回英子沒聽「黨」話，擅自留下，在司務長處特意領了兩人份量的帶殼花生——我猜這可能是英子想以男友加入副業勞動來減輕自己的「罪」吧。「大部隊」收工回來時，「剝花生」的也散夥了。英子的他，自然也已踏上歸途。第一次見面，他給我的印象是「本分中帶有情感」。再見英子，嘴角絲絲的笑無法掩蓋紅腫的眼簾，我可以斷定，她哭過。天黑了，到井邊打水的英子沒帶手電筒扭傷了腳，因她的手電筒給了他。英子說：幾小時的回程山路，他如沒支手電筒會出事的。極其普通樸素的一句話就使人悟到了凡間的情與愛，我陡然羡慕起接受了愛火顛簸在崎嶇歸程山路上的他。

晚上，突然通知要開全連大會（通常禮拜天晚上是不開會的）。煤油燈下，全體席地而坐，指導員開腔，先表揚今天的義務勞動。轉個話題，扯起了「階級鬥爭」新動向，聯繫到了資產階級思想苗頭，直至點名批評了英子的「戀情」。最讓英子揪心激憤的一句是：「你可要知自己因啥來到這新連隊的。」黑暗中，隱見英子的淚水與悲憤。指導員的這句用語頓時使人們懷疑，思索起英子的過去。煤油燈火在晃動，嚴詞訓斥在繼續……

就在臨宣佈散會的一刻，英子站了起來：「我怎麼了，不就是把男友叫來一起剝了二十斤花生！你老婆身為副指，一年兩次『人流』就休二十多天，你屁都不放一個！」一言道破天機。剛剛還神氣著的指導員，一下子拉長了臉，口裏斷斷續續擠出：「你……你……明天再找你談……散會。」明顯出現了結巴。其實，最終此事也「不了了之」。在「不了了之」之餘給大家卻留下了深刻的記憶。當年當日，英子的此一舉，卅年來都是俺班場友們的「笑料」。

後來，在某次「大會戰」中我又偶遇了英子的他。侃談之中，提及此事，他也只是平平淡淡的一句：「針不扎在自己身上是不會覺得疼的。」

讀了這個帖子，自由兄弟在為這對敢為心愛之人捨棄一切（如趕五個小時山路相會、幾羹白沙糖、擅自留下剝花生、送手電筒）而感動的同時，也為那個指導員對英子的搶白最終「不了了之」而慶幸。因為當時有的連隊幹部確實如知青johnnyhuang所說，陰險、狡猾、小氣，經常刻薄知青，一旦得罪了他，就會變著法子整你，甚至往死裏整，而且讓你有苦說不出來。

知青**陳經緯**在**〈穿小鞋的故事〉**中形象地刻畫了一個心胸狹隘的指導員：

……「轟！轟……」碎石、泥塊與大樹根齊飛上高空，點砲的知青紛紛飛奔，逃離現場。

「×工！快拉我一把！」落在最後的小青大喊一聲。因個子矮小而攀不上巨岩的她狼狽不堪地等待救援，同時間背後不遠處連續爆炸的震波越來越近，提醒她還未脫離危險區。幸虧×工聽到了並迅速折返，拉扯著她攀上巨岩逃離危險區。這一幕恰好讓到現場來檢查工作的兵團團部的幹部看到，他們事後馬上要連部把小青調離爆破組。

離開兵團後，小青才把這件事情的前因後果告訴我們一群同學：她事前根本沒有自告奮勇要求調到爆破組去，何況那裏全是身手敏捷和經驗豐富的退伍兵，根本不需要身子單薄的她。她還說她自己雖是好強，但並非不自量力，實在是當年的連指導員（正副職記不起了，名字則免了）送了一雙「小鞋」給她穿。那年代黨支書就等於黨支部，兵團的戰士聽黨的召喚，叫幹啥就幹啥，不理解的命令也要執行。

同學們事後分析都說，應是小青她做事太不給人留情面。有一次，當連指導員吃完飯把自己的搪瓷缸放進井裏洗刷時，身為炊事員的小青看到他當時不顧他人的缺德行為，便當眾直說出來。晚上指導員雖然嘴上表揚了她，可是我們知青眾所周知此人心胸狹窄、睚眥必報，故此後來調派小青的事就當然是意料之中了。現在當大家回憶起兵團往事時，她總會哈哈一笑，說：「我命大！」

看了以上幾個反映當年兵團一些連隊幹部的「醜陋嘴臉」的帖子之後，我不由得想起了一次知青聚會的情景。當時，許多知青圍坐一堂，深情地緬懷唸叨著已經成為故人的連隊人員之時，其中有人也點到了因病死亡的某位連隊幹部。誰知剛說出他的名字，一位知青立即破口喊道：「這個壞透了的傢伙，早就該死了！」率真的言語頓時勾起了許多知青心中的怨恨。大家紛紛用「這傢伙不是個男人」、「這沒有人性的傢伙」的開場白說起了他陰險毒辣整人的往事。

確實，這是一個左得不能再左、滿肚子壞水的連隊幹部。知青談戀愛，他看不慣，帶著民兵尾隨跟蹤將人家抓回來，還要召開批鬥大會。而他自己挖空心思，藉著入黨入團等話題跟女知青套近乎，揩油水。知青餓了，偷了連隊一點食物充饑，被抓住了，他則要進行批鬥、毆打。特別是在他代理黨支部書記期間，更是登峰造極地推行極左路線，不僅將所謂「出身不好」的知青全部從班長、副班長職務撤換下來，而且哪個知青不慎講了幾句牢騷怪話，他就會上綱上線進行批判指責。為此，知青們也常常背地裏展開「整治」行動，讓他的牙膏、牙刷不翼而飛，甚至將牛糞塗到他的窗臺。可他照樣我行我素，每一次都借階級鬥爭之名，對懷疑的知青進行殘酷打擊報復。真應了那句古話：「天作孽猶可違，人作孽不可活。」

雖然這其中許多事情是極左時期的特殊現象，但是對於一些生性兇殘、連畜生都不如的連隊幹部來說（如往花生芽鍋裏撒「六六粉」的連隊幹部，將弱小女知青往爆破班調，欲置其於死地的指導員），倘若至今仍不知懺悔，以求寬恕，自由兄弟倒是真希望老天將其收了去！否則，這世界無法懲惡揚善，做到善有善報，惡有惡報。

儘管這些傢伙在當時兵團連隊幹部為數不多，充其量只是一二成，但是，他們給許多知青造成的身心傷害，是不可估量的。有的知青甚至因為他們粗暴兇殘的舉動付出了終生的代價，至今只要提到兵團或農場歲月就會憤恨不已。而這種「早該死了」的呼喊，實際上是曾受欺凌的知青在對當時作惡的連隊幹部進行公正的永久的道義審判……

第三節　褒貶不一的「領導階層」

在海南生產建設兵團存在的五年半時間裏，還有一個被人們褒貶不一的「領導階層」，這就是根據中央軍委命令，被廣州軍區派來兵團的二千九百餘名現役軍人。這些人數量不多，但由於都是身居兵團各級領導正職，所以影響力很大。對於他們的功過是非，廣大農場幹部、軍工、農工和知青都有著自己的看法。有的人至今還受到人們的尊敬和懷念，但有的人卻至今仍受到人們的指責和唾罵……

在一九九二年出版的《陽江交響詩》中的〈曲十五——短暫的「顫音」〉中有涉及對這些軍人作用和過失的中肯評介，作者是**文覺新**，是廣州軍區政治部的專業作家。由於篇幅較長，自由兄弟只能摘錄其中的有關片段：

……一部完整的交響樂，偶然也會出現一段顫音。既是演奏技巧上的人為所致，也是一種複調中的旋律不諧合。彷彿是一種短暫的過渡，會給人的聽覺產生多重性：

是激昂中的間歇與跳躍；

是主幹大樹中的枝椏；

是旋律本身發出的滑音；

也是偶爾失調所造成……

在陽江農場這部生活交響樂中，也奏出了一段雙重複調的「顫音」。

一九六九年秋，陽江農場的體制改為軍事化，命名為廣州軍區生產建設兵團第六師第七團。生產隊改為連隊建制，主管幹部全部由現役軍人擔任。

黑龍江建設兵團是在「文化大革命」中第一個建立的兵團，接著內蒙古、甘肅、安徽、湖北、雲南、廣東相繼成立。

到一九七一年止，全國農墾系統共建立十二個兵團、三個獨立生產師，分佈在全國十八個省市自治區。

由於各地生產建設兵團時成立，對於穩定當時混亂的局勢和鞏固邊防，起到了積極作用。

陽江農場在接受兵團建制後，也確實在諸多方面得到了穩定。由於這批「一顆紅星頭上戴，革命的紅旗掛兩邊」的現役軍人的介入，使各立山頭的造反派組織，全部偃旗息鼓。一切權力歸團部，從大分裂走向了大統一。

兵團任命的七團團長王金貴和政委翟尚志（後任政委朱福臣），來到農場後的第一件事就是命令各派組織「立即放人」。於是，許多被批鬥的幹部和工人們又回到了生產第一線。這種順應民心的決策，自然受到了全場職工的擁護。這批素以「雷厲風行」著稱的軍人們，在恢復生產的時候，開始了大開荒。從數量上講，使農場的膠園數量又增加了二萬三千畝。同時，這批軍人也帶來了許多部隊的好作風。如團長王金貴和政委翟尚志，總是手拿鐮刀和鋤頭，戰鬥在第一線。工人們還清楚地記得團領導每來生產隊總是帶著工具和《毛選》，與工人們同勞動同學習。

也有些不太瞭解軍人的職工，以為團領導下基層，準得大吃大喝。有一次，翟政委下到生產隊的食堂吃午飯，許多好奇的職工想蹭點油水。沒料到翟政委帶來的卻是一罐豆腐乳。——這類事情還可舉出許多，比如每逢年節，團領導總要親自到各隊去拜年。哪個職工生病了，必須專做病號飯。打擊歪風邪氣，張揚正氣，對有功者奬，對有過者罰，使農場真正成了一所毛澤東思想的大學校。

以上許多方面，都是陽江在成立兵團時期的主流。

但是，由於這種不符合生產規律的軍事體制，使橡膠生產失去了它本身的科學性，造成了一種違反生產規律的作業法：不顧氣候而下種，不擇土壤大面積植苗。而且下雨的當口，也命令工人開刀割膠，致使許多成熟的膠樹腐爛死掉……

當然，這也有軍人本身的客觀局限性。他們用帶兵打仗的辦法來管理企業，必然出現許多盲目的「瞎指揮」。片面追求數量的「大發展」，爆出了「兵團三年要勝過農場十三年」的口號。大打人海戰術，集體上山開荒。結果是沒砍樹草，只報每天開荒的進度，造成了「前面開，後面荒，三年全丟光」的惡果。致使一些老工人怨聲載道：「兵團兵團，丟了飯碗。」

正當兵團領導也意識到了這種尷尬的局面時，中央及時來了文件。廣州軍區於一九七四年十月，撤銷兵團建制，六師七團恢復原農場建制。臨別歡送這批軍人離場時，王團長動情地說：「我們工作沒做好，扛槍行，種橡膠是外行。」

坦誠的團領導，得到了工人們的理解，準備為他們舉行「告別宴」。王團長堅決拒絕了，他心情十分沉重地悄悄離開了生活了五個年頭的農場……是內疚、是悔恨，還是看到不景氣的膠林而痛心。臨上路時，王團長拉著農場新場長的手說：「我真盼望離開時，來一陣強颱風。」

「為什麼？」

「全部報颱風損失！」

是啊，這種損失是痛心的，恰如颳過了一陣颱風。但是，陽江農場的廣大工人們絕不會把這筆損失，記在這些軍人頭上。他們說得好：「這是一種歷史現象。」

客觀公正地來說，當時海南兵團大多數的現役軍人幹部素質還是比較高的，這批軍人確實給農場帶來了許多部隊的好作風、好傳統，特別一些經歷過戰火洗禮的老軍人、老領導，他們在深入基層連隊基本保持著艱苦樸素、不講排場、不講條件、體貼民情、與戰士同甘共苦的革命本色。

知青**下里巴人**在**〈紅軍副場長——劉長貴二三事〉**中深情地回憶道：

> ……劉長貴，老紅軍，曾任朱德警衛員，離休前為澄邁紅崗農場副場長，一個外表威嚴對人和藹可親的老頭，是解放海南島的功臣。
>
> 某年，朱德由當時的農墾部長王震陪同，前來海南視察兼休養，不知從哪裏得來的消息，劉老頭早早趕到海口等候，居然等到了朱德的車隊。劉老頭激動得大叫「朱老總」！不顧一切跳出馬路攔截，後果當然是令人啼笑皆非。因當時朱德來是保密的，警衛戰士也不可能認識劉老頭，以為是特務抓起來，事後弄清沒事了，回場後給黨委狠狠批了一頓。
>
> 劉老頭家裏有兩支盒子砲，轉業時經上級特許留下做紀念，那可是真傢伙！還有子彈的。一日，他的

小崽子闖了禍，老頭火爆脾氣，大叫，我斃了你這小兔崽子！一邊就從牆上拔出二十響盒子砲，嗶啦一聲推上膛。一見老子來真的，嚇得小子抱頭鼠竄。老子窮追不捨，幸好其他幹部緊緊抱住，才避免悲劇。為此，黨委決定沒收槍枝，劉老頭亦無可奈何。

又一日晚上，我等知青數人正在漆黑的室外侃大山，「不許動，舉起手來！」一支冰冷硬梆梆的東西頂著腰部。大驚之餘，扭頭一看，原來是劉老頭！只見滿臉得意的頑笑，眾人即時恭敬起立，就差沒行軍禮：「劉副團長！」「嘿嘿，你們這幫小兔崽子真沒警惕性，戰爭年代你們早當俘虜啦！」

願敬愛的老紅軍長壽！

知青**王丹**在〈**一起走過的日子——在團政治處**〉一文中講述道：

……《定格往事情懷》有兩張邢益康提供的照片，是一九七四年原兵團改制還原為農場前，部隊幹部即將離開時，當時的政治處同仁在場部招待所前照的。當時相片洗出來後，發現膠卷發黴，效果很不好，否則真的可以看到我們一臉的迷茫和惆悵。

團政治處在欒寒主任的領導下，大家分工合作，既各司其職又相互扶持，相處和諧快樂，這在當時處處講階級鬥爭的年代，其實是很難得的。我後來幾十年的工作經歷，很多方面得益於那時學習的處世知識。

除了相片中各人，當時的政治處其實還有照相前不久從被選拔去華工讀書的汕頭知青江壁淮和不知到哪裏去了的海口知青伍國斌。當時團部的生產處還有廣州知青李以紅和黃寶瑩，大家相處得也很好，黃寶瑩還曾經在我外出時代替我做廣播呢。

在兵團（後改回中坤農場）廣播站工作，使我有機會接觸比較多的人和事。

比如開全團大會，就是當時的一件大事，坐在運送大會設備的車上，可以看到武裝連整齊的隊伍，他們驕傲地迎接其他生產隊知青投來的羨慕的目光。

若跟隨電影隊的朱婉然、伍凌惠、王雁（北京知青）去連隊放電影，連隊會給我們每人煎幾個鴨蛋，這是他們最好的菜之一。當年電影《萬紫千紅——五．一遊園晚會》在一個晚上居然放了五場，王潔實和謝麗斯的男女聲二重唱能否勾起大家的一點回憶？

曾經，我們幾個看了一封團中學某老師提交給政治部的一封回廣州探親的申請，因為探親理由是「相睇」，這讓我們幾個笑了好幾回（絕不是嘲笑），當時的人把這事拿出來說是要勇氣的。

我們的邢益康是團裏的「福爾摩斯」，他辦理的一宗某連一名潮州青年因求偶不成，錘殺一名女青年的案件，給我們看了幾張血淋淋的照片和兇器。

我本人幾十年來，一直對欒寒主任心存感激，不僅是因為他和張大姐在他的家裏招待我們，在那個物資極度匱乏的年代把家裏難得的一隻雞或者一點肉給我們分享，更因為欒主任在處理政治問題、知青問題等方方面面問題的能力和前瞻性。我的家庭關係比較複雜，海外關係較多，到團部工作時，團領導收到匿名信，要求把我遣返回連隊，可欒主任並不接受這種說法，使我能留下來，展開了一段對我後來的發展極具影響的人生經歷。這件事情，幾乎改變了我的一生。「文革」十年，有的傷痛真的很難抹平。

當年曾經在團部（場部）工作過的知青，後來都有很不錯的發展。朱婉然做到副廳級幹部；伍凌惠成了一個成功的玩具設計師；黃寶瑩是廣州市某電廠的人事處長；李以紅是廣州工學院某分院的書記；還有一個海口知青符史賢（原在生產處），已擔任香港新世界集團廣州和深圳幾家公司的CEO多年，現在廣州珠江新城的「凱旋—新世界」、新塘的「××新世界」等幾個樓盤，以及「船餐廳」等，都是他的業務。這些人在海南的時候，已表現出他們的誠實、努力、認真，後來的成功，就是「天道酬勤」的道理了。

我懷念在團政治處工作的所有同事，懷念那些與他們一起走過的日子。

如果說王丹心存感激的述說，使我看到了一個充滿人性關愛，和不管家庭出身，堅持重在個人表現的好軍人、好領導，那麼，知青**馮國森**在**〈關於脫的回想〉**一文更是我看到了一個和藹可親、體貼部下的副師長：

……脫，現代生活的一個時髦的詞。脫字出現的頻率，絕對是漢字的排頭兵。脫，是老百姓平淡生活的常態，無可厚非。幾乎人人天天脫，脫了又穿，穿了又脫，循環反覆至無窮。但脫因時間、地點、在場對象、脫的程度不同，就有了黃與不黃之分，就有了邪和正的區別。你要脫得恰如其分，脫得黃又不黃，看起來很邪而本質上卻正派地道，就很難。我把下鄉時的兩個有關「脫」的場景寫出來，以博一笑。如果本文給網友造成不愉快，我立即要求管理員刪除。

冬天，師部來了一位副師長，到我們連隊蹲點。蹲點也叫「三同」，同吃、同住、同勞動。副師長矮小卻肥胖，人隨和，沒脾氣。住在我們連隊辦公室，床鋪在文書、通信員的對面，好像才住了三天就走了。平時吃飯也和大家一樣，拿一個搪瓷大飯碗到廚房的窗口打飯。炊事員給他舀上幾兩米飯，再壓上幾根空心菜，就可以對付一餐。他邊吃飯邊找大家拉家常，是個非常和藹可親的小老頭。當時這個級別的幹部，能在最基層的連隊住兩個晚上，吃幾頓飯，已經是很不錯的「同吃同住」了。

同勞動就是到處走一走，看看開荒工地，看看苗圃芽接的，看看割膠林段。各種勞動場地幾乎都看過了，就是中苗林段沒有看。一天，副師長提出要看中苗林段。中苗林段管理很重要，關係著近幾年連隊生產發展的規模。管得好，可以按時開割，管不好，推遲開割，連隊的乾膠產量就上不去，當先進就困難。

當時我們是集中優勢兵力打開荒殲滅戰，完成開荒指標是第一要務，中小苗管理就顧不上了。這就像連隊豬圈裏那頭老母豬，最近生了十二隻豬仔，而自己的乳頭只有八隻腫脹有奶水，十二隻小豬肯定不能同時吃奶。這也符合毛澤東的「傷其十指不如斷其一指」的戰略思想。再說，中小苗半年一年不管，也死不了，等完成開荒任務，回過頭來再管理中小苗。可是，副師長大人沒有等到我們開完荒，回過頭來管理好中小苗再來看，偏偏在我們的中小苗失管，雜草、雜樹遮住橡膠苗的時候來看，可急壞了連長指導員。

指導員說：「醜媳婦總要見公婆，豁出去等挨批吧。」就帶上通信員小嘎子，陪副師長去看中小苗林段。小嘎子是隨退伍兵的哥哥從湖北大老遠來海南的，屬於職工親屬。小學文化，人特別精靈。小學文化也不算低了，我們「上山下鄉」的，不少人實際上也是才讀完小學。小嘎子的精靈，表現在他對工作非常主動，他能幫助田醫生上山挖草藥；表現在他對同志非常熱情，誰病了，幫忙熬個草藥什麼的，還把藥湯送到宿舍。當然，陪連長上山看戰鬥地形時揹槍、揹水壺、揹乾糧就更不在話下。所以小嘎子撈到了當通信員這種「輕活」，我們也沒有多少意見，認為非他莫屬。

副師長、指導員和小嘎子三人來到一個與中苗林段交界的割膠林段。他們三人站的位子是已經開割的林段，管理得比較好，林下沒有什麼灌木，視線開闊。對面就是中苗林段，但是開荒時預留成防風林的天然林非常茂密，看不到中苗管理的「林相」。

指導員說：「副師長，你批評我們得了，最近突擊開荒，中苗沒有管理好，就不看了吧。你直接批評，我們虛心接受。」其實，自大開荒以來，這個林段有兩年都顧不上管理，雜草、雜樹把橡膠中苗都快蓋住了。如果讓副師長看了，肯定非常不高興，肯定告訴團裏、師裏，可能被通報。副師長堅持深入基層、深入群眾、深入生產第一線的原則，非看不可。

小嘎子在旁邊看了，就開始脫衣服。雖然說海南的天氣不冷，但是冬天還得穿一件毛背心。小嘎子將自己的衣服一件一件慢慢往外脫。先是工作服，後毛背心，再是領子像沾了油灰的白襯衫，還有一件像機關槍掃射過有許多小圓孔的白背心。當小嘎子脫得只剩一條褲頭，在寒風中哆嗦發抖的時候，副師長覺得莫名其妙，問：「幹什麼？你！」小嘎子用發抖的聲音對副師長說：「副師長，要看這個林段，大家都得蝗就會鑽到人肚子裏去。」

「這個林段我進去過，山螞蝗飛到人身上，得一把一把抓。不脫光衣服，不好抓。不及時抓住，山螞蝗就會鑽到人肚子裏去。」

「為什麼？」副師長問。

脫衣服。」

「有這回事？」副師長狐疑地看著指導員問。

「山螞蝗不得了啊！專鑽有洞的地方。」指導員用河南口音普通話平靜地說。副師長下意識地摸了一下自己的屁股，遲疑一會兒，說：「先批評你們，沒有群眾觀點。螞蝗成堆，叫工人怎麼進去工作！要解決螞蝗問題。先回辦公室研究具體措施，走吧。」

小嘎子把衣服穿好，趁副師長不注意，向指導員做鬼臉，偷笑。

副師長與我們三同，也和我們一起洗澡。我在找手錶那個小故事裏說，我們連隊有五口水井，其中在東面，靠老百姓魚塘的那口井是洗澡用的。洗澡房是在一個大水井口蓋一間大房子，井在房子中間隔牆，分成男女兩半。從井的中間砌的那堵牆，深入井口六十多公分，將井水隔成兩半。水井南面那半是女洗澡房，北面那一半是男洗澡房。從連隊營房的小路往洗澡房走，按照男左女右的古通則，往左邊的門是男的，往右邊走是女的。因為日久失修，不但洗澡房的屋頂破漏，而且「男」「女」兩字犯迷糊。新到連隊的青年走錯門，鬧過笑話。好在沒有上綱上線，否則，定一個「思想意識差，生活作風壞」的帽子也不為過。

為了防止走錯門的錯誤，連長在佇列訓練時，對男子組成的一、二、三排，加強練習向左看齊、向左轉兩個動作，期望關鍵時刻不忘往左走。對全女子組成的四排練習向右看齊、向右轉。男洗澡房是大通間，繼承了北方大澡堂的遺風，大家一起洗澡。按照大澡堂不成文的規矩，洗澡時都得全身脫光，做到一絲不掛。如果大家都是光溜溜的，就你穿褲衩，就顯得你搞特殊，脫離群眾，與大家有隔閡，不同心。不同心怎麼同德？所以脫光了也是澡堂特殊環境的道德要求。有道德約束，你能不脫嗎？所以，我們連隊澡堂脫光的遺風，自五十年代到七十年代，代代相傳。大家都脫光了，也就見怪不怪，你身體上有多少顆痣，在哪個部位有傷疤，其他人都一清二楚，就給茶餘飯後議論尺有所短、寸有所長的閒話添一點醬料。

副師長與我們同吃同住，洗澡更不例外。當我們赤條條地搓洗身上的老泥、死皮時，進來一位白襯衫、草綠軍褲的小個子胖老人。這位老人就是副師長。他來連隊的時間短，很多人還不認識。當老人與我們一樣渾身剝光後，其滑稽的身材讓我們忍俊不禁！當場有一位叫高江華的，擔心忍不住笑而往外跑。跑到洗澡房門口發現自己沒有穿衣服，又跑進洗澡房來。我們都放聲大笑，副師長也跟我們笑。還表揚說：「你們連隊既團結、緊張、嚴肅，又非常活潑，很好嘛。」

我們覺得副師長的裸體好笑，是他圓滾的身子和短小的四肢。那個時候生活困難，老百姓連頓飽飯都吃不上，根本看不到一個胖子，更難近距離看到一個脫光衣服的胖子。事後我問高江華為什麼忍不住笑還光屁股往外跑？高江華說：「副師長的肚皮太大，把底下的小鳥快全蓋住了，但是還剩一點點，特像我上次掏麻雀窩捉到的沒長毛的小麻雀！」我聽了都覺得好笑。當時在洗澡房裏，我是不敢看副師長光溜溜的短小卻不精幹的身體的……

馮國森在這個故事中通過副師長的不脫與脫的兩個細節，充分地彰顯了其放著聰明裝糊塗的大智若愚的領導水平，也彰顯了其「入鄉隨俗、不搞特殊」的優良作風。相比之下，知青CCS所說的那位「不願洗澡」的連長就缺少這種「與群眾打成一片」的平易近人風格。其實，這些軍人從正規部隊委派到海南兵團擔任各級領導，已屬升遷無望、打入「另冊」的人員，內心裏也是很不情願，有著難以啟齒的苦衷。這在知青**黃威樂**講述的一個故事中就可以得到證明：

……另一件事是我和團政委一次很隨意的談話，但在我的腦海裏記憶猶新。時間大概是在幾位外貿局子弟走後（那是第一批知青同學返城），那天我到團部醫院，回連隊的時候順道去團部食堂看看老同學陳熾煦。我剛走到團部辦公室前的籃球場，政委坐在辦公室門口把我叫住了，要和我聊聊天。我這個人普普通通，一直在連隊，從來沒跟政委打過交道，也從來不願主動跟這些「高官」打交道，全團幾百號知青，不知他怎麼會叫得出我的名字、認識我？

那就聊唄。開始他問我在八連的工作和生活的情況，還問到我的家庭情況。我們聊得挺輕鬆，很隨意，就是領導關心下屬的談話。突然，他把話鋒一轉，問我：「怎麼樣？現在你們很多知青都想家，都想回廣州，你有沒有想回家啊？」

這話可把我問住了，糟糕！要說想吧，怕領導批評：不安心「屯墾戍邊」，怕苦怕累等等，等等，會有很多帽子，很多典型，今後的命運更難揣測；要說不想吧，這也太假了吧，誰不想家？誰不想念自己的父母親？何況已經有個別同學調回廣州了，這在知青們的心裏掀起不小的波動。但我不敢說，又不知道該怎麼說才好，只好沉默不語。

政委見我難以啟齒，他自己說了：「我們也想家，我們也想回去啊，沒想到我們來這裏會是這個樣子。」我心裏一震，沒聽錯吧？政委的這番話把我們相互之間的距離拉近了，我頓時感覺到他不是那種愛打官腔、愛訓斥的人，而是個挺親切、挺真誠的人。

我隨即把我的想法、我的心裏話滔滔不絕地向他講了，我們又恢復了輕鬆的談話，還挺熱烈。這次談話一直刻記在我心中，他一個軍人首長，在那個年代居然能和一個知青下屬、一個無名小卒談起真心話，我很感激他，因為我們相互都很真誠，然而在那個年代人與人之間缺少的就是真誠。

現在回想起來，當年林彪的「大力發展橡膠」、「屯墾戍邊」的命令，他們軍人要服從，來到海南建立生產建設兵團，操作的是他們完全不懂的農墾工作，管理的是完全不同於士兵的一群知青和農工，在這個過程中，他們能沒有苦衷、沒有怨言，沒有別的想法嗎？這很正常。

而我們，十多二十歲的學生，卻沒書讀，但誰也不能阻止，更不能抗拒「知識青年上山下鄉」運動，來到海南經受比我們在學校參加農忙勞動還要艱苦得多的勞動和生活，這我們能夠承受，但隨著年齡的增長，不得不擔心自己的將來。那麼，軍人和我們知青應該同是「天涯淪落人」，「理解萬歲」吧，只不過我們面對的艱苦工作和生活要比他們多得多。

據說政委轉業後到了茂名工作，可惜我幾次到茂名出差，都是公務在身來去匆匆，沒有時間，我真想見見政委，再繼續我們之間的聊天啊！

可惜，當時並不是所有軍人領導都有這份「將心比心、體貼知青」的思想感情。有的明明很容易辦到的事，卻要故意弄權不為，其言行在現在簡直有些不可思議地難以解釋。知青**成真**述說了一個讓人肝腸寸斷、催人淚下的故事：

……這種絕版的兵團通行證我一共保存了三張，每一張都有一個傷心的故事。那時的通行證剝奪了我們多少出行的自由，為求得一紙通行證，得編造多少冠冕堂皇的事由。就是有正當的理由，也得盤查半天，卡你一把。

一九七一年六月的一天，我收到大哥病故的家書，一陣痛哭之後，我拿著淚跡斑斑的報喪信去院部請假，院長把臉一沉說：「你才到醫院不到半年，不能批。」我一面哭一面說：「我長這麼大，才見過大哥一回，現在他死了，我只想回家看看。」院長很不近人情地回我一句：「死的又不是你媽！」

「我媽媽是白髮人送黑髮人，我得回去安慰他們……」我放聲地大哭起來懇求道。院長看我哭個不停就批了我回六團。我在六團的哥哥姐姐也沒能回家，我們兄妹一見面就抱頭痛哭起來……

那天晚上，我們兄妹仨在團部的操場望著家鄉的冷月，流著淚給去世的大哥守夜。下半夜，從團部醫院傳來一陣悲痛欲絕的哭喊聲，哥哥長歎一聲，摟緊了我們。第二天，有人告訴我們，昨天晚上死了個知青，死於勾端螺旋體。從此，我對勾端螺旋體充滿了恐懼感，對那個不認識的知青萬分痛惜……

唉！真搞不明白這些領導竟「機械」地沒有一點惻隱之心，既然能夠批准返回六團，何不讓其兄妹三人都回去送送大哥，陪伴一下悲傷至極的母親，而要偏偏讓她們淚對冷月，遙望故鄉，為去世的大哥守夜！此情此景，真不知當時有關領導於心何忍？

說起這兵團通行證，許多知青都感慨不已，知青**tianyadong**說：

我有一次開通行證，辦事的幹部提出我只能提一個主要理由，不能講幾個理由。我講了一個理由，他又認為不充分，把我愣住了。那年頭，口含天憲者把草民玩弄於股掌之中，好不得意。其實，最大的理由就是要自由，要一個公民的權利，但那年頭能說嗎？

知青**gzlfb**說：

為一紙通行證，女兒淚下，男兒血灑，故事還多，容有空也寫上一寫。所以我說兵團的軍人幹的大都是沒人性的事，不對個人，對那個年代的扭曲的權力和掌握權力的軍人。

知青**481005**說：

那年頭如果想得到一張回家探親的通行證，最好的理由是家裏發一份「××病危」或「××病故速返」的電報，此時才會批假。由此證明人性還未眠滅。

風雨同舟歎道：

> 這個理由開始頂用，六九年探家就是用這個理由，後來就不行了。

知青**福頭**則一針見血地指出：

> 那年頭，知青為了那一紙通行證，提出過多少匪夷所思的理由。其實，當時知青就有每年探一次家的權利，只不過被剝奪了而已……

如今細想起來，受極左思潮影響，再加上以部隊紀律來管理的習慣思維，當時的兵團各級領導確實是沒有正確處理好下屬人員探親和出行等公民正當權益問題。不僅以「大會戰」、「政治運動」等理由，剝奪了知青一年一次的探親權利，而且對知青的自由出行的基本權利，也通過「領導不批假」和「限開通行證」等手段予以變相地剝奪了，以至於造成了許多知青如今對此還頗有怨氣和微詞，有的甚至是終生地遺憾和憤怒。

在網上，我看到了知青**三更羅**寫的一篇**〈盡管我最終超越了仇恨，但我還是無法忘卻歷史〉**的長帖，內心極為震憾和感動，全文如下：

> 當年一起下鄉的一位香港同學近日回廣州來休假，我陪了她幾天。一天，她說要去羅浮山見原下鄉時的一位參謀長。我猶豫了一下，對她說，我有事，無法陪她去了。

三十多年前，我回國後沒幾年，在全國知識青年「上山下鄉」的高潮中，我帶著兩個妹妹隨同一大批歸僑知青下到在海南島的廣州軍區生產建設兵團。當地農場改為兵團後，來了一大批現役軍人。農場生活習慣和工作作風發生了翻天覆地的變化，到處呈現出軍事化的味道。下鄉沒多久，我被抽調到師部寫報導，接著又借調到《兵團戰士報》工作。

那時，原來的團參謀長因小資作風嚴重，被調到師部學習班思過，從另一個團調來了一位參謀長頂替，是一名東北人，據說以脾氣兇暴遠近聞名。有一次團部放電影，附近公社的插社青年也來看（當時除了知青大批下鄉以外，一些城鎮也將無業社會青年動員到海南島插隊插社），其中有一位潮汕插社青年因沒買票企圖混入電影場而與守門的發生爭執，被警衛班的戰士拉到辦公室審問，這位新調來的參謀長過來對這個青年就一個巴掌。這個青年畢竟是大陸來海南的，多少也算是見過世面的人，於是大聲抗議：「解放軍打人！」「不錯！解放軍打壞人，不打好人！」參謀長也一邊應答，一邊又第二個巴掌打了過去。嚇到這青年不敢再還嘴了。

有一次也是團部放電影，參謀長站在司令部樓上看到武裝連進場時稀稀拉拉的不成隊形，氣得他發抖，跑到擴音機前把指導員喊來，命令他們排好隊伍跑步七公里多回到連部，再從連部跑步回來看電影，中間要翻過幾座山，累到大家個個哭喪著臉，哪還有心情看電影了。

很快參謀長性格兇暴而且動不動就打人的消息傳到連小孩都知道了。團部小孩哭鬧的時候，大人如果勸不止時，只要大喊一聲：「再哭！參謀長來了！」於是小孩會驚嚇得立即止哭。

我與這位參謀長的遭遇是在一九七〇年的夏天，當時我接受《兵團戰士報》的任務到二師另一個團採訪知青接受再教育的事蹟。突然有一天，我原來的團部打電話找到我，叫我火速回家，說我小妹妹有事。我遠在二百公里外偏僻的連隊裏，來不及細問就動身回團裏。到家一看，才知道是我妹妹在開荒大會戰的工地上無法適應那種生活，思想不通，精神錯亂，一見到我，立即指向遠方天上說：「哥哥，你看輪船從雲裏開來了，來接我們出國……」對她這個樣子，我沒有任何思想準備，呆在那裏不知如何是好。

老工人在一旁紛紛勸說我趕緊帶她回父母身邊，抓緊時間醫治。我一聽，晚飯都沒吃，立即跑到團部找司令部開通行證（那個年代沒有通行證是過不了海的）。

司令部的張參謀是地方幹部，知道知青的底細。本來如果單獨遇到他的話，什麼事都不會發生，可那晚偏偏遇上參謀長坐在一邊，他看到我要辦《兵團戰士通行證》過海回大陸，要我說明原因。我說了，他又問我是哪個單位的，單位意見呢？我說我是借調到《兵團戰士報》的，出差在外，中途聽到妹妹出事才緊急趕回來，無法再回到兩百公里外的報社寫證明，希望特殊問題特殊處理。

「不批！」他一聽，來火了。

「不批？請講道理！」我看到他竟不講理，也火了。

接下來雙方開始發生激烈的爭吵，他大聲地訓我，說我不要以為知識青年肚裏有幾滴墨水就可以目中無人，等等，我記得當時心裏只為妹妹的事著急，別的一概置諸度外，我也回敬他說：「不要以為自己當一個小官就可以不講理，不顧群眾死活。」這下他更火爆了，我知道他此時此刻是強忍住不出手打人的。那晚，辦公室周邊圍了一大圈的人在看熱鬧，因為他們沒有看過敢與參謀長頂嘴的人。當時我雖在兵團報社上班，但關係仍是在團政治處。我看到主管政治處的楊副政委從外地回來，經過門口，我真希望他能幫一下我這下屬解圍。令我失望的是，他只探頭望了一下，看到參謀長在厲聲訓斥，不敢進來，趕緊避開了。

晚上九點三十分下班，參謀長怒氣未消，還不斷地大聲訓斥我，機關的人也不敢先下班走。十點三十分電廠停電了，張參謀只好點起蠟燭讓參謀長繼續訓我。晚上十一點了，他看我不出聲了，就說：「明天團黨委開會，讓黨委來處理你！」

通行證開不到，在參謀長面前我強忍住不讓一滴淚流出。回到宿舍，我抱著神智不清的小妹妹的頭大哭一場，小妹妹卻大聲獰笑。看到這情景，老工人們在一旁歎息，有的婦女流出了眼淚。第二天中午，組織科的鄭幹事從黨委會議室出來找我談話，告訴我參謀長在黨委會上講述我如何頂撞領導，目無紀律，要我留在團裏寫檢討。我很不服氣，說：「這不是連辯解的機會也不給我了嗎？」

鄭幹事是現役軍人，他不出聲，只是苦笑了一下。

於是我只好將妹妹送去團部醫院，天天陪著她，哄她服用「冬眠靈」，就這樣過了將近一個月。兵團戰士報社發現我失蹤好長時間，向師政治部查問，師又向團部查問，才知道我在團裏發生的事情，使我得以結束這種變相隔離反省的狀態，讓我帶妹妹回廣州看病。但已無濟於事了，妹妹精神分裂的症狀已十分嚴重了，有時脫光衣服滿山跑。我媽媽看著好好一個花季少女變得人不像人，鬼不像鬼，悲痛欲絕，邊哭邊跟我說：「媽不放心你們兄妹呀，乾脆也搬到海南照顧你妹妹吧。」在當時，作為歸僑知青，用今天的話說，是弱勢一群和無助者，遇到問題只能自己設法去面對了。父母親就這樣從大陸遷到了海南。

這以後的幾年裏，我一直帶著妹妹輾轉各地醫院求醫，但始終未能治好。

當年與參謀長爭執的一幕成了一個噩夢深深地銘刻在我心裏。僅僅是為了一張通行證，為了帶妹妹回大陸治病的通行證。

一九七四年，兵團改制，農場劃歸農墾系統，現役軍人全部從海南撤退回大陸。組建兵團時這些現役軍人都是帶家眷來的，但撤退時只能讓未成年的子女和一個成年子女隨遷。參謀長已參加工作的有兩個女兒，大女兒隨遷後，二女兒的調動就成了一個很棘手的問題。當時已有知青通過招工、病退、困退和招生等回城的政策，對兵團現役軍人的子女而言，只有招生的政策比較好套用。但在那個年頭，由於政治運動不斷，辦事比較正規，還沒有形成明目張膽搞關係走後門的風氣。當時我已在場政治處任副主任主管文教工作，招生問題歸我管理。於是參謀長的太太來找到我，要求讓她二姑娘能通過招生回城。還說到她老頭脾氣不好，得罪了許多人，現在大人走了，讓小女兒獨自留在海南，她放心不下。

當時我沒明確答覆她，我一個晚上睡不著覺，我想到這幾年來，為了瘋去的妹妹我承受了多大的壓力和痛苦，想到那年如果參謀長不刁難我，我能及時送妹妹回大陸，或許有可能不至於今天這樣悲慘結局。現在，也輪到他為了自己女兒的命運找我來了。幾年來的仇恨像一股怒火從心底升起。

當時，要報這個仇、解這個恨是不用費氣力的，招生的規則程式很清楚：一是要有指標；二是要有基層群眾推薦簽名和生產隊黨支部批准；三是要過農場審查放人的關；最後才送招生工作組。那時的招生，實際上也是讓廣州知青多一條渠道回城。所以只要農場能通過，送到招生工作組的名單，只要是知青，基本上都是錄取的。況且一些有背景的知青家庭已通過各種關係帶名單來做農場的工作。

後來，城裏為了不引起農場的反感，也放一些機動名額讓非知青的農場職工子弟報名，於是到後期就出現了各種後門交易的現象。這種現象的嚴重程度是根據各地主管這項工作者修養和具體單位的風氣決定的。當時我所在的場由於主持工作的場長是比較正直的地方幹部，加上負責具體工作的我又是一個知青，沒有地方上的利益背景，所以受到的干擾還算比較小。

但場長還是專門為參謀長女兒的事找我商量，要我從情理角度多一些考慮，也由於全場都知道我同參謀長的關係惡劣，所以如果由我出面處理他女兒的事，恐怕是最好不過的了。憑良心話，參謀長的二姑娘是一個品性很好的孩子，首先是她將隨遷的名額主動讓給了姐姐，說自己年齡還小，機會相對較多。她在連隊工作踏實，沒有優越感，工人對她評價都很好。因家庭親人的不幸造成的痛苦，我是正在切身經歷和體驗著的。現在又可能因骨肉的分離造成另一個家庭的痛苦，甚至影響一個女孩子、一個比我妹妹還小的女孩一生命運！

我記得有這樣一句話：「相信上帝的人應當在生活中體現他們的信仰，而不信上帝的人則應本著愛與正義的原則而活著。」愛和正義是人的本性，當每一個人都能體現出豐富的人性和生命關懷時，也就擁有超越仇恨和敵意的心理力量，心靈就會恢復健康，世界重新充滿了活力和光彩，道路也因此變得更加開闊。

有時，人要超越仇恨，也是一瞬間的事！

我立即打電話叫姑娘所在的三八隊指導員到我的辦公室來，多分配一個機動名額給她那連隊，要她在黨支部討論一下，看能否取得工人的推薦簽名，讓參謀長的二姑娘報名中專。

三八隊指導員是退伍軍人家屬，內心非常理解和同情兵團軍人的遭遇，回去召開支部會和群眾大會後，果然把一個廣州知青和參謀長的二姑娘推薦上來了。整個過程由於是嚴格按照推薦程式，就連姑娘本身也不知背後有人關心她的命運，直到她離開海南赴廣州上學，我甚至一句話也沒有同她以及她父母交談過。農場知道這個過程和背景的人不多，估計後來也不會有人告訴過她。一晃三十多年的時間過去了，現在參謀長的二姑娘早在廣州落戶安家，先生是廣州軍區的幹部，自己則在軍區某賓館當部門經理，家庭美滿，生活安定。

我想起了還關閉在海南島精神病院的妹妹，當年發病時還是十六歲不到的青春少女，三十多年來在精神病院裏關到現在，已是快五十多歲的瘋女人時，心裏一陣陣地絞痛。我也因此經常常陷入矛盾和痛苦的深淵，為那荒唐年代感到悲哀。

三十幾年的時間是在艱難困苦中熬過去的。這次朋友見了參謀長，回來告訴我：參謀長老了，講話也沒有氣力了，耳朵聽力也不好，但他還是問起我現在怎麼了？我那小妹妹情況怎樣了？

我聽了後默然無語，突然覺得這幾十年的經歷，在宇宙時空中，僅僅是一個零的近似值，但就這個微小的歷史過程，卻還那麼痛苦地烙印在我的心裏。其實是我不願去見這位過去下鄉時的團參謀長的，是因為我無法承受又去撕裂那荒唐年代給我留下的、已經淡去而又無法忘卻的歷史傷痕的痛楚。

儘管我最終超越了仇恨，但我還是無法忘卻歷史……

自由兄弟從網上複製三更羅的這篇淚作，置於我的文件收藏夾內已有長達兩年多的時間，每看一遍，我的心就會似刀絞一般感慨萬端。三十八年了，一個噩夢，竟如此深深地銘刻在作者心裏。僅僅是為了一張帶妹妹回大陸治病的通行證！

這在如今是很難向後人解釋清楚的問題，後人確實很難理解當時我們沒有通行證，就根本上不了船、出不了島，甚至不能離開自己所在地到別的城鎮過夜的歷史。自由兄弟曾將此帖推薦給年輕的網友看過，有的竟天真地說：「真笨！不懂自己找船帶妹妹回來呀？」還有的說：「這麼沒有人性，可以到法院去告他呀！」更有說：「再不然，我可以找他拚命，將事情鬧大，讓新聞媒體曝光評評理……」

顯然，這些年輕人並不瞭解那個「紅色恐怖」時代的背景，更難以體會我們身心承受的雙重艱難和痛苦。一個借調到《兵團戰士報》當記者的知青都如此無奈於一個團參謀長，更何況一般的連隊知青。更是難有說理的地方。值得欽佩的是後來身為農場政治處副主任的三更羅所為，他竟然胸襟開闊，悄悄設法讓參謀長的二姑娘也隨父母回到了廣州……

不是現在常有人討論什麼是知青精神嗎？什麼是知青情懷嗎？從這篇帖子中我深深地讀到了它的內涵之一：這就是，能夠強忍悲痛，不計前嫌，超越仇恨，超越痛苦，以德報怨，不殃及無辜……這恐怕也應該算是高尚的知青精神和知青情懷吧！？毫無疑問，應該算是！借用三更羅所說：「儘管我最終超越了仇恨，但我還是無法忘卻歷史……」是的，不能忘卻歷史，也就是不能讓冤冤相報的歷史悲劇在中國重演！要讓我們今後的一切生活，都要走上依法辦事的軌道！這，也是我們這一代知青晚年所應該肩負的神聖使命之一。

相反，那些視人命如草芥、視青春如爛泥者，又該不該捫心自問？愧疚謝罪呢？發生如此不該發生的悲劇不能總以「極左」時期那樣一個盾牌一擋了之吧？這其中還有一個人性善惡的問題。每一個良心未泯之人，面對這樣一個花季少女的病情，面對做哥哥的如此懇求，都不會這般冷漠絕情啊！是什麼將這很容易開的一張通行證，變成了害人變瘋的兇器？良心何在？人性何在？在大力提倡建設和諧社會的今天，我們更有必要呼喚這種反省和自責，呼喚這種人性關愛的甦醒和回歸……

在知青網上，自由兄弟曾看到知青**藍藍**一則讓人膽戰心驚、恐懼不已的帖子**〈並非幽默——宣判大會〉**：

> ……七十年代初，我在海南曾參加過一次宣判大會，好像是在臨高那裏開的。被判決對象看樣子是一位很清瘦的年紀約三十歲左右的農場工人，犯罪事實竟是因為他在家裏搞衛生時，看見一張偉人的畫像很破舊了，就換上一張新的貼上。這張舊畫像忙中出亂，被孩子拿來墊了雞籠。不巧被好事的鄰居看見了，告到工作組裏，當即成了現行反革命分子。那天召開的大型批鬥會，各場開著大卡車拉代表參加大會，鬥爭完了後即時執行槍決。臨終時那工人還高呼「毛主席萬歲！」以示自己對黨不二之心。

冤乎！驚乎！駭乎！因為一張很破舊的畫像，竟讓一位三十多歲的老實漢子丟掉了性命，何況還不是他的過錯，只是幼兒無知。如此的草菅人命！如此的極左做法！也可以說是當年海南兵團某一側面的真實寫照。與這位工人的冤遭槍決，如出一轍的悲劇在自由兄弟所在的八團也曾發生過，而槍殺的是一個早期來到農場的廣州女知青官明華。其慘烈情景讓自由兄弟至今仍無法釋懷。

據《海南省白沙縣誌》記載：官明華，一九四三年生於廣東省始興縣隘仔公社沙橋大隊一個地主家庭裏，一九五二年畢業於廣州市第三醫士學校，自願報名參加建設海南的農墾大軍。先後曾在儋縣木排農場、白沙縣龍江農場從事醫務工作。一九六一年調到白沙縣牙叉農場醫院當醫士。

在牙叉農場醫院工作期間，她勤勤懇懇、任勞任怨、默默無聞地為解除病人的疾苦而工作。在反對林彪反黨集團的鬥爭中，有一天，場部召開批判「三家村」的群眾大會，官明華因前一天晚上給產婦接生忙個通宵，身體實在支持不住，便打起瞌睡來，被會議主持人發覺，給她扣上了和「三家村」（指吳晗、鄧拓、廖沫沙等）穿一條褲子的「小黑幫」的帽子，撤銷她的衛生員職務，下放基層勞動改造。

一九六八年六月，出現了「以×××為首的反共救國團」案件，官明華也被株連誣為「特嫌」，送縣保衛組審查；一九六九年十二月，官又被扣上「攻擊新生革命委員會」的罪名，列為「嚴重政治問題」的審查對象，後來被定為現行反革命分子，並於一九七一年三月十二日判處死刑。犧牲時年僅三十七歲。一九七九年一月十一日，中共廣東省委為她平反昭雪，追認為革命烈士，並根據她生前志願，中共白沙縣委追認她為中共黨員。

其實，據自由兄弟所知，當時，海南兵團軍事法院之所以要槍殺官明華，還有一個最為重要的原因，就是她公開的堅決地反對林彪。一九六八年六月，當地出現了一個所謂「反共救國團」案件，官明華被株連誣為「特嫌」，送縣保衛組審查。一九六九年末，她又被扣上「攻擊新生的革命委員會」罪名，列為「嚴重政治問題」的審查對象，先後被押在團部和師部隔離審查。

在被審查期間，官明華始終不承認自己的所謂「罪名」。並於一九七〇年初開始對林彪推行的極左反動路線提出了質疑。當年她在六月二十二日到二十四日寫了〈敦促林彪投降書〉、〈敦促學習班領導與林彪劃清界限書〉等三篇文章。文中說：「全國億萬人民已經識破林彪是披著羊皮的狼！」「林彪是埋藏在毛主席身邊的一顆定時炸彈！」「林彪的末日快來到了！」……

不久，她被「罪上加罪」定為「現行反革命分子」。先是將她押到各連隊，甚至其他農場巡迴批鬥，爾後被海南兵團軍事法庭宣判死刑。自由兄弟至今記得在連隊批鬥她的情景，每當有人呼喊「敬祝林副主席身體永遠健康」時，她就拒不舉手，並且都是高聲呼喊「堅決打倒林彪」的口號。為此，有關人員在批鬥會前還專門做了佈置，要人拿著髒兮兮的毛巾隨時對她堵嘴封口。

聽說，當兵團軍事法庭宣判她的死刑時，還曾派了兩個軍人幹部專門與她談話，勸告說，只要她表示不再反對林彪，認錯悔過就可死緩，但她堅決拒絕了，並以絕食表示抗議。慌得專案人員又是撬嘴強灌食物，又是強行打針輸液才勉強維持了她的生命，使她能夠挺到宣判大會的召開。臨刑前，官明華依然拒絕進食，只是嚴肅地梳理了一下頭髮，後來五花大邦時又被搞得凌亂不堪。

我記得，當時召開的宣判大會是在陰暗的場部附近的六連橡膠林裏，兵團和師部領導將七團（白沙農場）和八團以及鄰近農場等上萬人集中在一起進行「殺雞懲猴」教育，四周站滿了二三百名全都荷槍實彈的武裝連戰士。由於我們九連安排在靠前面位置，我又是一班副班長，坐在最前面，所以看得很清楚。當時我才十六歲，這是我第一次看見宣判殺人，而且殺的是一個面目清秀的女知青、女醫生。多少年過去，我總忘不了這恐怖的一幕……

只見官明華被五花大梆，披頭散髮，因害怕她呼喊「反動」口號，有關人員就用竹棍橫著支開她的嘴，並在兩頭用繩子向後牢牢綁住。由於綁得太緊，兩邊的嘴角鮮血直流……在她的背後還插著一塊二米多長的刑牌，上面醒目地寫著「現行反革命罪犯官明華」的黑字，還用紅筆在她的名字上畫了一個恐怖的大叉！先是軍事法院的軍人宣讀判決書，後是內定的「嘍羅」發言表示擁護，之後，官明華便被押上汽車，拉到附近一處山坡，就地槍斃了。真是可悲可歎，因為幾個月後，林彪便摔死在蒙古的溫都爾汗……

關於槍殺官明華的現場，知青**歐陽**回憶說：

審判官明華及槍決她的那一天，當時我也在場。我是代表我們農場去參加審判會的，那時候兵團要求各師團派一些代表參加。我記得那一天是早上十點左右開始的，陪同官明華一起受審判的有十幾人，官明華當時確實是被五花大綁，而且口被一條竹筒捆著，胸前掛了一面大牌寫著「現行反革命官明華」，「官明華」三個字是倒著寫的。審判書讀了很長時間，最後由中國人民解放軍廣州軍區生產建設兵團軍事法院判處死刑，立即執行，執行槍決的地方離大會會場不遠，是一處小山坡。

當時的情景我還記得很清楚，執行槍決的是一個軍人，他拿著五六式半自動步槍向跪在地上的官明華後面近距離開了一槍，官明華馬上向前撲倒在地。那個軍人向前看了一眼，見官明華還未斷氣，就用步槍頂著她的頸部開了一槍。先前有人說開了七槍那也誇張了一些。最後法醫過去驗明官明華已斷氣就用汽車拉走了。有一件事應該提一下，當時官明華的丈夫也在場，槍決官明華的時候她丈夫不忍去看，那些工作人員非要他看不可，不然按同情反革命論處。

悲哉，官明華！壯哉，官明華！

最為寒心和氣憤的是，當林彪摔死的文件傳達之時，我們農場中有人自然而然地說起了官明華的冤案，但當時團裏的軍人領導仍然詭辯說是殺得有理。之後，有關人員在落實解決「文革」冤假錯案時，又遲遲不願對這一震動南國的冤案平反昭雪，直到廣東省委出面干預，此案才得以平反。不信，大家可查閱一九八〇年七月《南方日報》發表的〈椰林碧血杜鵑紅〉評語和《花城》主編李厚非寫的報告文學〈昭雪之後〉就可以知道平反這起冤案是多麼艱難曲折了。

據有關資料介紹，李士非對文革中被迫害致死的官明華烈士之事蹟的關注則緣於一次偶然事件。一九八〇年，身為《花城》雜誌社編輯的李士非陪同北京作家秦兆陽、吳伯簫到海南參觀，當時報紙上剛剛公佈了為「文革」時被迫害致死的官明華烈士平反的消息，李士非抱著學習的態度到烈士生活和工作過的白沙縣牙㕚農場參觀訪問。

整個採訪過程中，這位二三十年前就開始詩歌創作的老詩人內心無法平靜，採訪後適逢春節假期，在三天的時間中，他足不出戶，在北京路宿舍的天臺上完成了報告文學〈昭雪之後〉。一九八〇年七月《南方日報》率先刊登，在全國引起了強烈反響。這篇報告文學，把話題延伸到如何平復「文革」的傷口這一嚴肅的話題，極大地推動了全國撥亂反正工作的開展……

然而，直到今日，自由兄弟也沒有搜尋到當年參與迫害或決策殺害官明華烈士的人員或兵團領導，對此事有過半點的愧疚和歉意。只是聽親臨現場的農友說過，當年平反冤案時，驗證挖掘烈士的遺骨時，依然看到因為絞在她嘴巴中的竹筒，而憤怒痛苦咬牙切齒的慘狀。我不明白，在殘忍殺害一個救死扶傷、積善行德，而又無逃跑之慮的女知青、女醫士，同時還是幾個孩子的母親後，並且被證明是確實錯殺、冤殺、早殺（有人推測說是林彪在廣東死黨為了想向主子表功。其實完全沒有必要執行死刑的），就連一句道歉的話都不願意說，有的卻是為自己的無恥行為的詭辯，實在是讓人有些想不通，難以接受……

自由兄弟之所以要求有關人員特別是兵團領導應該具有「檢討或懺悔」意識，是因為當時類似官明華的冤案並不是個別現象，而是一個眾多現象。

知青**五月艾**說：

那是一個法律蒼白得像廢紙一樣的年代，那是一個黑白顛倒、草菅人命的年代！那時候我們四師一團也有一位女教師，因為看不慣林彪的所作所為，指著報紙上林彪的頭像說他「長得像猴子一樣」，結果被打成現行反革命，被判入獄。

知青**成真**說：

我的一個好朋友就是指著一張江青接見八個樣板戲演員的圖片說了句像群醜圖而被剪了陰陽頭，掛了破鞋遊鬥，搞得很慘。

知青**FRT**說：

記得在農場的時候，有一個知青在私下議論毛澤東思想也可以「一分為二」，即受到自己營壘裏蛀蟲的舉報，遭受到嚴厲的批判。結果團黨委委員沒了，指導員沒了，共產黨員沒了，每天被監視勞動改造……

聯想起當時海南兵團開展的「一打三反」等諸多運動所製造的冤假錯案，幾乎每個連隊都有不少人員因為說話辦事不慎，被無限上綱上線而蒙冤受屈挨整被鬥，有的甚至終身致殘。作為兵團的「領導階層」，其過錯責任是無法推卸和掩飾的。這些年來，有的人不斷去拜訪當時海南兵團健在的領導，自由兄弟多麼想聽到他們在行將就木前，對當年賣力或違心地執行「極左」路線，給許多知青、軍工、農工乃至其他一些人，造成身心傷害有一點點、一點點歉疚的表示。然而，許多年過去，我卻沒有聽到一字半句的致歉，有的只是大表其功，大歎其勞……實在是失望至極！遺憾至極！

令人驚奇的是，在《海南日報》記者**孫樂明**、**唐嶇**、**閉舉寧**最近採寫的**〈祈願官明華悲劇不重演〉**一文中，自由兄弟更多地瞭解到官明華死後，有關人員的後續命運及對此事的態度：

> ……當年牽扯到案中的人物，個個都命途多舛。官明華的丈夫覃達昆和四個孩子，無疑是最大受害者。覃達娥是官明華丈夫的妹妹，也是現仍在牙叉農場生活的唯一親人。她說自己也受到牽連，孩子有病也不讓去看，她不得不到丈夫的老家陝西生活，直到官明華平反後才又回來。
>
> 在牙叉農場三隊，官明華一家當年下放改造時住過的那間房子，如今仍住著黎族退休職工符玉花一家。「當時我們兩家是合住一個大屋子，各住一個小間。官明華人很好，勞動積極，醫術也高。我的孩子是她接生的，有病了也讓她看。有人提醒我要注意，小心她害我的孩子，我才不相信呢。」符玉花說，「我從心裏不相信她是反革命，也不知道人們為什麼要批鬥她。但這想法只能裝在心底，不敢說出來。她被槍斃那天，她的孩子哭，我也在屋裏偷偷哭。」
>
> 後來，官明華被平反後，當年專案組的人，有的被處分，有的被降級，甚至還有的自殺了。牙叉農場離休老幹部鄭務善回憶，前些年，當時執行死刑的原武裝連指導員張漢龍，從老家安徽回到農場。鄭務善問張漢龍：「你因為這事被降級，工資也低了，你去找過沒有？」張漢龍回答，他去廣西找過當時的八團

政委李煥升，但李煥升說：「我比你還難受！」

張漢龍去年在鬱悶中離開人世，而當年專案組組長、原八團保衛幹事趙德坤，回到老家沒幾年就自殺了。曾看守過官明華的原醫院醫生陳剛，現居住廣東老家。她說自己的工資被降級，現在仍很低。其實，從某種意義來看，他們大都也是時代的受害者。雖然官明華的冤案中不排除一些人為因素，但時代的大背景更為重要。當時大家都在一心擁護毛主席，沒有人會懷疑什麼。

「誰敢懷疑？誰敢不執行命令？」鄭務善這樣說，當時如果誰說出同情官明華的話來，肯定也將被打成反革命。

的確，那是個瘋狂的年代，有許多的現象不可理喻。對歷史和社會來說，一個人的命運無疑是渺小的。正如洪流中的一粒石子，再拚命掙扎也無濟於事。洪水退卻，在歲月荒灘上留下的是累累傷痕。固然，對真理的堅持，對命運的抗爭，任何時候都不應該放棄。但在有的時候，這種堅持和抗爭，需要付出代價。

官明華的故事再次提醒我們：歲月需要檢討，歷史需要懺悔！

結束採訪離開白沙，離開官明華生活工作過的地方，心中唯一的希望，就是祈求這樣的歷史悲劇不再重演！

看了以上報導，自由兄弟心裏更為難受，甚至有點喘不過氣來。說婉轉一點，是一種無知和盲從，是當時極左的大氣候愚忠所致。說明白一點，這也是一種「因果報應」。是官明華烈士在九泉之下死不瞑目，冤魂纏身所致。那些所謂專案組人員，對後來處分可能感到委屈冤枉，但你們想過沒有，你們歪曲官明華的原話或詩作，無限上綱上線置人於死地，你們有沒有想到人家可憐的丈夫（連司機也不給幹，要去做苦力）？有沒有想到人家可憐的幾個幼兒？事情做錯了，及時改正，還可以寬恕原諒，如果連一點懺悔的勇氣和憐憫的人性也泯滅了，真是無藥可救……

值得多說幾句的是，官明華丈夫的妹妹家在南寧，退休後又回農場招待所當所長還是主任。二〇〇二年我返回農場時相互結識。二〇〇四年春節期間，我與她丈夫的妹妹等家人相聚，說起官明華的冤案，覃大姐仍止不住淚流滿面地哭訴說：「官姐，你真太傻了，一個小小的知青，醫士去反對林彪，豈不是自尋死路……」是啊，想想官大姐確實死得冤枉，如果改改口，也不至於被殺，會留得一條性命。

但是，有時自由兄弟細想，這就是革命信仰的力量！這就是喚醒民眾的先驅！「我不下地獄！誰下地獄？」要不，報紙怎麼說她是南方的張志新呢？要說榜樣，官明華才是我們知青的榜樣！要說知青精神，官明華烈士這種敢於為真理獻身的精神，才是我們應該弘揚的知青精神！官明華大姐，你安息吧！但願你在天國能看到民主正義的勝利！至於那些告密者和那些陷害者，願他（她）們自己設法用今後的善行尋回迷失的良知吧！否則，是很難得到冤死者的寬恕！因為特定歷史條件下的靈魂出賣，是情有可原的……

自由兄弟最後一次看到兵團軍事法院的佈告是在一九七三年八月準備回城的前夕，與以往內容不同的是，這次是對一些現役軍人和農場幹部的刑事宣判。我記得佈告上官最大的好像是一個團的參謀長，佈告上說其曾姦污過二十多名女知青。這次宣判的消息在網上都有提及，可惜查不到具體的內容。雖然兵團的大多數軍人都能自律，但是也有少數這樣的軍人敗類，利用手中職權，肆意侮辱、迫害男女知青，其中有的「獸行」簡直令人髮指，觸目驚心。

知青**馬名偉**是一九六八年底從廣州上山下鄉到達海南島瓊山縣的大坡農場，因為多才多藝，不久就被選上農場宣傳隊，一九六九年，農場轉制為兵團，他又被選進了師部宣傳隊。幾年間的巡迴演出，使其走遍了海南各地，還曾參加了由珠江電影製片廠拍攝的，以反映海南兵團知青生活、學習和勞動狀況的紀錄片《一代青年在成長》，並在其中擔任男主角。該片曾在歐洲電影節上獲獎，誘導了更多的知青紛紛報名來到海南兵團。回城後，馬名偉依然保持了音樂演唱的愛好，曾在廣州市友誼劇院及海印分別舉辦過兩場個人演唱會，中央電視一臺及幾十家媒體做了大篇幅的新聞報導，頗獲好評。

或許是見多識廣，對兵團陰暗面的醜聞瞭解較多，他在〈兵團女知青慘遭姦污〉中痛心地回憶道：

從一九六八年底開始，海南島農場突然來了一大批如花似玉的女知青，那些心懷鬼胎的領導早已對這些十八、二十歲的女知青虎視眈眈。兵團早期那些上大學、提幹、入黨的女知青們，不管她們如何清白，也會被人聯想到是付出代價換來的，尤其比較漂亮的女知青。

女知青們大都是在孤立無援的情況下被這些幹部利用職權威逼、引誘、要脅等手段而失身的，而且長期利用這些被害人失身後的忍辱心理狀態，進行獸行發洩。這些行為在客觀上是對婦女身心的摧殘，是絕對違背婦女意志的。一切都成為歷史了，歷史更有必要為後人所知。當時女知青們為了出路絕大多數都沒有反抗，因而不能給那些幹部定罪。

我記憶最深刻的是我們同連隊的廣州知青陳阿娟到海南才半年就受不了兵團下田幹活的艱苦勞動，想在連隊幼稚園做保育員一職，又經不起連長威逼引誘，最後與連長長期通姦，在知青裏影響很壞，直到被前來探親的連長老婆發現揭發事情才真相大白。在指導員召開的批鬥大會上和從連長、陳阿娟的交代材料中，我們才瞭解到真實的過程。

那天深夜陳阿娟麻木地推開連長家的門，一步一步、沉重萬分地走了進去。連長的桌上擺著半瓶番薯酒和一小盤花生米，閃閃爍爍的油燈照著長相粗魯的連長臉龐。他一把扯開陳阿娟的衣衫，無恥地揉摸那還未完全發育成熟的乳房，然後把她推倒在充滿汗味和臊味的木板床上。陳阿娟雙目無神，像一個被送上祭臺的羔羊。她沒有喊叫，怕人聽到，只是心和下體一同疼痛著。當從床上站起來，滯重地穿著衣服時，連長看著床單上幾塊處女的鮮紅血痕，對自己輕易得到的豔福淫笑了，爾後洋洋得意地對陳阿娟說明天就換工種。

還有二連割膠班汕頭女知青張麗是割膠新手，副連長幾乎天天出現在各個林段中，檢查生產情況或幫助生手、慢手割膠。那天副連長幫她割膠，她比平時快一個小時割完了膠，便和副連長來到山頂處的一小塊空地上。副連長一上山就把掛在腰上的雨布鋪開，自己坐下後，讓小張坐在他的身邊，小張驅趕了一下蚊子，又尋找著有無小蟲爬上來，一隻有力的手爬上她的脊背，似乎在幫她驅趕什麼，她很感謝，側臉衝副連長笑笑。副連長也在笑，眼中燃燒著一股小張從未見到過的慾火。她不太明白副連長為什麼會這樣笑，以至於副連長的手挪到她胸前，解開全部襯衣扣時，她才開始恍然大悟。

當副連長看到隨著衣襟敞開而彈射出來的雪團一樣的白乳房和櫻桃一般鮮嫩的乳頭，他便用全力傾壓下來，一隻手熟練地解開了小張的褲帶，並把手伸進她雙腿之間。小張頓時嚇呆了。她不知道副連長要幹什麼，或者說由於意識到副連長要幹什麼，而目瞪口呆，束手無策。副連長飛快地脫下自己的衣褲，像猛獸吞食小動物一樣瘋狂地占有了小張。小張大概本能地抵抗了幾下，但那樣無力，幾乎是眼睜睜地忍受著第一次被男人侵入肉體時的痛苦和傷痛……

完事之後，副連長撫摸著她向她許了不少願望，入團、入黨、提幹等等。小張本來可高聲呼叫，但她不敢。副連長心滿意足地站起來，收起了雨布，用樹葉擦去留在上面的處女血痕和污物，哼著《毛主席語錄》歌，揚長而去……

那些女知青們，來自廣州、汕頭、湛江、中山等城市，她們一個個青春年少比副連長在海南見到過的那些農村姑娘確實白嫩、誘人。副連長像一隻餓狼一樣開始物色獵物並選擇撲食方式。橡膠林中是最好的地點，那裏僻靜偏遠，很難碰到別人，而且在黎明前的黑暗時刻，女知青們都會有恐懼感。第一個女知青在他的懷抱中連掙扎一下都沒有。於是，他帶上一塊雨布，每天都和勤勞的膠工們一同走進山林之中。先從最漂亮的女知青下手，後來長相平平的也不放過。當副連長被揭露出來押赴刑場執行槍決時，在橡膠林中有十幾個女知青在他的獸慾中失去了貞操。

廣州女知青劉萍，在新婚之夜被丈夫毒打，以致趕出家門，因為她不是處女，她的處女貞操在海南兵團時就被團長給破壞了。她的丈夫並不因她當時為了招工回廣州而原諒她，最後她含冤懸樑自盡時，我還參加了她的追悼會。

湛江女知青關東紅，長得豐滿誘人，她拒絕了連長的調戲，便被發配到二十里外的水渠口去開關閘門，每天在四十度的酷暑中來回一次。一個月後她屈服了，給了連長一個暗示。連長陪她看了一天水閘，第二天她就被調回連隊駐地的食堂工作。而那最後一天，她少女的貞操與流水一同東去了……

到知青回城爭上大學、上中專、招工指標時，這種「獸行」演變得更為可怕，有些女知青為了獲得一個名額，要被幾個領導姦污後才能辦好回城手續……

像陳阿娟、張麗等女知青被姦污這種現象，在兵團百分之二十的連隊都普遍存在，如事件暴露也不處分，只是開批評會就算沒事了。按照中國的傳統觀念，無論是被姦污還是與人亂搞，吃虧的都是女知青！當時為了使那些已經被眾人知道的被姦污過的女知青們不因屈辱而難以生活，上面又下了一道命令：可以讓她們在全師範圍內自由調動。

但是，調動的結果也並不佳，因為凡是單位新來一個女知青，大家立刻就明白她為什麼會來到這裏。被姦污的女知青身心受到嚴重傷害，有的留下婦女病，有的終身不育，有的成了色情狂，有的成了性冷淡……所有被姦污過的女知青心靈上都會一輩子有一塊無法痊癒的傷痕。

兵團女知青所遭受的災難，被中央領導知道後，中共中央下達了打擊殘害知青分子的正式文件。一切違背婦女意志的性行為都可視為犯罪行為！軍人和幹部都是中華人民共和國公民，公民觸犯了法律理應判刑！後來，兵團對一些罪大惡極的幹部進行了判決，女知青人身才有了保障……

知青馬名偉的這一揭露海南兵團「陰暗面」的文章在博客上發表後，一些將「上山下鄉」運動視為「大有作為歲月」或「人生寶貴財富」的知青，提出了許多質疑。有的說他誇大其詞，有的說他胡編亂造，還有的說他渲染色情等等。對此，一些良知未泯、正氣凜然的知青則用所聞所見的事實給予了嚴厲的反駁。

知青**自私男人**說：

這事不奇，我所在的連隊就有過。

知青**吳膺惠**感歎道：

我團的一位女知青，戀人不在同一個單位，兩人情深意厚。女的被一個有婦之夫的「知青的教育者」誘姦懷孕。領導對這件迫害知青的嚴重事件的處理是把女知青調走，名曰「低調處理」，他們就是如此地姑息養奸！從時間上推算，這事發生在中央發出保護知青權益的文件之後。

知青**白沙紅衛六六**說：

請不要說作者寫得噁心，寫得露骨。當年那些還只有十七八歲的花樣年華的女知青是多麼的悲慘無援！我們要去憎恨那些把自己的歡樂建立在別人的痛苦之上的畜生！在芙蓉田農場、邦溪農場都有這樣的事發生，當年負責搞政工的人便可證實。譴責那荒唐的年代吧！但更要同情及理解當年那些很無奈的女知青！！！

知青**康師傅**說：

（馬名偉）所寫的都是事實，並非虛構的小說，我所在的十師一團的團長和政治部主任（都是現役軍人）就是典型的代表，團長一人就侮辱了五十多名女孩子，裏面包括女知青、女青年、農場的女孩子等。

大概是一九七四年的某一天，我接到上級通知，要我作為知青代表到師部去開宣判大會，但等了幾個小時也沒車來接我們去開宣判大會，後傳來宣判大會被取消的通知。經過打聽宣判大會本來是要槍斃那個團長的，後因他是解放海南島的戰鬥英雄，有人保他，讓他逃過了一劫。開宣判大會只不過是個幌子罷了。

知青**aige**在〈詭辯〉一文中也講述了一個欲蓋彌彰的故事：

素來都不怎麼熱鬧的團部，那天，團長住宅門前上演了一幕「罵街」鬧劇。主角是誰？除了團長老婆大人誰還夠膽在團長門前動土。事出有因，傳說我們敬畏的團長「出事了」，「犯了什麼男女作風錯誤……」

到團部飯堂必經團首長的住宅，團長的房剛好在路邊。「小道消息」所產生的好奇心幾乎使每一個人經過那裏都有意無意地往團長家瞄上幾眼，這可惹怒了團長夫人。平常都是拿腔拿架，活像山西老醋的長臉女人，搭上那有「驢眼」面相的×團長，同時出現時很容易使人聯想到北方農村騎著毛驢趕集的媒婆。

本來，誰都沒得罪她，她卻噴薄欲出般罵開了：「都往俺房子盯啥？俺老×不就讓一堆刀殺的知青婊子勾昏啦！仗沒打死他，卻給婊子坑了。」如此詭辯之詞，令人「肅然起敬」。丈夫給她頭上戴上「綠帽子」，她還是威嚴依舊。其實，團長「犯錯」的事大家都只是道聽塗說，這回之後，真相也讓人猜中一半有餘。

瞧，自己老公利用手中權勢，威逼利誘姦污了一堆女知青，本該好好罵上一通才是，反而卻怪罪說是那些女知青勾引了她的男人！真是一副蠻不講理的「潑婦嘴臉」和「詭辯邏輯」！

對此，知青**成真**一針見血地指出：

> 我們一團政委有點書生氣，目不斜視的。後來也守不住寂寞，和女知青鬧出了風流韻事。儘管這事掩得嚴嚴實實，到底還是讓團部政治處和司令部的知青們傳了出來。
>
> 這是一群披著黃皮的禽獸！不需要對這些人頂禮膜拜，或用一句什麼時候什麼地方都會發生這樣的事，來拍打乾淨他們的惡行，不是「上山下鄉」，我們的女知青絕不可能有那麼多的人落入虎口被糟蹋！中央也不會下令法辦這些姦污女知青的滅絕人性的「黃世仁」。

是的，成真說得對！如果不是「上山下鄉」成立兵團，使他們有幸掌管農場領導權，如果不是極左路線給他們為非作歹撐腰壯膽，我們也不會有那麼多男女知青遭受侮辱迫害？據一九七三年國務院知青辦第十一期《簡報》，海南兵團公開查處的姦污女知青案件就達一百九十三起。其中師級幹部二人，團級幹部三十八人……在當時全國十五個生產建設兵團（農墾師）中，名列第三。僅次於黑龍江兵團（三百六十五起）和內蒙兵團（二百四十七起），比雲南兵團還多。

在這些數字背後，還有相當多的當事人或難以啟齒或經人勸說後「轉化」了的案例。自由兄弟曾從師團部機關工作的知青那裏，聽到過幾則有關這些敗類的內幕「豔事」。一則說的是有一位軍人領導在下連隊檢查時，驚喜地發現一個長得十分嬌嫩漂亮的姑娘。當晚夜不能寢，叫下屬駕車趕到連隊，非要連夜將姑娘接來談話，瞭解其工作、思想及家庭情況。當晚，這姑娘在立即將其調到團部醫院的威脅利誘下，就委身於這位領導。

之後，調到醫院工作的姑娘經常以給領導「保健就診」等的名義，受到這位領導的深夜「召見」，而每當這時就是連他那「黃臉婆」的妻子也不得入內打擾。最後，那姑娘乾脆吃住都在首長家中，形同家人。後來中央佈置開展打擊侮辱、迫害知青的檢查，這位領導擔心自己醜行敗露，受到懲處，竟不知如何做通了那姑娘的思想工作，竟讓她與自己又傻又胖的兒子成了親，演繹了一齣「父子同享」的亂倫醜劇。

雖然那姑娘成了位高權重的領導兒媳，可人人見了她都敬而遠之。後來這姑娘生了孩子，人們偶爾會帶著恭維的口吻譏諷說：「長得好像他爺爺。」至今說起此事，還有的知青哀其不幸，怒其不爭。

還有一則內部奇聞，說的是某團領導的妻子有較嚴重的婦科疾病，難以與其每晚進行「家庭組織生活」，這傢伙便藉口戰備值班，時常住到團部招待所裏打起了「野戰」。偏偏這領導的身體特別好，有時慾火旺盛地要連幹兩場。上半夜是招待所的服務員，下半夜是總機班的話務員。而且男根粗長，耐力持久，很能折騰，常常是沒有一個多小時不能結束「戰鬥」……

到後來，連醫院有的護士和宣傳隊的演員都懼怕與這位領導的「談心」。私下裏流傳著「天不怕，地不怕，最怕×××晚上來電話」的順口溜。但這位領導依然我行我素地到處尋找快活，甚至連到海口參加兵團會議，也要悄悄地事先安排要好的女知青住在另一個招待所裏供他享受。

當然，自由兄弟也曾聽到過一則大快人心的內幕故事，說的是當年海南兵團某師一位作風正派的首長，一天，在全師緊急召開的現役軍人大會上，忽然對一位有男女關係醜聞的團領導勃然大怒地吼道：「×××，你是個軍人嗎？」那傢伙不知所措地站立答道：「報告首長，我是個軍人！」「不，你不是軍人！我看你是個畜生！那些知青娃娃都是跟你女兒一般大小，你怎麼搞得下手？我們怎麼對得起這些孩子的父母喲？」聽說那師首長在怒不可遏地打了那傢伙兩巴掌後，竟語音哽咽，內疚地自責起來：「這都怪我平時要求不嚴，檢查不細……」

聽到這些傳聞，再聯想起日常兵團的一些領導「以權謀色」的醜惡現象，自由兄弟在內心厭惡這些敗類的同時，也真想問問當時的兵團領導，當面對「廣州兵團一百九十三起，其中師級幹部二人，團級幹部三十八人」，這樣一個比例並不算少的國務院知青辦通報之時，你們是否也感到了對部下管束不嚴而羞愧和自責？當你們大談自己為祖國發展橡膠事業功績之時，有沒有想到當年給這些知青帶來的傷害？

若有，該說上幾句道歉的話語啊！那樣，當年曾經受到過傷害的知青兄弟姐妹心裏也會好受一些，也能有個消氣寬恕的理由。然而，幾十年過去，我們海南知青有誰聽到過這樣本該說的，又不難說的話語啊?!說實話，自由兄弟很不願意揭示這些來自海南兵團知青內心最深處的創痛，因為在某種意義上，這是我們整個海南知青群體的羞辱。但，這也是極左的歲月打在我們海南知青群體上的罪惡烙印，必須展示出來，才能讓外人和後人看到我們那段真實痛苦的歷史！

對此，曾有人詭辯說，類似的現象在哪個時候都有，並舉出了現在的情婦、二奶、賣淫等現象來加以證明。但自由兄弟認為，當年的「權色交易」比起如今這些醜惡現象還要可惡十倍百倍，因為那些畜生「分文不花」，而是一邊揮動「革命」「極左」政策的恐嚇大棒，一邊手握著本來應該屬於我們知青的上學、招工和回城等權利作為誘餌，就可以肆無忌憚地對我們知青姐妹肉體進行巧取豪奪……

自由兄弟如今唯一祈禱的是，但願當年這種「極左」路線重壓下的屈辱，不會給那些姐妹心身造成太深的傷害，因為錯的不是你們，而是那個可詛咒的時代！

第四節　頗為風趣的民族情誼

海南島共有三十七個民族，除漢族外，世居島上的少數民族有黎族、苗族、回族，其餘三十三個民族，是一九五〇年後在海南的開發建設中不斷遷入海南並分散於全省各地的。各少數民族至今保留著許多質樸敦厚的民風民俗和獨特的生活習慣，使海南的社會風貌顯得豐富多彩。黎族是海南島上最早的居民，海南也是我國唯一的黎族聚居區。黎族頗具特色的民族文化和風情，有獨特的旅遊觀光價值。世居的黎、苗、回族，大多數聚居在中部、南部的瓊中、保亭、白沙、陵水、昌江等縣和三亞市、通什市；漢族人口主要聚集在東北部、北部和沿海地區。

關於當時海南兵團人員與各民族兄弟的相處情況，知青**易大旗**曾有生動詳細的描述：

……我當年所在的海南生產建設兵團，隸屬六師十五團，是在瓊中縣。顧名思義，瓊中在整個海南島的中部，山高林密，瘴癘瀰漫。瓊崖島民有道是：一窮二白。「窮」是瓊中縣的諧音，「白」就是白沙縣。換言之，海南第一窮的就是瓊中，白沙次之。這兩個縣都是黎族、苗族聚居的地區。

我那個連隊在熱帶雨林蓊鬱深處，周圍均無漢人村落，只有黎村苗寨零星地點綴於山間林際。只要登高遠眺，凡有娉娉婷婷的檳榔樹招展的地方必有村寨，那就是瓊崖原住民的棲息之地了。我們連隊的復員老兵和知青都是「大陸」來的。就我而言，以前對海南島的認識，全部來自新中國五六十年代的電影《南島風雲》、《碧海丹心》，還有一部紀錄片叫《海南明珠》，是在興隆華僑農場拍攝的。在那些鏡頭畫面裏，海南島之美在於藍天綠海、蕉風椰雨。殊想不到，我一頭扎進五指山中，卻看不到大海，聞不到鹹腥的海風，連椰樹也了無蹤影。

原來，椰林只生長在海邊的土地。我們這幫知青曾在連隊的小河邊種下一排椰樹苗，怎知直到我數年後離開五指山，它們仍半死不活，只長成齊腰高的「小老頭樹」。故此，在大山深處只有檳榔樹才是土著文化的象徵。檳榔樹其實要比椰子樹好看得多，它挺拔而優雅，花序很特別，如同黎家的筒裙；檳榔掛果，飛紅點翠，如同苗女的織錦頭帕。然而，對於我們來說，檳榔樹意味著人煙，常在熱帶林莽中出沒的兵團知青，在煙雨瘴癘裏迷途時有發生。高挑娉婷的檳榔樹乃為黎村苗寨的標誌，用「文革」慣用話語，那是我們的「指路明燈」。

五指山深處人煙稀落，離我們連隊最近的那個黎寨也有十里山路，他們幾無貨幣流通，也無以物易物，我們漢黎兩家雞犬之聲不相聞，更老死不相往來。只不過，自從那寨子有一復員兵返鄉，這位黎家子弟在軍營學會了打籃球，他回歸寨子就把這「現代文明」的遊戲規則傳授給其他青壯黎胞，後來每隔十天半月就拉隊到我們連隊打對抗賽。然而，每次都被我們兵團知青以強凌弱，比分幾近於大屠殺。一來二去打了幾年，才漸覺客軍又添新血，有兩張新臉孔不算庸手，顯然也是才退伍的黎族軍人。《老子》有言：「抗兵相加，哀者勝矣。」但黎人終究沒能贏過一仗，唯一打平的一場，本來終場時我們是輸了一球的，黎人卻都沒有手錶，我們豈能忍受輸球之辱！便暗示代為計時的兵團女戰士暫緩吹笛完場，果然我方攻下追平的兩分，笛聲即響。黎人已是欣喜欲狂……

多年知青生涯，我始終覺得，「大漢族」所代表的中原文明，對熱帶林莽中弱小黎族的文化進步，委實無甚貢獻。球賽使詐之劣跡，更形同「民族壓迫」！然而，在「文革」年間，「主流文明」對少數民族的刻意扶持是否好事？想來也大有疑問。

現在說到苗族了。海南苗人歷朝歷代苦難最深，他們受漢人的欺壓，地位還在黎族之下。故此山中的苗人村寨要比黎寨海拔更高，地段也更差。但是，苗人的性格比黎族人更強悍，而且漢人、黎人都盛傳苗族人會「放蠱毒」，遇事都退避三舍。

離我們連隊最近的苗寨有二十里遠，由於這裏是我們去其他連隊找知青串門的必經之路，所以我出入苗寨的次數頗多。就我所見，苗人比黎人長得精神，男的要強壯些，女的更要漂亮得多；土著苗人衛生習慣也比周圍的黎寨要好。然而，我不曉得自己概括是否偏頗，因為這個苗寨是「文革」中的時代樣板，它是被大漢族文明改造過的另類。

這個苗寨的名字叫煙園，我懷疑這麼漢化和詩意的名字不是苗人自己想出來的。誠然也難說，因為此間曾出過一個苗族秀才。煙園苗寨成為新中國的少數民族的樣板，倒是在「文革」以前，原來只不過是學校辦得好，是廣東省教育廳扶植的典型。到了「文革」時期，沒人再關心教育的事情，而改封為「農業學大寨」的模範村寨。它不被冊封為抓「階級鬥爭」和「路線鬥爭」的先進集體，已屬萬幸了。苗人很難搞「階級鬥爭」，他們沒有地主，五指山中土地多得是，誰願意刀耕火種，開墾出來的那片土地就是他的。

苗人只有苗王，就好比黎族的頭人和峒主。不過在舊時代，苗王也不是「階級教育」裏漫畫化的敵人。反清起義、反國民黨壓迫、抗日等苗嶺烽火，都是苗王策動的。建政後，苗王被架空到自治區裏當政協花瓶，這算是斯文的了。當然黎苗兩家裏的頭人在「鎮反」時也有被槍決的；五七年時「右派」也沒少劃。但總的來說，要在黎、苗村寨裏上綱上線到「階級鬥爭」高度來搞「文革」，難度極大。於是就從「農業學大寨」入手了。

煙園苗寨「學大寨」，其實也很滑稽。五指山中的黎人、苗人都不種菜、不養豬，要吃肉就入山打獵，要吃菜就放倒芭蕉樹剝出嫩芯。再說他們也不怎麼吃菜，滿山遍野都有各種熱帶野果。說到「以糧為綱」，就和土著山民更加風馬牛不相及了，他們只種點旱稻和木薯，水田是沒有的。五指山中原始森林帶來的腐植質，令任何一塊山地都很肥沃，泥土翻開來黑得發亮，所以千萬別笑話黎人、苗人刀耕火種。我們兵團連隊被要求「學大寨」，便在伐木墾荒種橡膠之餘，也象徵性地種點山地旱稻——連我們也是刀耕火種的。只消放把山火把雜草灌木燒光，再拄根尖木棍在佈滿草木灰的坡地上一一戳洞，往裏頭丟稻種。此後完全不必再管它，收成自然就有了。這是熱帶土地的饋贈，而不是「大寨精神」之開花結果。

因為黎族、苗族均不用交公糧，實際上他們連旱稻都不多種。而煙園成了苗家「學大寨」的樣板，完全是漢人工作組幹部刻意擺佈出來的「革命盆景」。他們在苗寨開幾塊水田種稻米，每年上交幾擔「公糧」，便成了時代典型了。插上大寨紅旗，讓這個深山中的苗寨得到許多好處，為了修飾它的扮相，國家出錢把茅舍都拆了，蓋成清一色磚瓦房。能全寨住上磚房的，它是全海南的獨一號。

為什麼要修飾它的扮相呢？原來煙園是「文革」年代裏罕有的對外櫥窗，當然能入山瞻仰「文革」成果的外賓都是特殊的「國際友人」。我記得第一個去參觀的是著名親華、親共的日本人西園寺公一，後來還有西哈努克親王。在我們那座大山裏，對外賓是少見多怪的，每次來人，兵團也要一級戒備，讓出身成分好的兵團男女戰士，穿得整整齊齊（上級指示均要穿白襯衫與深色長褲），在車經之路邊假裝勞動，一方面做好安全保衛，另一方面也能點綴昇平。最可笑的是瓊中縣營根鎮的花絮，為了遮掩一排草房，縣革委會指派群眾展開一匹匹新布，支起來擋住貴客的視線。殊不知做得太拙劣，被西哈努克親王看穿了，寄人籬下的他倒不敢說什麼，但陪同的人報上去，縣革委會吃了通報批評——不是說他們做假，而是做假不夠得力，就成「政治事故」了。

總之，我每次經過煙園這座苗寨，都覺得像走進一個革命大盆景。但是，畢竟苗寨的黨支部書記要比我們連隊的「鬥爭狂」顧指導員好得多了，他沒有整人鬥人，不過是順應了上級樹典型的意願，必要時對來訪「取經」的客人介紹「經驗」，宣講一下毛澤東思想和文化大革命的偉大成果。我見過那個土著黨支書一面，是在完全意想不到的情景之下。在此之前，我對他雖然無惡感，亦無太好印象。因為我認識的黎人都極為老實，按說苗人性格應該更為憨直，作偽的事情很難與苗人沾邊。雖說這面大寨紅旗本非他們自己要扛，但我總別有一番感受在心頭。

卻沒有料到，一宗偶發事件把苗寨黨支書推向了「風口浪尖」——某日，煙園的一位苗家少女從學校回寨子，卻遭到了一個兵團戰士的襲擊。這個被性苦悶折磨得變態的漢族青年來自潮汕地區，卻非知青，是因家鄉人多地少而被政府安置到海南來的。人到了某年齡階段，生理的發育和時代的壓抑令他陷入了欲海漩渦之中。他瞄著這個漂亮的苗家女多有時日了，終於按捺不住原始衝動，從林子裏竄出來向苗女求歡，被拒之後又撲上去要把苗女制服，怎知連扭打也不是人家的對手，情急之下竟用石塊把苗女砸昏。慌張的他也沒來得及做下什麼，就被人血嚇怕了，自己趕緊跑到團部保衛科自首投案。不旋踵，我們十五團的團部就被扛著火銃、獵槍和砍刀的苗人包圍了，領頭的就是這個苗寨黨支書。

我聞訊趕路去現場看熱鬧，苗人憤怒得扭曲的面孔和那些揮舞的刀槍，令我覺得此事恐難善罷，只怕要動私刑才能平息「苗變」了。後來，我看見團政委這個有頭有臉的現役軍官和對方交涉未果，人家根本不買他的帳。末了還是舊農墾農場的老場長出面，把五花大綁的強姦未遂犯推出來給苗人示眾，然後與苗寨黨支書再三商議，老場長和他五十年代就認識，苗民總算刀下留人，同意人犯交由兵團法辦了。因事涉「軍民關係」，這人後來判得很重。此是後話。

就在那一次，我看到了苗民的血性，以及他們對自己的支書好像對「苗王」一般忠順。於是，我覺得革命洪流在我們生活的主河道中轟隆有聲地奔湧而過，對我們這群知青可謂影響深遠，而對某種原生態下的人群，激流的沖刷卻幾乎沒有留下什麼痕跡……

最後要講的山寨軼事就是我的黎家球友。一次我路過黎寨，與那位復員軍人不期而遇，他請我留步對酌黎家土釀山蘭酒。黎人請客挺鄭重的，主人切了些獸肉乾，不多，大概已是全部儲蓄。酒是足夠的，山蘭土釀不烈，可以喝很多。主人說起他的從軍故事，原來他當過副班長卻沒能入黨，加上文化低，這也許就是他沒能進縣城或公社吃「商品糧」的原因。酒過幾巡，他點亮油燈，臉被映得酡紅。他說退伍回家那天，很難過，黎族人祖祖輩輩住的茅草屋，沒有一絲一毫改變，軍營裏的電和自來水在這裏就像傳說……後來，他雙眼濡濕了，我於是無言。在山裏山外。「文革」猶在高歌猛進，然而我已知道了革命的罩門和死穴。它從來就沒有給人以幸福，甚至未曾帶來過一絲發自心底的微笑。

歲月悠悠，瓊崖的土著住民仍在山中棲息。黎村苗寨後來可曾湧現出自己民族傑出人物？我不甚知道。然而，我可能做對了一件事——一九八四年，長春電影製片廠和昆明電影製片廠合拍一部電影，劇本來自我的同名小說，我自己也是改編者之一。我要求長影的崔導演，一定要發掘和錄用一個黎族演員。崔導演找到了一個黎家少女，雖說她初登銀幕而且只在片中唱了一首山歌，但這卻成就了中國電影史上的第一代黎族演員——她正是黎家影星譚小燕。

「文革」四十年過去，舊夢依稀。然而，五指山於我依然是一片炎熱的冷土。

與漢族人幾千年封建文化演變出來的許多繁文縟節禮儀相比，海南黎、苗少數民族同胞待人更為真誠豪爽，值得相交。只要你敬他一尺，他就會還你一丈。更主要的是，與他們相處，沒有那麼多的階級鬥爭觀念和政治危機意識，讓人心情輕鬆了許多。這一點在知青**1968hfz〈作客儋州村〉**受到黎族兄弟的款待可見一斑：

連隊四周散落著儋州村，村民都愛到連隊的小雜貨店買日常物品。我負責開店，村民也就有意與我套近乎，尤其一個叫符開基的民辦教師，四十歲不到，自恃有些文化，便有了與我這個廣州知青交結的條件。所以老符每次來店，總要先與我東拉西扯半日，末了，才在褲兜裏窸窸窣窣地又摸半日，從口袋的旮旯裏搜出零零碎碎的幾角錢，或買一斤生鹽，或撿幾塊南乳，而後盡興離去。我對他，忙時覺得他厭煩，閒時覺得他有趣，但肯定沒有像他對我那樣地誠心交結的打算。

某日，老符肩頭上搭著五六個髒兮兮的行軍壺，咣噹咣噹地一路走進小店，他滿面喜氣地先打了十斤甘蔗酒，然後才萬分誠懇地邀我去他家喝酒，說是今天要為新過繼給他做兒子的慶祝。推脫不得，我只好答應。他揹著酒壺出店門，急急才走幾步又停下，也許還放心不下，復又折回，朝我大聲喊：「就是天塌下來也要去啊！老賀！」

中午關了小店，我如約趕去老符的村子。村子不大，雞鳴犬吠之聲近可相聞，不必打聽，只朝熱鬧處走已找到老符的家，一座很大的茅屋。茅屋旁雖有日積月累的污穢垃圾，卻有兩株桃樹正開得燦爛，一株胭脂紅，一株宮粉紅，都開得熱烈盡情，互不相讓。一個衣裳臉面都覺黢黑乾皺的老太婆坐在屋前的木凳，懷裏卻摟著一個細皮嫩肉粉嘟嘟胖乎乎的嬰孩，也許這就是老符新過繼的兒子了。

老符家有好事，屋裏屋外就平添了許多熱鬧，幾個村婦正在屋外的石臼旁忙著，一個翹著臀賣力地一下一下踩踏著石臼，一個蹲在臼旁，隨著踏臼的起落，用手急促地翻動臼裏的米糕。兩個村婦則用手將春好的米糕搓成圓團，搓好一團，放進大碗，然後往手心吐口口沫再搓一團。用小米做的米糕黃橙橙的煞是好看，但村婦的口沫使人噁心。屋裏的灶臺也熱鬧，老符的老婆掄著大鍋鏟一邊在鐵鍋翻動著炒菜一邊眯著眼側著頭躲開灶口沖上來的火煙。老符則低頭橫著脖子對著灶口吹火筒，煙熏火燎得眯著眼看不見我來。我打了招呼，他才急忙丟下吹火筒，從煙火瀰漫中跳出來招呼我抽煙喝水。

過了不久，菜便一一擺上桌來，三張大桌，都一式地擺了一碟雞、一碟豬肉片煮米爛（一種用南椰粉做的粉條，近似番薯粉條）、一碟清水煮白菜、一碟木豆煮鹹魚仔，還有一大碗小米圓團。眾男人互相客氣幾句都齊唰唰入席坐定，等老符說過幾句感激話便靜靜地埋頭用心吃菜喝酒。老符的老婆帶著幫忙的村婦縮在灶臺一角，也靜靜地埋頭用心吃著，正合了「食不言，寢不語」的古訓。但吃過了一陣，眾人就有了些說笑聲，慢慢地就喝得高聲吆喝，熱做一堆。

我是被老符請到的唯一的廣州貴客，老符覺得很有面子，他自己高興地喝著酒，也盛情地勸我喝酒。老符喝得半路，忽然感歎道：「今日可惜少做了一件事。」我問何事，他說是少了一副對聯。原來他已為他的新過繼來的兒子取名「壯科」，想寫副對聯，將名嵌於對聯之首，只是自己久久想不出，求人也想不來，所以歎息。

我正喝得微醺，聞其歎息，聽其所言，早已成竹在胸。「有紙筆嗎？」我問。

「有！」「拿來！我寫！」

老符急急從污黑的蚊帳頂上搜出紅紙，又從床底摸出筆墨，鋪紙在桌，然後恭而敬之地退在一旁。其他吃酒的村人也噴著酒氣，攏過來遠遠看著。我沉吟片刻，藉著酒意，落筆就寫：

左聯：「壯志凌雲濟世民」

右聯：「科名顯赫耀祖宗」

橫批：「為人民服務」

「好了！貼到門外去！」我吩咐老符。

這一副不倫不類、不古不今的所謂對聯，竟也獲得眾人齊聲喝彩：「棒兮棒兮，意思好，字也寫得好！」老符更是激動，口中連連讚歎：「啊啊！棒兮！棒兮咧咧！這正是我想寫又寫不出的意思啊！」老符口中喃喃著，趕緊叫上一人幫忙，手忙腳亂地把對聯貼在茅屋的門旁。眾人走出門去看著新貼的對聯又是讚歎一陣，然後回席吃喝。

老符又推又擁地扯我回席繼續喝酒吃菜，他又執意夾了一隻雞腿給我，並吩咐我只吃肉不要傷了雞骨，他說要用雞腿骨為我占卜前程的凶吉。待我將光裸的雞腿骨交給老符，他便從屋外的荊棘叢折來幾根硬刺，再將刺插入雞骨上的所有小洞眼，然後根據刺的深淺、正斜、上下，開始一本正經地細細端詳起來。我看著老符虔誠敬畏地端詳雞骨頭的樣子，心裏也不由得對這一前所未見的占卜的靈驗有了幾分相信，因為有幾分相信，也便有了幾分的緊張。我彷彿在等待著神的裁決。我盯著老符的臉，捕捉他的臉部表情的每一絲變化。生怕他露出一絲驚恐來。

「大吉大利呀老賀！」老符好像剛從冥冥中鑽出地面來，他忽然高聲叫道。

「何事大吉？」我忙問。

「你明年就可以調回廣州了呀老賀！你看這……你看看這裏……」老符指點著雞骨頭上的一根根刺，一一解說著！顯得十分驚喜，顯得千真萬確。

我也跟著老符萬分地驚喜起來。這種神秘兮兮的占卜方式令我有理由相信，有根據驚喜。我就這樣帶著明年能回廣州的驚喜，和老符一班儋州村的男人們，歡天喜地地吆喝著吃著酒，一直到太陽偏西才帶著醉意喜顛顛地回去連隊。

只是，老符所傳遞的神的預言一直到八年後才靈驗，我在農場待了十年才真的回了廣州。想來老符說的也沒錯，「明年」年年都是，今年看下一年不就是明年嗎？明年過了又有一個新的明年。明年復明年，哪個明年才是回城年呢？神知道，但不說。後來我也知道了，就是我回城那年……

瞧，又是科名顯赫耀祖宗的對聯，又是雞骨頭占卜前程的凶吉，這在當時處處充滿階級鬥爭之弦的兵團連隊，還不成了一件上綱上線的活教材？不被批鬥個死去活來，也是大會小會反覆批判的典型。可在人家黎族兄弟同胞老符那裏，就成了「棒兮咧咧，棒兮咧咧」眾人喝彩的理由，就成了一班儋州村男人們歡天喜地喝酒助興的由頭。說實話，儘管這些少數民族的日子苦些窮些，但當時，自由兄弟還真喜歡這樣簡單的生活。這也是我當年愛跟黎族大哥劉文光一起玩的根據。

無獨有偶，知青**臨江葫蘆**在**《我的苗族風情》**中，也用生動的文筆描述了與苗族同胞青年男女歡度「三月三」節日的美好時光：

……一九六八年尾到了中坤農場奮鬥隊後，因我「能鋤會挑」，而且還露了一手編織竹蘿藤筐的手藝，深得隊裏領導和老工人的賞識。六九年頭的積極分子表彰大會，我還稀裏糊塗地當了一回知青「列席代表」。當時還有一位海口的女知青，早已不記得她的名字了。因那時還有「男女授受不親」根深蒂固的思想，每當開會時相碰她那含電的眼神，我就會急忙扭轉頭，不敢相望。幾天的大會相處，竟沒敢跟她說過一句話，那時並不知情為何物。至今，她那默默的眼神，仍會在我的心靈裏悠蕩！

六九年的春節，我們的老隊長是海南「那大」人，還有支部書記，帶著我到黎村苗寨和村裏的幹部一起過節，第二天還要請他們回訪。這是當時的政治任務，搞好場民關係。當時奮鬥隊附近有一個黎族村莊，還有一個苗族村寨，第一天去黎村，第二天去苗寨，還是傍晚去的。那是我生平第一次和黎族、苗族同胞一起過年喝酒、吃飯，以後每年的春節，我都是和老隊長還有指導員一起進行每年一次的例行互訪。

到了六九年下半年，建新連隊，我就跟著老隊長到了臨江隊。在我們的駐地旁邊不遠，有個苗族的村寨，名叫「合水村」，距離不過十分鐘的路程，可謂是近鄰。一來二去，我和苗寨的同胞很熟悉了。苗族同胞的為人是非常友善的，無論什麼時候相遇，他們都是笑口相迎。他們勤勞，樸實，勇敢，開朗，雖然還是「刀耕火種」，平時生活靠上山打獵，挖山薯，採野菜，還種不多的山間水稻田，和山坡上的旱稻、木薯。生活雖然清苦，但他們卻世代平靜安逸，快樂地生活著，特別是寨中的男女小孩子，除了上學，整天嬉鬧、唱歌、玩耍，笑聲不停。

可別小看了這個小苗寨，寨裏還有一間不錯的小學校呢，附近幾個苗寨的孩子都在這裏上學，有二十幾個學生，分幾個年級，老師還是漢族人呢。寨裏還有一位當年南坤公社有名的人物，他是公社的民兵營長，一位和我同齡的壯實憨厚的苗族小伙子，他是我的苗族好朋友。他勇敢開朗，能講一口流利的普通話，沒有語言障礙，我倆很講得來。我在他家裏吃過不少山珍野味，他也是我的小茅屋裏的常客。

記得七〇年我第一次回廣州探家，他知道後，就叫我幫他們寨裏的女人們帶些彩色的絲線回來，因苗族服飾都要用各色絲線繡出各種圖案，當年跑幾十公里到屯昌縣城都很難買到。我探家回去後，就把在廣州買到的一大堆各色絲線，送給了她們，直把一幫苗族婦女高興得又笑又叫，這情形，至今我還歷歷在目。為她們做了一點小事，竟然把她們高興成那樣，別提我心裏多高興了！

有一年的「三月三」，剛好那天休息，我照例像往常一樣，手提鋒利的大砍刀，進行我的甜蜜之旅，要到苗寨的後山上去找蜜蜂窩，因其他地方都被我找光了。遠遠地，我就聽見密林裏傳來了苗族青年男女的對歌聲，那是他們正在談情說愛的歡歌。我好奇地走過去想一看究竟，原來十多個苗族青年男女，在寨後的小山上，隔著中間一條小山道，男女各一邊，半遮半掩地在樹後，你唱一句，我和一聲，嘻嘻哈哈，吵吵鬧鬧，直看得我也齜牙裂嘴哈哈大笑。他們一班男女見我過來，幾個小伙子過來把我往小路中間一推，接著幾個苗族姑娘跑到我身後，左躲右藏，這邊嘻嘻，那邊又哈哈，竟把我葫蘆也耍玩了一番。想不到我當年還能享受到苗族青年男女「三月三」的一番風情，心裏真比吃了蜜糖還甜！

幾十年過去了，翻看隊友網上發的照片，好像沒見今日苗寨新貌，心裏不免有些遺憾！等到明年股市熱過，我定來它一次臨江回味之旅，順便再訪合水苗寨！不知道當年那些苗族青年男女是否還會記得我這個葫蘆？

看了以上的述說，自由兄弟不由得也想起了到海南的第二年，在我的一再懇求下，黎族班長符黨照曾帶我到了離連隊有三四公里遠的古岩黎村去過「三月三」的情景。因為打獵和同民族的關係，班長跟村裏的人都很熟。這村寨不大，有五六十戶人家，但依山傍水，一條清澈的小河從村邊流過，河邊有一棵古老的榕樹。一塊寬敞的曠地上燃起了一堆熊熊的篝火，周圍團團坐著有幾百名身著新裝的男女老少。聽說連周圍散落的村寨黎人也來了。看到我和班長到來，村裏的長老隆重地將我們領到正中的圓木上坐下。寒暄了幾句，村寨的「三月三」歡度活動就開始了。

據說，黎族稱三月三為「孚念孚」，是為預祝「山蘭」（山地旱穀）和打獵豐收的節日，也是青年男女自由交往的日子，人們稱它為「談愛日」。關於它的來歷，有幾種不同的美麗傳說故事。相傳，很久以前，七指嶺地區遇到罕見的大旱，人們度日如年。一個名叫亞銀的年輕人自告奮勇地登上五指山頂峰，一直吹了三天三夜的鼻簫，一隻百靈鳥從幽谷中飛來，亞銀趕忙追捕。他追過一座山崗，最後定神一看，百靈鳥變成了一位非常漂亮的黎族姑娘。姑娘答應跟亞銀到人間解救災難。旱災解除後，未想到卻觸怒了峒主，他派家丁要把百靈姑娘捉去。這時忽然烏雲滾滾，雷聲大作，石裂山崩，把萬惡的峒主和他的家丁全壓死了。亞銀和百靈姑娘變成一對鳥兒，飛上天空。鄉親們聞訊趕來，目送他們，激動地跳起舞，唱起歌，祝他們美滿幸福。這一天正是農曆三月初三，從此這一天便成了黎家的一個傳統節日。

也有一種傳說是遠古時，黎族人民居住在海南島昌化江畔，一場特大的洪災使黎族慘遭滅頂之災，唯有一對兄妹倖存下來，哥哥叫天孔，妹妹叫觀音。妹妹一番打扮後，與哥哥在農曆三月初三成親，從此黎族又壯大起來。後人為了紀念他們，每年三月初三這天舉行祭拜活動，從而形成了黎族青年男女追求愛情的傳統佳節。

不管上述那些傳說是真是假，反正每年四月上旬農曆三月初三這天，海南的瓊中、東方、昌江、樂東、白沙和通什等縣市的黎族同胞都十分重視這一節日。為了慶祝三月三，準備工作要提前半個月進行。男子上山狩獵，把所獲獵物醃好封存（連班長前往都帶上了平時珍藏的熏製山豬肉），婦女在家舂米和做粽粑，青年男女準備漂亮的服飾和定情的禮物。獵物和粽粑作為祭品，用以祭祠堂裏的祖先；若出獵無所獲，則殺雞代替。祭祀由氏族老人主祭。此外，還要舉行打粉槍、射弩箭比賽、跳竹竿舞等有濃郁特色的民俗民風活動……

果然，隨著幾聲銅鑼響聲，只見全村黎族男男女女圍著篝火且歌且舞轉起圈來，大家在最頭前的長老的帶領下，一邊口中念念有詞，一邊象徵性地將豬肉、山蘭、包穀和米酒等食物往火堆裏丟……班長解釋說，黎族人崇拜火，這要敬火神。之後，村裏的青年男女開始伊伊呀呀地對起情歌來。這時，你可以盡情地表示對誰的愛慕之情，只要對方接受，一對對情人就可以悄悄離開篝火旁，到附近的山林草叢中去恩愛一番。之後，小伙子會把耳鈴掛在姑娘耳朵上，把馬鹿骨做的髮釵插在姑娘的髮髻上，姑娘則將親手精心編織的七彩腰帶繫於情郎腰間，雙方信誓旦旦，相約明年三月三不見不散。

這也就是人們常說的黎族青年男女成雙成對進行「山戀」的獨特戀愛方式。班長說，黎族實行一夫一妻制的父系小家庭，兒女成年後即住在屋外的「寮房」裏。婚後妻子一經在夫家定居，便與父母分居別炊。婚姻一般由父母作主，但婚前可以自由談愛定情。婚後新娘也不落夫家，往往返回娘家居住一二年甚至七八年後，才定居夫家。在此期間與他人相愛的非婚生子女也不受歧視，離婚和寡婦再嫁尋愛也比較自由。

黎族兄弟平時的生活極為艱苦，飲食十分簡單，以大米、番薯、玉米為主食，多以狩獵、採集所得為副食，只種少量蔬菜，且多從漢區引種。婦女愛嚼檳榔。但在三月初三這天舉行祭拜活動時卻極為慷慨，鋪在地上的芭蕉葉和木瓜葉上的肉食頗為豐盛。因為不懂黎話，聽他們唱的歌一句也不懂，只是感覺每句都要重複幾個同音的尾詞。自由兄弟開始還有一點興趣，久了，也就不再關心，只是和班長陪著村中享有眾望的老人席地圍坐，痛飲他們釀好的山蘭酒和木薯酒，大嚼他們醃好的野味。結果醉得一塌糊塗，第二天腦袋還疼得彷彿開裂。好好的一件衣服還被燒出了幾個小洞，也搞不清是怎麼燒的？後班長笑著告訴我，這是有村寨姑娘喜歡上我，特意留下約會的暗號……我雖有些氣惱，但又不好發作，也就一笑了之。

可是，這許多年來，自由兄弟依然眷戀那堆迷人的「三月三」篝火，常常會生出萬分惋惜的感慨……

對於黎族同胞這種獨特的「山戀」談情說愛風俗，知青**老**三也有深刻的印象，他於**〈哎電〉**一文中回憶：

在海南當知青，儋縣地區的知青，又比其他縣的知青，多了幾分浪漫，原因是儋縣（古稱儋州）的土著居民有一種風俗，叫「aedian」，或多或少給當年血氣方剛、嚮往浪漫的少男少女們以視覺至少是心理上的薰陶，七八年下來，其潛移默化的效果就很顯著了。

「aedian」，是儋州話，農友們根據廣東方言音，有把它譯作「屹釘」的，也有稱做「耳釘」、「爾丁」的；為了以普通話為母語的網友們有個大概的概念，我把它寫作「哎電」，這並沒有一錘定音壟斷命名權的意思。事實上在海南當知青那麼些年，也沒見過對儋縣這一淵遠流長的風俗，文字上的記載，甭說漢字上的音譯了；「文革」前的《儋縣縣誌》上應該有，可那年頭那是「封、資、修」的東西，知青們若不是有心鑽研民俗學，誰敢去碰？

我在五師創作組時的同事羅國中，曾對我說過，五十年代初海南軍分區曾組織過對苗族「三月三」、儋州「哎電」等民風民俗的調查，調查分電影攝製和文字記錄兩部分。羅是軍區文工團裏為數不多的海南人，又懂簡譜記譜，受命參加了這一調查，負責音樂部分原始資料的蒐集，那首海南民歌〈咿喲耶，三鳥啼叫不停歇……〉就是他聽一個「看牛仔」唱後錄寫下來的，傳唱的是日本侵略者火毀他家園的罪行。沒有「南霸天」什麼事，他憤憤地說，江青為了炮製芭蕾舞劇《紅色娘子軍》，把所有這些彌足珍貴的資料全調到北京去了。「可能在那一個倉庫的角落裏漚著，」他說。這是我所知道的有關「哎電」最重要資料的去向。

在親臨偷窺（文明的叫法是「採風」）之前，我對「哎電」最權威的認知，是剛到紅海隊的時候，半夜裏想城市、想親人、想朋友睡不著，爬起來遛達到草房外望著中天的皓月發愣，夜風中送來遠處陣陣的歌聲。歌聲很高亢，甚至有些尖銳、野性，對於我們這些聽慣了《長征組歌》的城市學生，有新鮮感之餘又覺得其太過「下里巴人」，登不得大雅之堂。

第二天上山放牛，找老工人給我解化，他說，這些歌聲是附近「老百姓」村莊的村民在「哎電」。「哎電」就是「夜遊」的意思：每當月圓之夜，或是有電影或文藝宣傳節目觀看之後，儋州村落的土著青年男女們，就在村口的路旁，找一塊平坦的土地，圍著火堆唱歌跳舞，跳累了就男找女、女挑男成雙成對地閃入草叢中……說到這裏老工人不說了，可能意識到話到嘴邊吞回去的幾句不屬於「再教育」的內容，又說不定是製造懸念，故意讓我心癢難撓地去遐想。

好在紅海隊有一位姓龔的農業技術員，在知青們到來之前是隊裏碩果僅存的兩位「知識分子」之一（另一位是獸醫），他會儋州話，平常又喜歡做點小研究、小探討，知青們向他請教，他高山流水遇到了知音，便傾囊搜匣地詳盡以授，更把對「哎電」的認識上升到理論、政策的高度來解構。他說，「哎電」這一風俗源於日本人對海南土著的燒殺政策，僥倖逃脫的人們自此便有了「及時行樂」、「不玩白不玩」的觀念和習慣，這一風俗也有鼓勵族人生育繁衍增加人口抵禦外族壓迫殺戮的意思……

看著《蘆笙戀歌》、《山間鈴響馬幫來》、《五朵金花》、《阿詩瑪》等少數民族電影長大的我，看多了圍著篝火、吹著蘆笙或彈著弦琴載歌載舞歌頌幸福生活的浪漫情節，不管有多豐富的想像力，怎麼也不會把這些令人嚮往的電影鏡頭與「血腥殺戮」聯繫起來。我聽是聽了，心裏總不願意相信。願意相信並感興趣的是「哎電」的下半截，情投意合的一對在幹些什麼，想想心儀的美女五朵金花阿詩瑪們也是如此，羨其浪漫之餘又增添了幾分嚮往。

龔技術員還說，土著村民們若家有女兒初長成，第一次來紅之後，父母們便鼓勵甚至驅趕女兒外出

「哎電」，若女兒不願意，父親會插上門不讓女兒進家門睡覺。據說土著居民們有一種母女相傳，絕不傳外的土方子：摘幾片「飛機草」葉，摻上其他的一點什麼，嚼爛了吞其汁液，可以起到避孕的作用。後來廣州軍區派到儋縣各農場來的醫療工作隊，在蒐集戰備所需的民間止血方子、治療海南島盛行的瘧疾方子之外，第三大任務便是企圖得到這簡便易行的避孕良方，輔助國策。聽他一說，這生生不息、除之不盡令人生畏的「飛機草」竟有此妙用，令我對它是另眼相看了，甚至把這珍貴資訊無償提供給一些熱戀中的知青農友。

儋州的另一重要風俗是，新娘子過門三朝後，就得回父母家（通常是另一條村）居住，一直到懷孕生了孩子證實有生育能力後，夫家才歡天喜地地向親家送上地瓜、花生，或其他可能的禮品把媳婦接回來。若這三天之內新郎的精子與新娘的卵子無緣，新娘子的生育功能便有賴「哎電」來維護了。這可是關係到人類繁衍的大是大非，用今天的話來說，是基因的自我保護、自我擴張。「哎電」的生命力何以如此強盛，代代相傳，「野火燒不盡，春風吹又生」，的確有根有據也。

「文革」之前，官方已明文禁止了「哎電」的活動，一說是「哎電」是「亂搞男女關係」，二說是導致「私生子」及因血緣相近交配而生下的畸形兒太多，三說這是性病流行的主要渠道……然而有一點我絕對相信的，是說「哎電」中所唱的那些古老的儋州情歌不健康，不「政治掛帥」。我常想，若然儋縣青年們改唱〈學習雷鋒好榜樣〉、〈不忘階級苦，牢記血淚仇〉，或是唱忠字歌，跳忠字舞，之後再在天地間野合，有關當局又是否可網開一面？

「一打三反」時，白紙黑字貼得儋縣的首府那大鎮滿街滿巷的是，一位民兵營長，年輕的土著居民，因「知法犯法，頂風作案」，組織和參加了「夜遊」活動，而被判了極重的刑。同榜中打了紅勾勾的，被槍斃的幾個是派性戰爭中的俘虜，「夜遊」還不至死。面對著這充滿血腥味兒的法院「判決書」，我終於搞清楚了，「哎電」的官方定義真的是「夜遊」。

海南兵團轉回農墾後，換了朝庭，新當權者把在兵團時代「宣傳兵團的一套太賣力」的我貶往了另一個邊遠的作業隊。為了能有一個挑燈夜讀的環境，也為了不讓剛達掃盲程度的隊長和書記知道我不是在看雄文四卷，我捨棄了同人合住的瓦房，搬進了村口的一間歷史悠久的茅草房。沒想到，被「哎電」催情（催眠？）得頗為喘急的幾個儋州姑娘，會對我這個新來者進行「性騷擾」。

第一、二個月圓之夜還好點，枕著那在紅海隊早已熟悉不過的旋律，摟著那穿透膠林傳過來的，悠長的而又忽遠忽近的歌聲，我徐徐入夢；出問題的是我新居入夥的第三個月圓之夜，歌聲依舊，潮起潮落，看完書，熄滅了煤油燈，剛剛迷糊過去，有人在窗外扯動我的蚊帳，一支強光手電筒的光柱，毫不忌憚地照向僅穿一條短球褲入睡的我，我驚醒了。在我的喝問中，聽到一夥「儋州妹」在草房外吃吃的笑聲，顯然是她們搗的蛋！

我翻身躍起，男高音地罵了她們的娘，是文化革命中紅衛兵們朗朗上口且威力最強大的那幾句。她們後退了，關掉了手電筒，人影閃沒在膠林中，笑聲留在夜色下。不久那歌聲又響了起來，似乎是漸唱漸遠。我放心地再次睡熟了，然而她們這次不是用手，而是用竹子離得遠遠地撩動我的帳子……

我拿起砍刀衝了出去，她們又後退了，隔著夜空傳來她們大膽的挑逗：「阿哥，哎電嗎？」我不太懂儋州話，但粗口及相關名詞我聽得出來。其中有位即使在當下也算是前衛的儋州姑娘，竟然送來撕裂長空、劃破黑幕的一句：「阿哥，××嗎？」不能再睡了，我撚亮油燈，收斂心神，拿起本《第三帝國的興亡》……未幾，喚人起床割膠的鐘聲就催命似地響了起來。

轉眼，月圓之夜又到，那幾個儋州妹野性的笑聲，竟然使我產生了去「偷窺」（採風？）一次「哎電」的衝動並付諸實踐。此行使我大有斬獲，以致在以後的寫作練習中，我可以以親歷其境的身份寫下這一段文字：「……早升的月亮又圓又大，不是農曆初一，便是十五，鄰近的村民們會有夜遊，可以……聽一個晚上的儋州情歌……夜網在不知不覺間撒了下來，山巒、草木全鑲嵌在一片青幽幽的朦朧中，平展展的河灣遠看像一尾巨網罩著的大魚，魚腹的鱗片泛著閃閃的銀光……晚空中飄浮來陣陣的、若有若無的歌聲，顯然是近村的青年男女們在「夜遊」。隱約還看得到大路那邊有篝火的閃爍……山坡下的公路上，旺燃著一個個的火堆。在火的一邊，男人們排成長行，一律穿著白色的長袖襯衣，和湖藍色的長褲，手拉著手一邊唱著歌，一邊隨著節奏向兩邊搖擺；女人們在火的另一邊，身上是藍白當胸對半的大襟衫，挽著手，嘴裏應和著旋律，火光掩影中，做著與男人們反方向的、原始的晃動。歌聲彼此交錯，穿透夜幕，婉轉悠揚，是唱了幾個世代的，只有歌者能懂的，儋州的情歌……銀盤西掛，篝火逐漸熄滅，先是一個，接著是幾個，男人們走離隊伍，女人那邊也有人走了出來，一個女人跟著一個男人，或是一個女人，拖著一個男人，一轉眼就閃進路兩旁的草叢中。歌聲驟然間從空氣中消失了，就像荒野中從來就不存在什麼歌唱似的……」

「哎電」離我們已很遙遠了，留在知青農友們心底中的，我估計和我一樣，大都是美好而浪漫的回憶。在廣州七中老三屆《市井深深》網頁上，農友們關於「哎電」有這樣的討論——

阿華仔：不知道現在還有沒有儋州青年男女唱「屹釘歌」（儋縣調聲）的情景再現呢？如有幸聽到這種原生態的民間情歌，不妨筆錄幾句與我。在那些年代，我只能把那些美妙的旋律默默記在腦子裏，現在也忘記了好多。旋律雖美，但那年代卻不敢用紙、筆記下來，因為怕被別人知道我這樣做，會向我擲臭鴨蛋……你話我系咪好笨呢？

雙人樓房：農友的回憶經常令人邊看忍不住噗哧一笑，好記性！我們記得有時半夜會被「耳釘」的歌聲擾醒，趴著窗往外看，這時對上口味的情人成雙成對地找地幽會去了……講起的「屹釘歌」，我也聽過，當時我們幾個女知青怪模怪樣地學唱，末了把尾聲拖得長長的，都樂不可支。記得都是小調式，音域不廣，平緩的音色起伏，但是結尾總是下滑音多。當時我們覺得隨口都可以編唱，一點都不難。早知道是叫做原生態唱法，都可以記錄及自我編製幾大本啦……

知青漫畫家鄧廣慶的漫畫集《鄧廣慶愉快的兵團戰士生涯》關於「哎電」的描畫更是妙趣橫生，只可惜無法複製於此與網友們共用。二〇〇九年六月在廣州，當年海南兵團的知青西聯農場的農友大聚會。意想不到的是，西聯農友們竟把「哎電」中的儋州歌、儋州舞搬上了舞臺，雖然從樂曲到身段舞姿，都已是大大地走樣，甚至是迪斯可化了，但意思還是那個意思。正是這歌舞，使網上農友們的回憶，使我所經歷的、所知道和所聽說的，對知青歲月中儋縣地區特有的民俗「哎電」的種種，像泡浸在顯影藥水中的黑白相片一樣，輪廓慢慢清晰出來。只希望西聯農友們繼續把儋州歌舞這個節目完善提高，儘量保留其原汁原味，讓世人更多地瞭解這一獨特的民族風情文化。

當然，在日常生產生活中，海南兵團人員和附近村寨的百姓也有發生矛盾的時候，但大多數的時候都能妥善解決。知青**周冀石**在**〈防風林趣事〉**中有一段描述：

……我在隊裏放過一段牛。記得那天大早開工，打開牛棚，趕著滿身牛糞的牛群穿過膠林，再要過一防風林上山。這片防風林大約有二十餘米寬段，有兩條小道穿行。左邊道為人行，右道為牛行（牛穿過這片雜木樹林，樹枝、樹葉都沾滿牛糞，故人牛分行）。按慣例我已早先穿過樹林，在這邊一大石旁坐下。可等了好一陣仍不見那邊牛群出來，奇怪？我只好從這邊「牛路」進入樹林察看。

結果在牛路中間看見，不知哪來的一條橫木正攔在路中，牛群也早都順勢向山下林段散走了。我趕快跑回這邊山頭觀望，山下是一片水田，我這邊還沒站穩，那邊水田邊已有人大喊大鬧。只見一當地農民正在趕著一頭在田裏吃秧苗的牛。他抬頭看見我在山頭張望，火氣更大，一陣臭罵（我僅能聽懂海南罵人話），勢要衝上山頭與我算帳，好在田邊上山還有一片防風林。我看他腰間還有一把砍刀，哪敢停留，一溜煙逃跑回隊。後來應是隊裏老工人把牛領回，我把這事也給隊長消化解釋。那個時期農場工人對農村農民仍處於強勢，最後當然是息事寧人……

唉，永遠的防風林……

冀石這個故事看得讓自由兄弟直想發笑，一是這小伙子真是聰明，好漢不吃眼前虧，放牛闖禍後，見勢不妙，懂得一溜煙逃跑回隊去，尋找隊長化解。二是我在九連放牛貪玩也出過類似的狀況，讓牛將黎胞的玉米苗吃了一大片山坡。只是老百姓的村寨不在連隊附近，抓不著現行，過後只是跟班長告狀又自己重新補種，而班長也只是批評了幾句。要是現在，那青苗費非得賠光我幾個月的工資不可，想來那時海南的黎苗同胞真是好說話。

知青**陳興光〈一包香煙〉**的故事更能證明這一點：

……記得到海南島生產建設兵團的時候，我初時被分配到團部警通班工作。有一回，團裏要找一批木材用於通訊設備，由戴班長帶領全班十幾個人到邊遠的原始森林中砍樹去。

海南島常年天氣炎熱，而豐富的雨水帶來草木茂盛，綠葉常青。在那大樹參天、野藤遍掛、遮天蔽日的森林中，我們用較原始的工具——斧頭加大鋸砍伐大樹。把十幾米高的大樹鋸倒後，再把枝葉清理乾淨，鋸成兩米一段的圓木。有不少圓木還需用斧頭劈去約三公分厚的樹皮，取出紅褐色帶油質的樹核，這種上好的木質稱為「花梨格」。同志們苦幹了三天，手起泡，肩皮破，砍伐了所需的木材。

翌日，一大早便坐著解放牌汽車去拉木頭。花了九牛二虎之力，才把一段段圓木抬上車。當裝滿車正準備啟程的時候，突如其來的事情發生了——聽到「汪汪汪」的犬吠聲由遠而近，伴隨一片急促雜亂的「沙沙沙」腳步聲。俄頃，四周圍上十五六個人。定睛細看：黑衣服、黑皮膚，人人手持黑槍，牽帶著十幾條黑狗，昂頭欲撲地朝我們狂叫不停。一看便明白，這是一群當地的黎族農民。他們因祖祖輩輩遺傳的生活習慣，常年累月雨淋日曬，揹著獵槍，穿行在樹林野外，渾身上下顯露出黝黑色。此情此景，令人驚詫不已。

此時，他們圍攏上來與我們保持有五步之距，端著槍指著我們，有幾個人「嘰嘰喳喳」吆喝著，並用槍比劃著什麼。因是少數民族的黎語，或稱「海南語」，我們大部分人聽不懂，但從他們的舉止中看得出，是要把汽車和木頭扣下。

我們之中有幾位是廣東潮汕人，其中戴班長便是部隊轉業。潮汕語與海南語是近親語系，據說在歷史上統稱為海話（包括閩南語、越南語），在口語交談中有百分之六十以上的語言可以相通。戴班長畢竟是經過幾年的部隊磨練，有一定的膽識和經驗。此時，他不慌不忙走過去，勸他們先把槍放下，提出有什麼問題可以商量，並瞭解他們的意思，說明我們的做法……

但，沒有效果。他們依然是端著黑槍，板著黑面孔，偶爾吆喝幾句，黑狗也時而犬吠幾聲以示助威。原來，他們是說這片森林是他們村裏的，我們偷了他們的木材，不但要沒收木材，還要沒收車輛和工具。

班長再次與他們說理，說明這片森林及地塊是我們團的，是砍自己的木材。同時，講軍墾農場與當地老百姓的友好關係，如何地發展這一友好關係……等等。

但，仍然沒有效果。他們依然是端著黑槍，板著黑面孔，偶爾吆喝幾句，黑狗時而犬吠幾聲以示助威。

這種緊張的對峙局面，除班長外，大家都是第一次碰見，心裏沒底有點驚慌。再說，眼看戴班長和聲細氣、苦口婆心地解釋、說理，仍不能緩解這種緊張氣氛，令我們束手無策，增加了後怕，這樣僵持了近半個小時。

此時的戴班長，雖有無奈之情，但無急躁之形，仍然顯得沉穩和矜持。也許是費了一番口舌之後的倦意，或許是尋求緩解之機，習慣於吸煙解悶，沉默片刻，右手自然地往左上衣口袋摸香煙。突然，他下意識地捂住口袋，若有所思地怔了一下，抿緊的嘴唇豁然鬆開，兩頰微微露出笑容，右手隨即從口袋中抽出一包香煙。這是金黃色包裝的「豐收牌」香煙，已開了一個小口抽了幾支。這種簡易包裝的香煙，目前在市面上早已銷聲匿跡，但在當時算是中檔次的了，普通老百姓還抽不起它，只能購買「走資本主義道路」的小商販製作的無牌香煙，或購買煙絲自捲自抽，或自製煙絲吸水煙壺。這群圍著我們的黎族老百姓自然屬於最後一種抽煙者，偶爾有幸望見「豐收牌」，也就像山裏人見到海鮮產品一樣感到稀奇。

戴班長拿起「豐收牌」，像是拿著某種高級精製的小禮品，一邊抽出一支支香煙，滿臉堆笑，分送給每一位老百姓，並親自點上火；一邊口中念念有詞地說著好話，意思是：請先抽支煙，其他事慢慢再說……這香煙也怪，分送到每一位老百姓時，他們都挺自然地放下槍，伸出手來接煙，身體微微前傾接受點火，然後深深地吸了起來。班長繞了一圈，最後僅剩下一支煙，隨即把香煙送上嘴邊，點上火抽了起來。一時間，十六七支煙槍圍成了一圈，同時抽了起來，煙霧輕飄，芳香四溢。戴班長抽煙很有技巧，他深吸一口煙後，收緊雙唇，再鼓起兩腮，不緊不慢地吐出一個一個煙圈，大煙圈套小煙圈，連套三個。這雕蟲小技讓老百姓無不驚奇，個個看得目瞪口呆，頓時把緊張的氣氛給抽走了，把僵硬的場面給吹散了，局面出現寧靜與寬鬆。

趁此機會，戴班長一邊吸著煙，一邊微笑著環視他們，然後慢慢地走近其中一位像是小頭目的老百姓面前，以套近乎的口吻與他聊天，問他們是哪個村的？姓什麼？村裏有沒有種水稻？經常出來打獵主要有哪些獵物？等等。這位老百姓也已鬆開了繃緊的黑面孔，居然挺隨和地聊了起來。戴班長見時機成熟，再次把話題轉向拉木頭的事情，並特別和氣地說：「我們團一慣十分注重與周圍村老百姓的關係，一年有好幾次與各村老百姓搞聯歡，幫助村裏收割水稻等。我們這些同志大部分也是從農村來的（有不少是廣東其他農村的移民或退伍轉業來到軍墾農場），其實大家都是一家人，用不著如此動氣……」

說到這，老百姓反倒沉默起來，剛才那過激的語調和行為好像已煙消雲散，黑狗也不再狂叫，搖頭擺尾乖了許多。

班長商量著提出建議，說：「這樣吧，木頭既然裝上車了，那麼就讓我們把這一車先拉回去，剩下的放在這暫時不拉，等我們團部派人與你們村幹部商量後再說。」說到這，那位小頭目深深地吸了一口煙，有意無意地點了點頭，然後夾著香煙的右手往上一招，左手提著黑槍往身背一放，一聲不響地回頭就走。其他圍繞的老百姓也同樣揹起黑槍，夾著快燒到指頭的香煙，返身便走。一群黑狗也垂頭搖尾地緊隨各自的主人，向密林深處走去。

與此同時，戴班長順勢一揮手，好像發出打仗口令，迅速坐上車頭座位，其他同志一起爬坐在木頭上面，隨著解放牌車「咕咕咕」地喘著粗氣、冒著黑煙，顛顛簸簸地開回團部。

看來這香煙在溝通人際關係時還真是管用，我也有過不少這方面的體會。其實耿直的黎族同胞貪圖的並不是那一支「豐收牌」香煙，而是你對他們的那一番敬意。否則，你就是天王老子，他也敢跟你拚命，用獵槍打得你渾身上下盡是窟窿。

知青**481005〈買芭蕉〉**的回憶更可以證明這一點：

……我們連隊附近有一個黎族村，村民常常拿些山上的東西來我們連隊賣，有山雞、黃皮、石榴、芭蕉……等，那時山雞是一元一隻，芭蕉一角錢一堆，五至六條不等。我們幾個知青，一見村民來賣芭蕉，馬上圍了上去，不等他把芭蕉擺好，就一邊親熱地用半生不熟的黎話與他嘮起「家常」，一邊就隨意地掰下芭蕉吃了起來，每人吃了十條八條之後，再遞給村民一角錢或幾枚分幣，村民們也不計較，如同遇到親戚似地笑著看看我們，又看看手上的錢幣，然後就心滿意足地走了。現在想來，這般對待村民確實有點不該，但那時每個月才二十二元工資，不能不「出此下策」啊！

在與當地村民相處的過程中，一些知青也常常熱心地幫助黎、苗同胞，如前面所說的寫對聯，搞聯歡，還有的農場連隊主動招收當地少數民族孩子上學，免去他們如父輩的文盲之苦。其中最使當地黎、苗同胞感動的是各連隊的衛生員或「赤腳醫生」上門送醫送藥。對此，知青**陳經緯**在**〈當「依哆」的日子〉**中有生動的回憶：

「@#$%&︿＊～！」隨著一把年輕的男子叫罵聲從華僑補校某一間男生宿舍內發出後，接著便是一陣哄笑聲。原本只可容納十人的宿舍內現在卻擠滿了幾十人，大家都在看夏雷同學替一位赤裸著上身的同學於肩井穴施針，另外還有一位夏雷的「助手」替正趴在書桌上剩下了褲子的小標同學針灸會陰穴。雖此穴位處尷尬，馬虎不得，但有同學就惡作劇地稍微碰一碰艾條，令小標的敏感部位灼燙了一下。

其時為臨分配之前，同學們的臉上雖不曾表現出來，但很多人心裏還是有空蕩蕩的感覺，所以玩笑開得過分點也是可以理解的。不過，夏雷同學他可是認真地學習的，也做了給落後的農村和山區送醫送藥的準備。在那些日子裏，他還鼓勵我跟他一起學點兒針灸（其實是他教我的），還用塑膠鉛筆盒替我造了一臺與他的一模一樣的，有兩節乾電池的脈衝電針療器。儀器製成後，他先是拿一疊手紙來做實驗品，後來不滿足了，便對我和鄰班的男同學宣揚起來。我們都被他的「花言巧語」說動了心，雖痛得齜牙咧嘴甚至微絲血管被扎穿而流出血來，卻還是甘願給他餵針。我更被他看上了，選中當他的助手，讓我拿他餵針，只因別人不敢讓我扎，對我不放心。這樣一來，他的苦頭就大了，因為我不但是初學乍練，而且還比較粗心大意。可說是醫者仁心可嘉，志願者更偉大。

到海南中坤場以後，我倆便以這兩部電針療器為奮勇隊的工人和知青送醫上門，夏雷還把他從香港帶回來的珍貴B雜針藥（濃度甚高，相信那時國內只有高幹才可享用的）替一位身體衰弱的老工人注射。這些本來是我們在工餘時間幹的，可是後來「形勢大好，不是小好」，夏雷轉為半職衛生員，實際上更是接管了衛生所。在這期間，我們在沒有人的時候都拿自己的身體來學習靜脈注射，至於肌肉注射更不在話下了。那時候，粗心的我經常把針也打彎了，因為當時的針管比較粗，如果我心裏不默唸著「為人民服務」這幾個詞兒的話，心還是會挺慌亂的，哪還扎得下去？

記得有一晚，夏雷與我到對面的加里園農村去出診，病人是一位貧苦的老大爺。夏雷在極微弱的油燈下為他檢查時，發現了老人的腹股溝有鴨蛋般大的腫塊。我看著夏雷的臉色變得凝重，又用手輕觸一下，便跟為我們領路的那位拖拉機手說，明天大家準備一下再來，便拉著我回隊去了。途中他告訴我，明天他要為老人動手術，又說老人的患處是位於兩條股動脈與股靜脈之間，如果一不小心戳穿股動脈可就凶險了。我聽後嚇了一跳，勸他不要醫治，還是送醫院算了。可他說要是讓病人上醫院去要花很多錢，又會增加痛苦，還說行醫要膽大心細云云。

於是第二天晚上，他便帶領著我一起為老人動手術，從局部麻醉、開刀、排膿、清理創口到往創口內塞入整卷填滿凡士林的紗布，我這個「助手」都在夏雷的指導下協助他一一完成。那幾個夜裏，我們都要到半夜時分才回到隊裏。幾十年後的今天，當我跟一位醫生朋友提及時，才聽說那位老人家的病可能是由肺結核引起的，但願他在治療後已多活了些年頭吧。

後來，我又和夏雷一起開荒建新點。我們幹活的時候總是湊在一起，邊幹邊聊，句句不離那厚達五百頁的《農村醫生手冊》所記載的病症診斷及治療要點；夏雷他總是過目不忘，而我卻是似懂非懂。到了晚上我們收工之後，雖是十分疲倦，也會為隊伍中的傷兵和病號服務，還會為少數民族的同胞送醫送藥。那時，我聽到黎胞們尊稱夏雷為「依嗲」（海南語「醫生」之意），身為助手的我，心裏也甜滋滋的。

在新點搭建泥巴草房時，我們全隊的人分散到附近一處叫茅坡嶺的黎族農村各戶去借宿，而在這短暫的借宿期間，有兩件事最令我難忘。

第一件事，村裏有一個所謂「富農分子」來求醫，檢查後發現肝臟腫大得很厲害，臉黃得可怕，腹水明顯地多，可他又沒錢上醫院，看情形只能聽天由命了。雖然醫者父母心，但夏雷和我在這缺少醫藥的情況下都是有心無力啊。可是，就在我們建好新點離開農村的前一天，夏雷忽然興沖沖地跑來跟我說，那個患者看來似乎痊癒了，原來是我連的一位懂草藥的老工人治好的。然後，夏雷不無遺憾地說可惜那位老工人不願透露藥單……

當時滿懷熱血的我們，非常不明白為何他竟會如此自私。後來，我們才明白到那位老工人由於出身不好，所以如果有一些治病的絕活的話，總要留一手。在那個殘酷荒誕的階級鬥爭年代，這也許是他們在不測降臨時賴以保命的一招吧。其實那位老工人對我倆尚算不錯，也曾教會我們認識了一些治瘡草藥，而夏雷也曾為他的老伴治過病。今天假若有機會重訪舊地，我最想見到這位兼職的江湖郎中，向他表達我的敬意。

第二件事是夏雷為村裏的一個小孩治病的經過。

那是個年約三四歲的孩子，起初發病很快，有高燒、嘔吐，吃過退燒藥一會之後又再發燒，還有嗜睡以及出現了一些膝、踝與腹壁反射減退和消失的症狀，經過詳細檢查後，懷疑是乙型腦炎。班長老林知道後好意勸夏雷，還是讓孩子的父母趁早把病孩送到醫院去算了。可是，夏雷經過整晚查閱醫書及思考後，考慮到農民的經濟困難及時值農忙，於是擬定了治療方案，採取了保護性的抑制療法作為綜合療法的一部分。他告訴我，限於條件簡陋，只能採用亞冬眠療法，即為病人降溫至攝氏三十七度左右，剛巧我們手頭上有冬眠寧藥物，正好派上用場。此後幾天的時間內，他不斷守候著病患，予以細心護理，而我則在他的指導下為瘦得皮包骨的幼兒進行肌肉注射，並不時替換夏雷讓他休息。

當時，病孩那幾乎沒有肉的股肌至今猶令我印象深刻，因為那是一個營養不良、瘦弱非常的幼兒呢。幾天的時間轉眼便過去，藥物快要用完了，夏雷慎而重之地向我交代了一番，便上場部領藥物去了。我每隔兩小時便給孩子打針降溫，等夏雷第二天回來再把重任交還給他。十多天後，病兒退燒了，當父母的欣喜異常，天天拉我倆吃他們自釀的番薯酒和掛在樑上用煙熏了好久、輕易捨不得吃的野豬肉（這家的男主人是個好獵手）。

正當我倆才欣慰了幾天，這家大人發現孩子走路一瘸一拐的，臉色又變了，開始懷疑起「依嗲」的水平來了。有見及此，夏雷找來了正在巡視附近連隊的場醫院的院長，他診斷後對病孩的父母說這是輕微的後遺症，以後還有望再好轉的，並強調按當時的條件這已算是救活了孩子，是最佳的效果了，還當著公社領導和家屬的面讚許了夏雷一番。經他一說，患者的父母接受了，我們的心情也平靜了，因為那幾天我們不斷地在檢討自己，究竟是我們打針過深傷了患者的神經？還是其他方面出了差錯？當然我們也知道，乙腦病人死亡率可達百分之十；就算是治癒了，約百分之十的乙腦病人還是可能會有後遺症的！

不久，當我們搬到建成的新點後，還不時有村民上山來求夏雷出診，而他總是來者不拒、不顧疲累地實踐自己為落後地區送醫送藥的承諾。有一回，他還在回程中迷了路，在山裏的一棵大樹上度過了驚慌的半晚，直到拂曉時分才找到方向回來。

在漫長的砍伐森林的工作中，知青們一個個都經常傷痕累累，有經驗的老工人卻少有損傷。於是有先見之明的夏雷，早就準備了外傷用的彎針和絲線、腸線，預備將來替人縫合傷口。所以在別的知青收工回來打籃球的時候，我倆卻總是一起練習外科縫合術。有一天，魯莽的德章同學果然在砍鴨腳木的時候砸傷了腳背，在徵求了他本人的意見後，決定不上送以免延誤傷勢。然後，我們便又驚又喜地衝進廚房。驚的是他的傷勢嚴重，喜的是我們早有準備，終於可以「開張大吉」了。在爐膛的餘燼上匆匆消毒了針線後，我們便立即動手消毒、清創、打麻醉針、縫合；所幸骨頭沒壞，我們滿頭大汗地縫合完肌肉後，發現還有兩段顫動著的白線一般的東西老是縫不上，時間也拖太長了，於是夏雷果斷地縫合表皮，並對我解釋說那些神經日後會自動癒合上的！

就在那年，他去了接受培訓成為正式的衛生員，我則「坐正」做了半脫產的暫代衛生員，在每天上午「巡房」後，還要給病號吃藥扎針。有一回，我險些誤事，幸虧夏雷關心我這半吊子衛生員，不時跑片走來巡視，遂能將病號及時上送場部醫院，並且耐心地又給我上了寶貴的一課。在他的言傳身教中，我學會了判斷一些常見病症，及要儘量節省西藥，儘量用草藥和針灸，絕不濫用抗生素（當年並不清楚濫用抗生素會令人產生抗藥性的嚴重後果，只不過是藥物得來不易不可亂使），更不可像有些老衛生員那樣，將體溫三八點五攝氏度以上的發燒病人一律當重病號送院。至於夏雷利用草藥泡製的浸劑和外敷藥物更是極有實效，諸如以金不換浸成胃藥和百部浸劑治漆樹過敏等等；他還自製了金銀花、夏枯草等涼茶，讓酷暑天氣下臉朝黃土背朝天幹活的夥伴們減少中暑的機會。這也是當年醫院的院長欣賞夏雷的緣故。

時光荏苒，在海南島接受了十年「再教育」之後，我全家到了香港定居，夏雷同學卻到美國去了。直到九十年代的某一天，我正在香港的街頭走著走著，忽然有人拍一拍我的肩膀，我回頭一看，那人黑胖的個頭和大大的眼睛均是似曾相識。跟著那人劈頭一句話：「怎麼那麼健忘？」接著一指自己的左腳背說：「看！這個部位經夏雷和你縫合後，一直沒有感覺，神經始終不能接駁上呢。」我才愣著，便見他的妻子走過來向我打了個招呼，然後接過話說：「那還虧了夏雷和經緯呢，不然你這腿也早就沒了。」這時，我才回過神來，與他們聊了一陣便輕快地走了。那一刻，我開始懷念起亦師亦友的「依嗲」夏雷來。

子曰：「三人行，必有我師。」相對於今天不少醫院將無法籌得醫藥費的病人拒諸門外、欠缺醫德的名醫昧著良心亂收費用，夏雷同學對業務精益求精、對病者盡心盡力，不正是我們所學習的白求恩大夫的那種高尚情操嗎？只可惜社會主義的祖國少了一個仁心仁術的大夫，而資本主義的美國則意外得了個傑出的人才。

第十章　曲折的返城大潮和無奈的留守長眠

第一節　先行一步的後門回城與照顧回城

同全國各地知青一樣，因為極左路線對知青壓抑管制式的「再教育」，海南兵團的十多萬知青在「上山下鄉」的漫長歲月中，始終找不到歸屬感和認同感，再加上日常諸多涉及生活的困苦與理想巨大的反差，使這個群體陷入了苦悶困惑之中。隨著時間的推移，無論是當初寫血書積極要求下鄉的知青，還是因家庭出身不好無奈被動而來的知青，在這種內心的壓抑和外部的排斥下，幾乎全都形成了一個共同的心願，就是回城！回家！回到自己父母、親人身邊去！因為他們是城裏人，他們從未從思想深處將自己的歸宿與偏遠的邊疆，兵團、農場、農村結合在一起。

於是，從一九七〇年起，為了穩定已經「上山下鄉」的知青，繼續哄騙在校畢業的高初中學生奔赴農場，海南兵團有關部門連續幾年開展了「活學活用、扎根邊疆、扎根農場的積極分子評選活動」，還組織「先進標兵、先進典型」在知青和學生中進行巡迴演講。企圖用「精神激勵」、「信仰支柱」來麻痹減少兵團知青要求回城的負面影響。

然而，就在一九七一年九月，幾乎就在「新五屆」知青繼「老三屆」知青之後，陸續大規模地到達海南兵團之時，中國大地發生了震驚中外的林彪乘飛機外逃、摔死在蒙古的溫都爾汗的「九一三」事件。這一事件使海南兵團知青，不得不冷靜思考自己的前途命運。當狂熱的詩意激情在荒蠻而陌生的熱帶雨林冷凝之後，他們終於明白了，自己只是一個被謊言欺騙、集體放逐的特殊群體。

這些在文化大革命之中心理素質和知識基礎普遍貧血，但卻受過現代工業化城市文明浸淫的青年，無論如何「滾一身泥巴」，也培養不出最高領袖所希翼他們那種「扎根農場」的樸素感情，況且他們大多數到了青春成熟年齡，為了安撫穩定這些發現被人欺騙之後，開始騷動回城念頭知青們的心，從一九七二年開始，兵團轉而利用國家推薦工農兵大學生，和一些廠礦企業招工以及每年徵兵的政策，開始了「選拔推薦」活動，面向「上山下鄉」的農場知青打開了一線回城的大門。

於是，為了爭奪那些少得可憐的回城機會，許多知青和家長不得不想方設法地「八仙過海，各顯其能」，甚至不擇手段地出賣肉體和人格。因為當時招工可以是城鎮下放知青，亦可以是農場子女，還可以是復退軍人。入學、招工和當兵的選定機制隨意性很大，客觀上為「因人而異」打開了不正之風的「後門」。特別是當時對知青是否優秀的評價和審批的主要權力，集中在農場的基層領導和各級「知青辦」手中，知青能否回城往往由他們說了算。

在最初維持一段時間基本公開的評選推薦形式後，一些有權有勢的官員，開始通過各種後門關係將子女搞回城鎮。這種悄無聲息、突然調離的做法，在得不到應有的批評和制止後，便成為更多民眾的學習「楷模」。一些知青或是家長只好通過送禮行賄來達到回城的目的。

自由兄弟記得，早在我回城之前，就有與我一起同去的知青，通過行賄送禮的手段巴結師團的領導，在當兵中先一步離開了海南。有的女知青甚至是眾所周知地通過出賣肉體獲得了保送上大學的名額。至於一些有權勢的官員則通過直接「點名」的手段將知青子女從兵團招工、入學調出，這在海南兵團已成為公開的秘密。對此，海南知青**侯建平**在〈**我曾是一個知青**〉中講得更為詳細，也讓人們從一個側面瞭解到知青為什麼要千方百計離開兵團，離開農場：

……其實，我們勝利隊只有在一九六九年時，人員還是齊的。後來，勝利隊的知青就不斷地被調出去，什麼武裝連了、醫院了、宣傳隊了、學校了。最早離開勝利隊的就是高中男生大陸。他後來調到師部，還到了海口市兵團機關工作。接著，武裝連成立，勝利隊好幾個男知青都調出去了，如壯漢、雙子、小江等。至於文藝宣傳骨幹楊子，也是很早就借調到團部或師部宣傳隊工作。再後來，東方也走了，到團醫院做採購員去了。勝利隊女知青調出的人員同樣不少。就這樣十幾個知青走剩下五六個人，勝利隊安靜了。連副指導員老陳都說：「知識青年走了，太安靜了。」雖然，勝利隊很快又有大量潮汕知青補進，但這只是一個新的開始，原來的氣氛沒有了。

一九七〇年時，勝利隊的廣州知青能走的、該走的都離開了。走不了的人，不是家庭太黑，就是表現欠佳，當然很失落。其實，這與後來很多人在幾年後遭遇的失落，那簡直就不算什麼了。畢竟，走掉的人還是離不開中坤農場，再遠也離不開海南島嘛。

但是，從一九七一年起，問題有點險惡了，有的知青開始悄悄地當兵去了，居然離開了海島。幸好，人數不多，兵團幹部還能應付這個場面，罵上幾句逃兵就是了。同時，也有很少的知青通過正常渠道成為工農兵大學生，離開了海南島。

次年，也就是一九七二年，問題更棘手了，廣東省外貿系統不聲不響地一傢伙從兵團弄走了一二百號知青，其中有不少人還是培養了幾年的骨幹力量。雖然人數還是不多，但影響惡劣，震盪了很多人的情緒。那時，我正好在廣州照顧生病的父親，突然收到中坤知青老古的來信，向我報告了這一突變，並說他被這個情況弄得心情很不好。我倒是心中暗笑，毫不見怪。因為人在廣州，我已聽到不少傳言，走是一定的了，問題是如何走或是何時走？那時的我很是不體諒老大哥的心情，回了封陰陽怪氣的信，對他的失落感表示不以為然。

我在父親的病榻前，每天都和很多來探病的人相遇，聽說我去了海南島，所有的人都對父親說，一定要把孩子趕快弄回來。父親也不說什麼，對別人的建議只是笑笑而已。

其實，父親心照不宣，對我在海南的去留早有想法。幾個月前，母親帶著我和大姐到韶關勞改場探望父親，在那裏發生的一幕深深地刺激了他。當時，我們一家人是在監管人員嚴密的控制下團聚的。表面上，父親可以帶著我們在勞改農場裏自由走動，但我們不敢隨便說太多的話。直到晚飯後，父親忍不住要向我和姐姐說點什麼。

他先問了姐姐結婚的事，還有姐夫、外甥。後來，他又問我：「在海南好嗎？」我被他這麼一問，勉強回答說：「不好！」而後，我的眼淚馬上湧了出來，沉重的抽噎讓我話都說不下去。父親臉色變得很難看，回頭問母親：「小三入團了嗎？」母親搖搖頭說：「人家不要她，說家庭有問題。」再說下去，全家恐怕就要哭成一團。藏在暗處的監管人員見勢不妙，很及時地溜了出來，與父親打了個哈哈：「老某呀，家屬都累了，還是讓他們早點休息，明天要趕路呢。」

那次會面之後不久，父親就被宣佈解放了，但是他對我的流淚耿耿於懷，專案人員問他對結論有什麼意見，他只有一句話：「審查我，為什麼要禍及我的女兒？孩子在海南島受的委屈大了！」也許，從我在他面前哭得抬不起頭來那刻起，父親就下了決心，要想法讓我離開那裏。

我在廣州照顧父親的半年裏，廣州市革委會做了一些努力，要幫父親解決孩子的問題。他們給我們家一個回城名額，名義是照顧生病的父親。父母和我們商量怎麼辦，我主動提出把機會讓給二姐。我的識大體，讓父親更是坐立不安，他越來越迫切要快點把我調回廣州。我在廣州就一直住下去了，很快就是半年。其實，在這期間，廣州市人事局已悄悄地將廣州一些剛解放的老幹部的子女檔案調了回來，等待時機再做安排，我的檔案也在其中。由於，當時中央還是強調「上山下鄉」運動是大方向，人事局的人也不敢與我們明說。母親為人向來都很正統，覺得我長期無所事事很不好，便動員我先回海南邊勞動邊等待調動。

我也覺得長期等待很不靠譜，於一九七三年五月回到了中坤農場勝利隊。勝利隊的領導見我最後還是回來了，自然是黑口黑面。不過，我的回來似乎傳遞給他們一個資訊，不守紀律還是行不通，多少平衡了他們的不滿情緒。我覺得反而有點上當了，早知他們這樣對待我，還不如賴在廣州不回。這時勝利隊的主要領導幾乎都換了，新連長姓許，指導員位置空缺，由一位從武裝連女兵排提拔的女知青擔任副指導員。

半年的養尊處優使我很難再習慣海南的艱苦生活和勞動，這次回歸成為我人生的噩夢。就像我在後來的夢境中的感覺，我每天走在勝利隊的瓦房間，很不踏實地、很擔心地想，這絕不是我的歸宿。而那些幹部們的話卻總在我的耳邊響，你要一輩子在這裏待下去的，你是走不掉的。我不在的時候，勝利隊幹部曾宣佈我的戶口已被註銷。我回來後，沒有人為他們的說法做任何解釋。

我回來後不久，連隊幹部又進行大會戰動員。經過了廣州的另一種氣氛，對他們的說法已覺得好笑，不過想到一定要離開，我還是很配合，沒有說什麼。但是，我在幹活時不外是比劃比劃，做個樣子。許連長經過我身邊，看到我在擺花架子，氣不過，走過來，不聲不吭地幹起來，要為我做個榜樣。我也以沉默回敬他。他很生氣，重重地歎了一聲，走開了。對他的暗示，我很不舒服。我實在不是他所想像的貪圖安逸之人，但我又如何向他解釋我目前狀態？反正走也是這兩三個月的事，還是忍忍吧，我對自己說。

然而，才過了一個來月，我的調令就追過來了。走後門離開海南農場的前一天，我還到橡膠林裏割膠。收工回來，文書走到我房間的窗口告訴我，明天到團部辦手續，說是到外語學院讀書。我聽了都有點糊塗，這是唱的哪一齣戲呀?!但我不想多問，因為在廣州時，父母已交代過，不要亂問亂說，有通知來，走就是了。於是，我像四年半前來時那樣，草草收拾行李，匆匆離開生活了四年的勝利隊，最終結束了知青生活。

我調動的內情是這樣的，一九七三年六月，廣州市教育局（母親工作單位）到海南兵團要求召回原外語學校的學生時，把我的名字也放進了名單之中。其實，我的名字不是我母親放進名單的，而是有位找我父親跑門子的人，為了讓他女兒進這個名單，便動員父親寫了張小條子，順便把我也捎了進去。結果，教育局調知青的領導還向我母親道歉，說不知道她還有孩子在海南。為此，我母親與父親大鬧一場，說我們毀了她一世的清白。但說也沒用，搞調動的人已經上了赴海南的飛機。

我的調離通知到時，那位知青女副指導員對此感到憤怒和無奈，很諷刺的是，她手裏還有一份團政治處要求加強知青思想工作的指導文件。她氣得將文件摔在桌上說：「這叫我們怎麼做工作？」她的一舉一動，馬上有人告訴了我。她不滿，其實我是知道的。但我沒吭氣，沒與她吵鬧，默默地離開了。雖然，當時的報刊、文件都說「上山下鄉」是大方向，但所有的知青的神經都繃得很緊，就算是提了幹、入了黨的知青也一樣，任何一個人走，對大家的情緒都是打擊。我實在太理解了，我在勝利隊不就是經歷過這種痛苦嗎？

雖然強烈不滿，連隊幹部並沒有阻攔，讓我走了。我感到有點意外。那時，海南真的有些基層幹部用反走後門的理由，將知青強硬扣在連隊。廣州市教育局調這批知青的時候，確有兩個外語學校的學生被扣了下來。所以，那位接我們離開的教育局領導見我去了，如釋重負，很是驚喜。我走時，勝利隊幹部沒有人提鑑定書的事，我也沒提。好像，我根本就不在乎。

我記得，到場部後，一位坐辦公室留鬍子的北京男知青為我辦了遷戶口的手續，他叫什麼我不知道。他竟然很認真地問我：「婚否？」我氣得不理他。他居然還追問：「結婚了嗎？」我說：「沒有！」他還有點驚訝。想必，那時，能轉戶口走的女知青很多都是通過結婚這條路吧。除此之外，我再沒有其他的麻煩。

小珞送我到南坤，小藝則從團中直接到了那裏等我。我們還見到在場部工作的附中同班同學瑩。到了海口，我才知道，我們這一行人大約有一百人，約好在海口市集中。全體人馬在海口僅住了一兩個晚上，便登上「紅衛輪」回廣州了。我沒有隨大部隊行動，因為在街上買鳳梨吃，我患了急性腸炎，最後是一個人坐飛機回廣州的。

在海南，我屬於被挑剩下的垃圾貨，赤腳沿著細細的田埂上在廣闊天地裏走了四年，受到很多的傷害，後來被一紙調令改變了命運。我這一走，像李玉芳離開勝利隊，傷了很多人的心，讓很多人失落了……

這種有權有勢的幹部子女先行一步的事例，在知青**布平**中也有簡要描述：

我們農場從一九七一年開始，就有高幹子弟陸續返回城市。連隊有一位父親是副省級的知青，一天從工地回來，忽然見到師團領導都坐車來到住房，先是問寒問暖地讓人摸不著頭腦，爾後又問：「想不想家？」搞得那知青不知所措，還以為是什麼大禍臨頭。

好一會兒，那知青才弄明白，原來是父親剛剛「解放」出來，官復原職，說是很想看看幾年不見的兒子。他欣喜地表示也想回去看看，旁邊就有隨從馬上拿出了探親證明及錢糧等，並催促其立即動身。該知青當天就請假走了，過了兩年，偶在廣州市與其相遇，雖然仍有同隊情誼，但人家早就是科級幹部，一副春風得意的神態，完全不是原來可憐兮兮的模樣。

還有一位知青叔叔是某市勞動局負責人，掌握著招工審批大權，團裏的領導都想將自己的子女「搭車」搞進工廠。幾次交往之後，大家等價交換，將那位知青推薦上了大學，團領導的幾個子女也分別如願以償地進了讓人羨慕的企業。所以說，當時的招工、上學，非我等平民百姓的子弟所能爭取的……

萬幸的是，蒼天開眼，在無奈地看著高幹子女和有門路的知青離開之時，福建小學老師李慶霖給毛澤東的一封「告狀信」終於給無門路可走的知青帶來了「福音」，其中也惠及了自由兄弟。許多年來，不管李慶霖後來的人生軌跡如何變化，但在改變知青命運這個問題上，作為我，也許還有許多知青兄弟姐妹，都應該感謝這位敢於仗義執言的老人。正是他的大無畏的喊冤叫屈舉動，才使我，以及許許多多知青有機會告別兵團，離開海南，返回城市，重新開始新的生活……

我記得，好像是一九七三年七月中旬的一天，我們十連，還有附近的幾個連隊的全體人員，按照團部的要求，全部集中在我們連隊的操場，等候聽取團領導傳達中央重要文件精神，而且一個都不許漏。聽到這種通知，我心裏就有些發毛。因為第一次接到這種通知，是召開宣判大會槍斃官明華，第二次是傳達中央文件說是林彪摔死，這第三次又是什麼可怕的大事?!於是，幾百名知青全都安安靜靜地坐著，儘管太陽很毒，大家都一聲不敢吭……

不一會，團政委在幾個隨從擁戴下，走到桌子前開始了講話：「戰士們，知青同志們，今天召開這個大會，主要是傳達偉大領袖毛主席給李慶霖同志的一封回信……」

那政委也真是能說，傳達會議開了差不多兩個鐘頭。除了宣讀老毛的回信和李慶霖的告狀信之外，還傳達了中央國務院有關調整和落實知青政策的會議精神，之後，還提及了一些兵團領導和幹部欺凌侮辱知青的事例，要求連隊幹部認真學習對照檢查，引以為戒云云。

當時，我除了盯著政委丟得滿地半截半截的「上海牌」煙蒂之外，只想著散會時撿來好好地抽上幾口，其他什麼都沒記住。只記住了一句老毛的回話：「寄上三百元，聊補無米之炊。」

三百元，當時等於我們一年多的工資，可以買多少大米和香煙等東西呢？正當我腦子還在不停地換算之時，大會已經結束了。

「恭喜你啊！羅仔。你可以返城了……」跟我同班的綽號「秀仔」（真名叫黃三秀）突然一掌打在我的肩上，嚇了我一跳。

「返城？你沒在做夢吧！我連個探親假都那麼難批准，誰還會給你調動回城？」

「嘿，你沒聽政委會上說，中央文件有規定，凡是家中獨生子女或是父母患重病身邊無人照顧等等特殊情況的，可以寫報告申請回城嗎？」

「可我又不是獨生子女，上次生父來信說是重病，是為了讓我回去給他們看看，真一調查，豈不露餡？」

「可你是伯父的養子，這就是獨生子女了嘛！」秀仔提醒我說。

一言點醒夢中人。我趕快給連隊領導寫了一份請求照顧回城報告，連隊很快遞到團部。不幾天就回話說，只要父親單位來函證明是獨生子女，即可辦理回城手續。

於是，我又給已經回來上班的伯父（當時給伯父問題的結論是敵我矛盾，按人民內部矛盾處理）寫了一封去信，請他找單位人事出個證明。十多天後，伯父來信無奈地說，單位人事回覆，當初不是他們介紹去的海南，現在他們也不管我的接收回城……

許多年後，當我也成了父親工作過的單位辦公室主任時，一次與那幹部喝酒閒聊，我才知道當初他是怕我性格剛烈，回城後找他要工作，來算帳，因為他曾是「伯父問題」的專案組負責人……

接到伯父的回信，當晚，我心情鬱悶地買來了一斤木薯酒獨自喝了起來。

「什麼事情這麼不開心？喝酒也不喊聲老兄。」阿秀不管三七二十一端起口盅就喝了一口。隔壁的陽江知青阿門（真名李宗森）也走了過來沾些酒癮。當得知我心裏煩悶的原因時，阿秀不以為然道：「你愁什麼愁，單位不肯，你可以叫伯父去找縣知青辦啊！他們可以出證明的……」

「對啊！」我總算又看到一線希望，趁著酒興，又急急忙忙給伯父寫了一封信。

伯父接信後，託人寫了請求報告，又帶著戶口，乘車幾次往返廉江，總算感動了知青辦工作人員：「這樣，我們給你寫個瞭解公函，向你單位詢問是否獨生子女，他們就不好拒絕蓋章了。」

為了保險起見，伯父專程找到了玉林車間領導幹部，請他將公函帶到南寧……

在經過幾個月的反覆奔波和不安等待之後，一九七四年九月五日上午，我正準備出工，連隊突然接到團部電話通知，叫我去辦回城手續。我丟下手中的鋤頭，幾乎是一路小跑地走了八公里的山路，急急忙忙趕到了團部。

一個穿著軍裝的參謀，打開了縣知青辦寄來的公函，一邊給我開具調離回城證明等，一邊向我祝賀道：「兵團就要快撤銷了，能在這時政策照顧回城，真替你高興……」

當天下午，我又返回了連隊，在事務長那裏結清了伙食、請領了工錢和糧票等。傍晚，阿秀、阿門等到水庫邊買來了十多斤「南魚」（一種不用油就可煮來吃的魚），又到伙房去要了些青菜之類的東西。而我用鐵桶買來了半桶的木薯酒。幾人傷感地全都喝得東倒西歪……

（沒想到，就此一別我再也見不到阿秀了，這個生性善良、凡事遷讓我的最要好的安鋪兄弟，回城後找不到工作，只好幫人燒磚，最後死於磚窯倒塌之中。而阿門，我的另一個要好的陽江兄弟，上次埸友聚會，我本以為他會來廣州，可他因為要打工賺錢沒有成行。不然，我真會與他再喝個一醉方休。）

是啊，大家心裏都有難言的苦楚。而我雖然在兵團找到了生存之所，也曾被提為副班長，但在那以階級鬥爭為綱的年代，身揹著「黑五類」子女包袱的知青，無論怎麼努力，也是難以得到重用的。與我同來的兩個鐵路子弟，因為出身好，先後都調到了師部警通排。而我連寫了多次入團申請都沒音訊，反而在一次全團所謂連隊骨幹摸底清查中，免掉了副班長。

當時，連隊的黨支部書記已由根正苗紅的副指導員擔任，家庭出身不好的吳指導員已失去話語權，連隊其他領導都是歧視眼光。之後，由於我年輕幼稚不會裝假，表現出明顯的牴觸情緒，結果被調到工作更為艱苦的十連加強思想改造。不走，又能何為？

感傷之餘，趁著酒興，我將我的被子、蚊帳、棉毯，還有鐵桶全都一一做了贈送。次日早晨，我揹著一個挎包，只帶著阿門用名貴的花梨格木材送給我的一張精緻的摺椅，便在幾位兄弟的依依惜別中離開了十連。當我走到九連和十連分岔的路口之時，突然感到莫名的惆悵和莫名的依戀——我劫後餘生而來，又像逃兵最先悄悄地離開，唯有來去都是簡簡單單的行囊，心情依然重重疊疊的複雜……

好不容易走到縣城，我想買第二天的汽車票，卻被告知賣完了。當時白沙每天只有一班車開往海口，只好買了第三天的，然後回到團部招待所裏往下。也就在傍晚，我接到九連吳指導員的電話，他向我表示一番祝賀和叮囑。末了，聽說我要在團部待上一天，又沒熟人，便叫我到他家吃飯，因為他的家在團部。還告訴我，他的女兒，曉敏姐在團部操場曬花生。

次日，我沒好意思到他家吃飯，只是在曬場上找到了曉敏姐，臨走，她送了我一袋花生說是路上吃。又過了一天，也就是九月八日，我登上了開往海口的班車。告別了戰鬥過的五年海南兵團生活。此時，冥冥之中我才想起，今天恰好是我的二十歲的生日！

二十歲！我已從一個十五歲的不懂世故軟弱的少年成長為一個笑對人生剛毅的青年。經過五年艱難而痛苦的兵團生活磨礪，已足夠去應付今後坎坷道路的風險。何況，還有疼我、愛我的伯父和許多善良的人們，我已不再孤獨！不再害怕！

然而，我高興得太早了一些。當時我並不知道，李慶霖的這封信，為千萬知青的返城打開了艱固鐵門的一條裂縫，許多知青猶如洪水般千方百計地向這條裂縫擠來，想盡一切辦法回城！回城！回城！離開連隊，離開農場，離開海南，返回故鄉，返回城鎮，返回親人身旁……

這是我從海南兵團回城後，多次找到縣知青安置部門請求安排工作的過程中才逐漸感覺到的。因為當時由於「文革」的破壞，百業凋零，缺少崗位，雖然縣知青辦通過努力，前後兩次替我找到過接收單位，但都不能讓我滿意。

先是安排到氮肥廠去做上料工，這工作要推著兩百斤的斗車順著斜坡幹七八個小時，伯父擔心我的身體吃不消，不同意。後來我百無聊賴想試試，一問，早有人頂缺。後來知青辦通知理髮行業招工，我嫌丟臉，不願去。待了幾天想通了，跑去報名，卻早已招滿，而且都是回城的知青。此後，隨著時間的推移，返城知青越來越多，安排工作越來越難，連掃街道的工作都得找門路。我真是感到有些莫名其妙，百思不得其解。無奈，伯父只好提前退休，讓我頂職回到了鐵路。

其實，自由兄弟當時並不知道，如同當年轟轟烈烈的「上山下鄉」一般，海南兵團，不！應該是整個廣東，乃至中國，都在悄然湧動著一股知青回城的大潮，而這場大潮比動員「上山下鄉」的時間更長。從一九七三年起，至八十年代中期，方才漸漸平息。關於這次海南兵團知青大返城的經過，由於自由兄弟已經離開海南，只能從其他知青戰友或農友的回憶中去感受當年的情景了。

第二節　奇特的病退和冒險的偷渡風潮

在政策規定照顧獨生子女、革命烈士子女、革命傷殘軍人子女可以回城，另外父母有多個子女卻沒有一個在身邊的，政策上也允許有一個子女可以回城之後，一九七四至一九七五年，隨著國際關係緩和，新建的十四個生產建設兵團和農墾師先後取消，國家對知青的回城政策又有所放鬆，規定因病、因殘或家庭有困難的知青也可以回城。

於是，海南兵團知青回城的各種渠道驟然多了起來，有「門路」的家長就設法讓知青子女入學、招工、參軍，有符合政策照顧規定的，家長就設法開來照顧家庭困難的證明辦理回城，有父母在崗在職則可辦理提前退休的，就想法辦理「頂替」手續。實在沒門路的知青，就千方百計辦理重病、大病或病殘喪失勞動能力的證明手續，演繹了一場歷史上最為奇特的「知青病退」風潮……

廣州市知青辦原副主任楊豐回憶說，一九七五年，廣東省革委會出新規，除了全民所有制單位，其他所有制單位可從農村插隊知青中招工。此外，還可被推薦上大、中專學校、參軍，或提拔為幹部、老師；患病、傷殘，或父母身體不好須人照顧；職工退休後吸收其下鄉子女頂替等情況的知青都可以獲批回城。

當時，知青想調回廣州得有知青辦的圖章，省委、市委組織部的圖章都不行。由於在知青回城的幾個條件中，有沒有生病這一條，很關鍵。這樣，醫生成了那時最吃香的人物，他可以開證明啊，「小病」說成「大病」；還有，知青招工要先體檢，「有病」就說成「沒病」。

對此，市知青辦卡得都不嚴，只要開了證明，符合條件的，都放人回城。二〇〇六年，廣東電視新聞臺播的關於當年知青的節目，主持人問當年專管知青回城的負責人：「那時真那麼多知青有病嗎？」那負責人說：「真的，真的。」現場馬上響起知青們熱烈的掌聲！理解啊……

所謂「病退」，就是「因病退回原籍城市」之意。這是當時一項重要的知青政策，體現人道主義關懷。雖然政策明確規定知青要患有某些大病重病，如腎盂腎炎、嚴重胃潰瘍、胃穿孔等等才能照顧回城。但有政策就會有對策，只要能回城，知青是什麼方法都想得出來。

有的知青從城裏開來蓋著醫院公章的證明，幹部明明知道他一頓能吃兩斤米飯，但是無法對他進行質疑。還有的知青用當時的農場農村幹部所說「除了思想不好哪裏都好」，但是，當他拿著醫院證明來辦病退，誰也對他無可奈何。那個時期的知青民謠唱道：「醫院大門是通往回城的勝利路。」那時候的醫生確實也是知青的大救星……

說到病退，趣事極多，眼淚也極多。為了弄到一紙大病、重病的診斷證明，知青們可謂是絞盡腦汁用盡各種手段。有一陣最時興的是腎炎。一滴血，兩滴蛋清，半瓶尿，搖轉搖勻，神仙都查不出來。複查時再熬幾個通宵，皮泡眼腫效果更佳。再有就是胃潰瘍，頭天吃點豬血，第二天做個大便常規，起碼三個*。當然其他名堂還多，不過一來技術複雜，二來還需要點表演天才，整不好反而弄巧成拙。

知青雨林說，我們有些農友當時在驗小便時，就是拿針頭插自己的手指，然後在尿裏滴上二滴血，結果就是血尿。再帶個雞蛋，滴點蛋清下去查出結果尿裏就有蛋白，這樣就能以腎炎病退。我有個同學在東方縣，後來搞病退，聽說也是用了蛋清這一招……

知青**藤橋路口**回憶說：

我曾幫過一個知青。大概是一九七五年秋季的時候，我在街上，一個不認識的知青主動過來搭訕，一支煙還沒抽完，只幾句簡單交談，這個知青就直奔主題了：「能不能幫我開一張自治州人民醫院的醫生證明？證明我患有腦震盪，而且寫嚴重點，好辦病退用。」於是，我去醫院找了做醫生的朋友，醫生朋友也二話沒說，就給他開了張腦震盪的「診斷證明」。

事後這個知青請我吃了一餐，就高興回農場不開工了，不久就病退回了廣州。期間，他還帶了幾斤帶籽的木棉來謝我，他送的那幾斤木棉做的枕頭我至今還在用。那個知青個子挺高，大鼻子。那麼多年，不記得他名字了。

還有一個女知青在開工的時候不慎摔倒，不知是計上心頭還是早有預謀，她爬起來就胳膊夾著胳肢窩，手不停地在自己胸前抖動。說這是腦什麼神經損傷，大小醫院都看過，就是治不好，手就是在胸前抖。抖了一年多，手臂肌肉都萎縮了。大家都有眼看著，農場領導只好對她說，去辦病退吧。病退手續辦好了，走的時候，大家送她上車要幫她搬行李的時候，她說：「不用，我自己來。」她兩手提著行李上了車。手也不抖了，從此恢復正常了，大家都很佩服她的毅力！

還有的知青乾脆就「自辦」病退證明文件。海南知青**水庫邊人**說：「當年我們農場有一姓方的知青，算是一個寫字模仿高手，常常模仿師部醫院放射科譚醫生、程醫生的簽名。就連兩位醫生自已也辨認不出，真是夠絕的。不少知青在他的『簽名』下，都不同程度有了『肝炎』、『胃潰瘍』等重病而得以回城。」

知青**shanlu**說：「以上提到幾個方面造假病退，因我們本身是師部醫院，根本行不通。有一同學在精神科上班，被精神病人打了腦袋，趁機自己裝瘋賣傻扮演『華子良』來，結果造假成功辦了病退返城，直到現在身體仍然很健康，沒有一點精神異常。不過，要靠裝瘋賣傻搞病退，還要裝得很像，真是難為了他……」

一位學者杜鴻林在《風潮蕩落——中國知青史》記載這段中國青年史上最奇特的病退風潮：

剛興起辦病退時，最流行的是弄成「肺穿孔」。操作極方便，弄點香煙錫箔貼在背心上，X光機一照就是一個洞。不過這一套用多了就不靈了，只要醫生把你多照幾個方向馬上就露餡兒。接著知青搞起新操作法——透視前連抽幾支浸泡碘酒的紙煙，效果不錯。但這樣幹未免風險大，有損革命本錢，弄不好落個肺癌，那才活該冤枉。

往後流行的是製造高血壓，操作簡單，行之有效——量血壓時臀部微微離座，雙腿呈馬步半蹲。心中盡力使勁，但臉上要顯若無其事。但醫院對此也有對策，只要是知青複查，就要你睡一覺，躺著量……要是檢查時遇到那種較真的醫生幹部，親手把著瓶子來接你的尿，病退可就辦不成了。

當時，這種因醫生認真或是知青疏忽而不成功的病退經歷也很多。海南知青軍工回憶這段往事就十分沮喪：

……今早，到醫院體檢，使我憶起多年前的事。那是七四年國慶早上，農場廣播站，一直沿用×師××團廣播站，這天用國營××農場廣播站名稱，也就是說：昨天，我們是「兵團戰士」，從今大起我們是農場工人。一段時間裏，團裏知青就有議論：現役軍人就要回部隊，兵團番號很快就要撤銷。當時我在想：軍人走，我也走，他們軍人回部隊，我們知青也回城。但有什麼辦法我能回城呢？

為了回城，走後門帶名單招工，這辦法我用過多次，但每次無功而返。長期想回城念頭，一直在腦海裏——搞病退。第二天我去衛生隊。在我去衛生隊之前，服下一片麻黃素；曾聽一位父親當醫生的知青說，服用麻黃素能把血壓升高，心跳也加速。誰知到了衛生隊，醫生量血壓，正常。回到連隊，有位知青說：晚上不睡覺，通宵喝酒，第二天驗血，肝功能會有異常。後來乾脆到師醫院（兵團雖撤銷番號，但人們還是習慣這叫法）。師部醫院看病要經過幾道關：一是連隊領導批准，二是衛生隊證明，三是還要開通行證等。師部醫院在三亞，從樂東縣城開往三亞的班車每天只有一趟。

經過連隊領導批准，到衛生隊開證明，衛生隊一位姓譚的醫生，給我開了一張到農墾三院就診證。譚是一位早年到農場的醫生，聽說是從韶關分配到農場，很同情知青苦楚，他說：「近來那麼多知青，都要去師部醫院。」然後帶有玩笑對我說：「祝你順利到達師部醫院，完成此項艱巨任務。」

次日一早我帶上所有所需證件，搭上樂東至三亞途經我場路口班車，下午到達三亞，晚上住在榆林二〇二廠招待所。那晚我按那位知青說法，下半夜，將在白天買好的一瓶竹葉青酒，喝了半瓶。

上午到了醫院，病號不少，病號中有不少知青，都在等化驗結果。一位三師十三團知青和我聊天，是位姓池的廣州知青，談到希望回城之事。他說：「現在很多知青也想弄張診斷病退證明。」誰知我的化驗結果，HAA正常，射濁一個十，達不到病退條件。現在想起，實在愚蠢，用自己身體做試驗。好在一切都過去了，兩年之後，我還是通過「後門」回城。

如今，回過頭來審視海南兵團這場知青「病退」回城的奇特風潮，雖然有些讓人捧腹好笑，但也更讓人心裏有幾分悲愴。表面上看，這是知青們在用自己聰明的想像力在同醫院和醫生「捉迷藏」，實際上則是知青們捨棄自己年輕身軀的健康，在同自己飽受壓抑的命運作鬥爭。據不完全統計，從一九七二年至一九七八年，海南兵團約有三萬多的知青幸運地突破了各級醫院和農場的層層攔截，高高興興地以「病退」名義返回了各自原來的城鎮。

當然，在病退這一過程中，也有一些知青確實是帶著滿身傷病和心理創傷返回到自己的故鄉，但卻誤以為是醫生同情照顧，疏忽大意沒放在心上，結果喪失了最佳治療時間而釀成悲劇。海南知青CCS回憶道：

在當年的病退大軍中，有個粵東籍知青特別令我難忘。小伙子到海南只有十六七歲，模樣周止，未開口先笑，待人也好。看見兄弟們一個個先後離開，而自己家中又無能為力幫忙，於是，小伙子決定也走病退之路。因平時偶爾肚痛，就想著為自己設計出一個肝病來，然後興沖沖到原師部醫院檢查，醫院卻真的檢查出肝區有異物。此時小伙子不是擔憂而是大喜過望，自信身體絕無問題，認為是醫生關照故意誤診歪打正著讓自己回城。

誤診歸誤診，回城的理由成立了也就萬事大吉，但師醫院卻建議他到海口複診。複診的結果卻是一切正常，於是小伙子更放心地高興了。後來不知他與師醫院如何交涉，最後還是如願以償病退回城。回城以後找不到工作，就一直在家待業。

不久，肝區疼痛加劇，再查，確診為肝癌晚期。小伙子此時欲哭無淚，一個家庭窮苦、身患絕症的待業知青，其悲慘景況不用多說，各位也能想像得出來。小伙子走時極為痛苦，劇痛、嘔血不斷地折磨他，連止痛針都基本失效。肝痛發作時直打滾，要幾個人壓住他才不會滾下床來。最後，他是在劇痛中離開人世的。每當想到他遭遇，我的心裏總是沉甸甸的……

從六十年代開始到七十年末，在這長達十多年的時間，海南兵團知青除了利用各種手段逃離農場的同時，還有一個奇特的逃亡現象，就是偷渡香港成風。說到偷渡，我們這裏先有必要簡述一下粵人逃港的歷史。據有關報導，很長時間，「偷渡香港」在內地都是一個十分敏感的問題。但在廣東卻是一個家喻戶曉、十分普遍議論的話題。

由於當時還沒有互聯網，再加上報刊等媒體的封鎖，廣東以外的省份知道粵人逃港的消息很少。因為一九七六年前能進入香港市區就立即能得到香港身份證，偷渡的人越來越多，高峰期每年成功逃港者有近二十萬人（七四、七五年港英政府的數字），因此當時偷渡香港在廣東只是小事一樁。偷渡不成功被邊防軍抓住送回來，最多也是辦學習班兩禮拜就放人，可是外地省份就會被當作投敵叛國。

有一個真實的例子，一個家住廣州郊區農村大學畢業後被分配到山西的原籍廣東的人春節回穗探親，跟著村裏人去偷渡被抓回來，送回山西被判死緩，家人火速到北京上訴才改判為十五年，這是一九六八年的事情。

其時，從十八世紀末，香港被腐敗無能的晚清割讓給英國已有一百多年歷史，但是，香港並不是從成為殖民地後其經濟就開始領先於大陸的，而是相當長的一段時間香港的發展不是低於大陸起碼也是平衡的，這從粵、港兩地的民眾直到一九五八年前還能自由進出異地居留就能得到佐證。

二戰後，按照〈開羅宣言〉的精神本來是由國民政府收回香港，但英國反悔不幹；蔣介石只得改為中國政府委託英國在香港接受日本投降，英國還是不幹。氣得蔣介石幾乎七竅生煙，頻頻在廣東調動王牌軍隊示威，但除此之外又有啥法？英國就是不交回香港，這是弱國無外交的一個生動的例子。

一九四九年，解放軍橫掃大陸逼近羅湖橋，這時先前在國共對峙長江天險時就貿然把英國軍艦開進長江，被在北岸的解放軍搶先開砲打得狼狽回逃的英軍，做出了棄守香港的決定並已經在做撤退的準備。但毛澤東突然一聲令下，解放軍到了羅湖橋邊突然停止前進，中共同時發表聲明不承認帝國主義強加於中國人民的不平等條約。當時的毛澤東非常的自信，解放軍不占領香港就是要比較看資本主義與社會主義到底哪個制度優越。

五十年代的香港經濟比不上大陸，五八年前與廣東的邊界是沒有限制的，當時香港由於經濟蕭條失業率高，相當數量的港人還回到廣東就業定居。可是接下來的一九五八年「大躍進」的全面失敗，三年大災荒和「文革」，急速地拉開了兩地經濟間距大的鴻溝。

從六十年代開始到七十年代末，廣東各地出現了持續的逃港潮，先是四鄉的農民，最高峰期間是大量知青逃港的七三、七四年，每年有近二十萬人逃港成功（港英政府公佈的數字）。現在北朝鮮逃到韓國的人，經過五十年才剛剛到達一萬人，而只有幾百萬人口的彈丸之地的香港，在高峰期的大陸偷渡客每年就將近二十萬，當時情勢的火爆可想而知。最近香港《文匯報》公佈當時的粵人逃港曾多次驚動了中南海的高層，包括周恩來就多次做過批示。

到了七八年重新開放，港人回來探親，身上的毛衣、羽絨衣全被親戚當為寶貝搶走。當時的大陸毛衣要憑票，所謂的衛生衣也要憑票，幾乎中國城市的每個家庭手裏都有幾十種甚至上百種的票證，可見當時物質的短缺與貧乏。鄧小平重新掌權以後，對粵人逃港做過專門的批示，指出要遏制逃港潮，光靠邊防軍不行，關鍵是要開放搞活經濟，提高大陸的生活水平。鄧親自提議並批准在深圳建立第一個特區，現在看來，廣東開放的先行一步應當是與粵人逃港潮有關。

今天的大陸與香港相比，在人均收入方面雖然還有很大的差距，但是近年來隨大陸經濟的發展，大量的港人回內地就業，因為大陸生活費用低廉，近十萬的退休港人長期在珠三角定居，每年還有上千萬的大陸遊客訪港。所有這些都是粵人逃港時期不敢想像的，不得不承認是鄧小平改革開放的一個碩果。

但在當時，一些想回城又苦於沒有門路的海南兵團知青，或者是雖然回了城，但又苦苦找不到工作的知青，只好冒險地踏上了怒海偷渡港澳之旅，其中尤其以一九七〇至一九七八年期間為最盛。最初，只是零星一些知青難以忍受農場生活的艱苦和心情的壓抑，開始利用探親機會悄悄潛去邊境偷渡逃港，後來是越來越多，幾乎每個農場都有知青前往邊境冒險一搏，有的農場甚至多達上百人有偷渡的經歷。

聽說偷渡的地點一般選在蛇口，這裏距香港四公里，最近的一個下水點在海邊公路一二五公里路標處。最適合的時間是每年八月和九月的初三到十八之間。因為根據海潮漲退規律，當地人總結出的諺語：「初三十八水頂流。」若是在這段時間下水，就會很順水，不用太費力就能游到對面香港；否則，極費力不說，還可能被潮水給送回來。

據說，當時的邊防軍巡查得很嚴格，但總有人能想方設法蒙混過去。因為海邊是大片的紅樹林，偷渡者往往會躲在林中，趁邊防軍換崗的短暫時間迅速下水。當時中英以水為界，不論潮漲潮退，只要一下水，就出了中方地界，無權再管。但是，偷渡是一件極冒風險的事情。邊防軍配有狼狗，嗅覺極靈敏，常常會有偷渡不成的知青衣衫襤褸、傷痕累累地被押送回農場。

自由兄弟在師部警通排的好友就曾看守過被押送回來的知青，自然，這些人不會有好的處境待遇。一般先是在兵團或師部集中關押，審問鑑別後，再層層轉送回各團各連監督勞動。其間免不了受到看守審問人員粗暴拳腳，有的甚至野蠻地用皮帶抽打這些逃港知青，或者掛牌巡迴批鬥。所以，偷渡的知青個個都抱著只許成功不許失敗的信念。

不過，即便能夠下水，也只是成功了一半。因為很多人下水後，由於海面寬闊、波濤洶湧，常常會出現體力不支或突然抽筋，這時就只能大聲呼救，幸運者能夠被漁船救下，而倒楣者只有葬身大海。那段時間，凡是有偷渡想法的農場知青都在悄悄苦練游泳，起碼要有游上五六千米的能力。據說一次「紅衛輪」從海口駛往廣州，途中經過香港至澳門的「飛線」（專門劃出供兩地客輪航行的水域）時，有幾個事先周密籌畫的探親回城知青突然同時從船尾躍下海中，然後拚命向香港水域游去。等到輪船緩緩停下轉頭想去追捕之時，他們早已離得很遠。後來，每當來往輪船經過這段水域之時，有關人員都加強了警戒，嚴禁乘客在甲板逗留……

儘管有關部門和各級組織採取多種形式，但仍然無法遏制當時的知青偷渡逃亡「黑潮」。尤其是在海南兵團的知青因為當時以政治高壓手段來杜絕知青偷渡的情況下，許多人只有一條道上走到黑，有的知青是反覆多次才得以偷渡逃港成功。知青**jake**在**〈輕輕的你走了〉**中就講述了這麼一個沉重的故事：

……有人說凡間的人都是天上的星星孕育的，地上有一個人，天上就有一顆星，然乎？否乎？我常常仰望夜空上浩瀚的星雲，我的星，在頭頂的銀河系裏，還是在宇宙虛渺的其他地方？找到了我的星座，就可以在我星座的軌跡上找到與G君星座軌跡交叉點。算來G君離開我們已幾十年了，生，在哪裏呢？死，又去哪裏呢？

G君是我的中學同學，也是好友。他為人仗義，思想成熟。我們一起打球、游泳，討論人生和理想，至於約女同學看電影，就不陪他了，我生理上還未有這種需求。那時剛剛對學習感興趣，生活剛剛翻開新鮮的令人興奮的一頁。

記得一年級尚未期末考試，文化大革命開始了，我們一起去串聯。中學畢業要「上山下鄉」，革命從終點又回到起點，我和他相對無言，好在大家一起去，無奈中也有一點安慰。

到了海南兵團不久，他被抽調到武裝連，新鮮的生活令他興奮了一陣，可惜不到半年，又因家庭成分不好淘汰出局，我想此事對他影響極大。回到生產連隊，他依然爭取積極，我記得他是全團第一批入團，第一批知青副班長。最後，他終於失去耐心，選擇了另一種出路。

到了一九七三年，兵團終於不禁止男女知青談戀愛，我也有了女朋友。我和另一個同學同三個女孩一起蓋起了一個小伙房，總算有個地方燒水、煮飯、讀書、寫字，大家相濡以沫，相互扶持，以求度過這艱難歲月。可就在這時，G君卻帶著手銬被「反界」回來了。之前，他已經倒流回城很久了。大概是團裏第一批偷渡香港的知青，接待的規格不低，當晚開起了批判大會，宣讀了政治處的決定，開除團籍，管制勞動。國有國法，家有家規，這沒有什麼可抱怨的，走上這條路，這一切就在預料之中……

人們都不敢和他來往，怕受到牽連。當時他不但沒有耐寒衣物，連吃飯的碗都沒有，我只好照料起他的生活。那幾個女孩抵擋不了壓力，和我攤牌，如果和G君好就不要和她們好。我不怪她們，她們本是正經的女孩子，不想抹黑自己的前途，只是剛剛才嘗到生活的一點甜頭，又要失去。我也猶豫了許久。不久他身體調理好了，問我要了路費又偷偷回了廣州（那時買車船票要兵團通行證）。

隨著「較腳」（偷渡）的知青越來越多，偷渡成了「上山下鄉」知青的潮流（在廣東已成時尚）。正如現在沒有人不講股票，那時少有知青不講較腳。G君也曾叫我和他一起較腳，我有幾個理由不想：我在香港沒有親戚，到了那裏只能「瞓街」（睡街邊）；最重要的是怕連累家中父母親的工作。我選擇等待，等待命運的轉機。

一次二次、三次四次，G君不斷被捉回來，其中有到了香港被反界的，也有被邊防軍捉住的，次數多了，人們也懶得理他了。戶口在農場，連隊就是他的無掩雞籠。到了他準備最後一次偷渡，我已經回城了，我們已經無話可說。那時我也找不到工作，每天去他家打聽消息。一般順利到達，三四天便有電報回，如果被邊防軍捉住，一個月內也有通知了。但什麼消息也沒有，我們越等心越沉，等了一年又一年，一直等到現在。

我常常想，如果G君能夠等多一年就好了。一年後，國家開放改革了，無論是讀書、留學、做工人、做生意，他都是出類拔萃的。真是人算不如天算！其實在打倒四人幫後，形勢已開始變化，可惜他看不到這點，或者他不願看到這點，令人婉惜……

看了知青jake的這則故事，我也不由得想起了一九七五年重陽節，廣州曾爆發一起大規模的「白雲山事件」。重陽登高，本來是中國古老的習俗，而在當時，正值「文革」第九個年頭，在恐怖的政治高壓之下，老百姓已經淡忘了這種被指為「四舊」的傳統節日和民間習俗了。但在那一年的重陽節，忽然有十幾萬人湧上了白雲山，而且幾乎全部是知青。

當時的廣州白雲山，交通設施遠遠未到今日這麼便利的程度，莫說是空中纜車，連進出白雲山的路徑也沒幾條。措手不及的公安機關，就算緊急出動公安幹警，也無法制止和疏散這十幾萬人。他們只查出有這樣一個所謂的「政治謠言」：說是當時盛傳重陽這一天，哪個搶先登上白雲山的，就會「轉運」，偷渡香港將會馬到成功。於是在白雲山的登高人潮中，到處都有人兜售所謂的「棋盤」，亦即是偷渡香港的路線圖。

這起重陽登高案，令當局極為震驚，並馬上開始全城大追查。但是，怎麼可能在十幾萬人中找出製造謠言的罪魁禍首呢？最後只好不了了之。其實，那幾年的逃港風（俗稱較腳），是廣東當地的特定社會現象。其主要對象是下鄉滯留城市的知青和城市、城鄉待業青年，據說，當時在廣州白鵝潭一帶常有黑鴉鴉的游泳大軍。陸路撲網的那前赴後繼的隊伍；在東莞、惠陽等臨近香港邊界一帶的山上，佈滿著日伏夜出準備晚上偷渡的人員，其情景可謂歎為觀止。

突發性的白雲山事件，其實是當時一種社會矛盾和政治危機的必然昭示，也是當時知青的命運和全國人民的命運墜入黑暗深淵的一聲絕望的呼喊！

知青**光頭**說：

白雲山事件本人亦在其中，青年人漫山遍野，連小便的地方也沒有，每人都興高采烈登高轉運，都想偷渡到香港。本人去海南兵團時，個性反叛，農場第一個穿喇叭褲，唱港臺時代曲，偷雞摸狗都不在話下，故什麼招工等等好事於我都沾不上邊。家中幾個哥哥都在策畫偷渡，父親知道後說：「講偷渡可以，但不可行動。」因父親當年聽共黨號召回國參加建設，在省廳級部門當工程師，怕影響聲譽，故禁止子女偷渡。我在他逝後幾個月內偷渡到港，這才展開人生的另一頁。命也！我不由得又想起了白雲山事件中的「轉運之說」，我真的有些相信……

與知青光頭偷渡成功，從此展開人生新的一頁不同的是，有的知青則在偷渡中石沉大海，再也難以生還。自由兄弟所在的海南兵團連隊，曾有一個綽號叫「大頭成」的知青因偷渡逃港，就葬身鯊魚腹中。

如今我還依稀記得「大頭成」的模樣：一點六八米的身高，健壯的身板。五官十分端正的國字臉龐上總是流露出幾分不以為然的笑意，顯得十分帥氣。他為人正直仗義。記得曾有一個外號海口的知青「馬雞」（後來聽說吸毒身亡），總愛找點藉口欺侮我，都是愛打抱不平的「大頭成」制止了他。這「大頭成」還有一個特點就是大方，聽說他的母親移居香港，父親卻在廣州。每次家裏寄來什麼包裹有吃的東西，他三兩天就全部分給大家吃光。

那時，有一種阿爾巴尼亞的扁盒香煙，當時覺得很好抽，他一下就給我兩盒。我省著還沒抽完，他早就分光、抽光了。我又給回他一盒，他堅決不要，說是送了人的東西不能再要。就是這種性格，卻偏偏有幾個姑娘喜歡他，沒錢的時候總是幫他買煙，可他一個也不領情。每天早上、傍晚總是光著一身健壯的肌肉，獨自到連隊修建的小水電站游泳。當時，我只想著他是在鍛鍊身體，竟沒有想到他是在為偷渡苦練體力。後來，我調到了十連，失去了來往，也就再沒有得知他的消息。

去年場友相聚，我滿以為能看到他豪爽的身影，一問，才知道他早已不在人世。同隊的場友轉述說，一同與他偷渡的人，最後只見他揮了揮手，極力說了一句什麼話語，便沉入大海之中……

得知他的偷渡身亡的消息，我當時難過了好久，腦海中總在揣摩著他那最後的話語的涵義？或許他是呼喊同伴快游開，以躲避鯊魚的襲擊。或許是交代同伴轉告他的母親，來生再盡幾分兒子孝順……

這種不成功，便成仁的故事，在許多知青記憶中都有保存。海南兵團知青**五月艾**曾感歎道：

……那時候，有多少人為了到達彼岸而年紀輕輕就葬身魚腹啊！聽說我們連就有一男一女兩個廣州知青沉在海中再也沒有音訊，至今他們的音容笑貌還時常在我的腦海裏閃現……

知青福頭說：

那天看《鳳凰大視野》，有口述者回憶當年開發蛇口港口時曾挖出了四百多具屍體，這應該是那些逃港的遇難者，恐怕其中也有我們農場的知青。

光陰似箭，歲月如梭，轉眼四十多年，往事不堪回首。當年，究竟有多少海南兵團知青偷渡去了香港？又有多少兄弟姐妹葬身大海之中？因為各農場均沒資料詳細記載，只是將私自逃離或滯留不歸的知青開除了事，很難派人去查個水落石出，所以這個資料，恐怕永遠是一個難解之謎！

第三節　擠進恢復高考校門的縫隙

不知不覺，恢復高考已經三十多年了。那時的大學生可謂是「天之驕子」，高考結果一公佈，滿城爭說大學生。誰有一個沾得上邊的知青考上大學，連家庭的七親八戚也會感到臉上有光地分享了一份榮耀。如今，歲歲高考，特別是如今我國大學教育已經進入了普及時代，這一考試到底圓了多少學子夢，培養了多少棟樑才，可以說，已經是很平常的事情了，也不大為人驚奇了。

然而，對於許多通過這一途徑返回城市的知青來說，卻要永遠記住和感謝一九七七年的高考。因為它是許多知青人生歷史的轉捩點，標誌著他們新生活的開始。對此，知青三**葉花香**在**〈放飛了心中的一隻白鴿〉**中有感慨的回憶：

> ……許多人看了知青網後對我說：「不想看，太多的舊事，看了勾起太多不舒服的回憶。」的確，對大多數知青來說，那段經歷有著太多傷痛。我在知青網上也發表了幾篇文章，都是回憶知青生活的舊事，我還有現在要寫的這篇，也是回憶知青舊事。這麼多人說不想看，還要寫嗎？其實，我最不想回憶舊事，一是沒有多少值得津津樂道的輝煌舊事，二是說舊事多者，就意味著你已經老了。常言道：「老坑公講舊事，後生仔講GS。」這是廣東話中不太文雅的一句，不寫出來了，廣東人就懂，就是北方人講顯擺的意思吧。
>
> 但是，這篇文章是我一直想寫的心頭之最，不是要講什麼舊事，而是想把壓抑在心中的那些情懷釋放出來，把我心中的那隻美麗的白鴿放飛出來。我們現在唱的知青歌〈永遠的情懷〉，不是也說「朋友請你

敞開懷，生活的鮮花依舊多姿彩」嗎?因此，我也敞開我的情懷，希望我們生活的鮮花，依舊多姿彩。

結束海南的知青生涯已經快三十個年頭了，無論任何時候有人問起我：「你一生中最高興的事情是什麼?」我都會毫不猶豫地回答說：「一九七七年參加全國文化大革命後的第一次統考被錄取回到廣州上學。」

如果有人問我：「你最感到自豪的事情是什麼?」我依然會毫不猶豫地回答：「一九七七年參加全國文化大革命後第一次統考被錄取回到廣州上學。」

要是還有人問我：「你認為你的人生中最大的轉捩點是什麼?」我還是會毫不猶豫地回答：「一九七七年參加全國文化大革命後的第一次統考被錄取回到廣州上學。」

我看到今天的孩子們考上了大學，特別是考上了名牌大學，一家人那種歡呼雀躍，真是令人羡慕不已。可是，他們那種歡呼雀躍，和我們當年被錄取的那種不可抑制的一瀉千里的喜悅情感的激流相比，我都難以找到恰當的言語來形容。那種多年壓抑後終於得到釋放的心情，那種漫漫八年長路煎熬終於結束的心情，那種經過煉獄後又獲得重生的心情，就像是一種歇斯底里的歡愉從心底裏奔流而出。看著海南寶島那清澈藍天，看著那無邊的膠園林海，我感到一種心中從未有過的自由舒暢，我放飛了心中的一隻白鴿。

想想，我們這一代人，十三歲就遇上了文化大革命，停課三年；十六歲時復課鬧革命，沒有課本，沒有老師，天天讀《毛主席語錄》和報紙，軍訓；等拿到課本時，僅僅三個月，就「上山下鄉」；到一九七七年被錄取重新上學，已經二十五歲了。能不喜悅嗎?!

想想自己，充其量只學過三個月的初中課程，教材是一本叫做《工農兵知識》的混合本，如果現在有人還有，必是非常值錢的文物。它是把數理化集中在一起的一本怪胎教材，數學就是教你怎樣丈量農田，物理就是教你怎樣維修拖拉機，化學就是教你怎樣造化肥等等所謂的工農兵知識。我記得我們數學是複習了一下四則運算，學了什麼是正負數、一元二次方程。化學是聽一個福建口音的很老的老師講了幾課，他的口音很難懂，我就聽到他說這個天呀這個地，有許多的元素，後來又看了一張元素表，物理好像沒有學。

我的這些底子，本來根本沒有能力參加統考，但是老天開眼，我們認識的一些人中開始流傳說要恢復統考，大家都紛紛讓家裏寄書來複習。我也趕快讓家人給我找到從小學到高中的書本全套，天天加入到複習或者叫自學更為貼切的大軍裏去。你說，我能被錄取，能不喜悅嗎？現在我才知道，當年有五百七十萬人報考，錄取了二十七萬多人，比例是二十九比一，我真是夠幸運的。所以，雖然當時接收我的學校和專業都不是自己理想的，但是，根本不敢放棄等第二年再考，我深知自己的水平，過了這個村就沒這個店了。

再想想在農場的八年，我時刻都感到是在掙扎，我想掙脫那根本不適合我這樣一個十六歲城市孩子的繁重體力勞動；我想掙脫那極為惡劣的以地方主義為是非標準的，說不清楚的無時不在的最原始的，為芝麻綠豆大小的事情而發生的幫派爭鬥；我想掙脫那種違背正常思維而強加於人的種種革命怪論的包圍；我想掙脫那被許多無知、愚昧所包圍，而你不能去改造它，你還必須去違心地讚美它，服從它，由它來再教育你的那種異常的人文氛圍；我更想掙脫那單調的生活，我要學習新的知識，我要尋找新的人生道路，我想展開翅膀飛向藍天，在太陽下自由飛翔。

我感到海南就像是一個漂離大陸的牢籠，瓊州海峽和周圍的海水就像是捆綁牢籠的枷鎖，我就像是被困在這個牢籠中的獵物，我要掙離這個牢籠。我覺得有這麼個一兩年待在農場鍛鍊，對我們的思想和身體的考驗，對我們瞭解農村和中國的現狀，對我們樹立革命的人生觀和獻身祖國建設的偉大事業等等冠冕堂皇的理由都已經足夠。我夢想和祈求著什麼時候命運會讓我脫離這牢籠，會讓我得到新的學習機會，會在我的面前展現一條新的坦途。

你說，我被錄取了，我終於夢想成真，我能不喜悅嗎?!

從一九七一年起，國家就在逐步地恢復對人才的培訓教育工作，只是在認知上還未能擺脫極左思潮，只能以招收工農兵學員的形式來進行此項工作。每一年，都會有各種學校到農場來招收工農兵學員。我記得，當時被錄取的條件是，首先是本人表現要好，然後是生產隊（連隊）推薦，再到領導批准（場部同意上送），最後是學校錄取。這每一年的錄取機會，令多少人心中升起了無窮的希望，又殘酷地撲滅了多少人心中的希望。這每一次的錄取，都讓被錄取的幸運兒笑顏逐開，揚起了理想的風帆。卻又讓沒有機會的知青多麼失落，讓他們本來清澈平靜的心靈潭水一次復一次地被攪得上下翻滾，難以平復。

我是幸運的，我所在的生產隊知青少，每年我都會被例行公事地推薦到廠部，我知道其他知青多的生產隊就不同，知青們要爭得個推薦名額都很艱難。但我每年都會浪費這個名額，原因無非兩個，一是家庭出身有問題，二是學校沒有我的內部名額。

哇！當我知道原來學校還會帶一些內部名額來時，真是驚呆了。原來，家長們都會很努力地把自己兒女的名字預先交到有機會去招生的學校手中，如果自己的兒女被推薦上來，學校就會先招收在內部名額的人，如果推薦上來的人因種種原因不符合學校的要求，需要另外補充一些名額，這些在內部名額的人就是首選。

我在經過兩三次的落選後，立即開展了自救工作。我寫信給我的父母和大哥，讓他們找點路子，把我的名字也混入內部名額。特別是我父母的單位，是省級大機關，有自己的專業學校，每年都來農場招生，應該很有希望的。沒想到，我的建議遭到了父母和大哥不約而同的譴責，他們回答我說，他們沒有聽說過，也沒有能力去做這件事情，建議我還是更加努力地改造自己，表現更好一些，相信黨和組織會看到的。

就這樣，我從十八歲開始，每年被推薦，一直推到二十五歲，每年都是被淘汰下來的那兩三個之一，令我感到陽光越來越黯淡，前途越來越渺茫。每次，廠部負責招生的人都會很遺憾地告訴我，你還是家庭問題。但是，我看到許多有家庭問題的知青照樣被錄取，怎麼解釋？那時候，我除了失望就是失落。

最搞笑的是，當我終於被錄取，到廠部招生辦辦理有關事情時，招生辦的楊先生竟然微笑著對我說：

「哎呀，我看了你的資料，才知道你還有一個姐姐在我們農場，你怎麼不早說呢？否則，這麼多年，我們一定會照顧一個走的。」唉！我能說什麼呢？

你說，我現在竟然被錄取了，能不喜悅嗎?!

再回想那段複習的日子，都說共產黨能創造人間奇蹟，那也是共產黨創造的一段人間奇蹟。我敢說，古今中外，絕無僅有。所有的年輕人，除了工作、吃飯的時間外，都在複習。複習的東西五花八門，有人複習高中的課程，也有人複習小學的課程，準備報考音樂專業的，天天練樂器和樂譜，想報考美術學校的，天天在畫水壺。有人手無抓雞之力，身上排骨清晰可數，可解起題來，下筆處幾何線條剛勁有力，A＝B，B＝C，風捲殘雲。那自信，那剛毅，真是激揚文字，揮斥方遒，令我佩服得五體投地。高中的教初中的，懂的教不懂的，那種團結互助，共筏於海上，一起划向理想的彼岸的精神，足以感動上蒼。

我們住的那間大房子，約住了十個人，為了預祝勝利，為了增添精神力量，我們寫了一副對聯掛在大門上，上聯是「天翻地覆五洲紅」下聯是套用了剛剛發表的葉帥的一首詩的一句「旋轉還憑革命功」，橫幅是「同此涼熱」。這副怪怪的對聯，竟也造成了一定的轟動，一是當時掛對聯是罕有的事，特別是知青的房子。二是不少人看了後搞不清你們這幫傢伙到底要表達什麼？只有我們在旁邊個個漏出壞笑。

在對聯掛出的幾天後，驚動了農場最高長官——書記，他本身就是教師提拔上來的，帶一副深度眼鏡，很有文化的樣子。他一到門口，就對我們說：「呵呵！聽說有一副對聯不錯，來看看。」他倒背著手，一邊看一邊點頭，嘴裏念念有詞。他可能沒有注意到剛發表的葉帥的詩，就問：「旋轉還憑革命功？」我們說是葉帥的詩，他就「哦哦」地答應著，然後眼睛緊盯著「同此涼熱」四個字，嘴裏一邊唸：「同此涼熱？」「同此涼熱?!」一邊點著頭，若有所思地轉身走了。

後來，「旋轉還憑革命功」的「旋轉」二字，被我們延伸使用到所有的生活用語中去。有人要到縣城，我們就說旋轉一點豬肉回來：有人想讓家裏寄東西，就說讓家裏旋轉點東西來；有人想求別人幫個忙，就說讓誰給旋轉一下。總之，「旋轉」二字被我們運用得心神領會，出神入化。

結果，我們這所大房子，有七人被錄取上學，奔向了新的前程，基本實現了「同此涼熱」。你說，我能不喜悅嗎?!

最後，我還有另一種喜悅，是許多被錄取的人所沒有的一種喜悅，那是一種絕處逢生的喜悅。

當時，被錄取和入圍是兩回事：必須先分數入圍，再到錄取，但入圍並不一定會被錄取；因為招生學校被分為重點和普通兩個檔次，入圍的分數也分為高低兩個檔次，先是重點學校去挑檔案，他們不要的就被放到普通學校的檔次去，如果普通學校也看不上的，就會變成沒人要的入圍者，只能等下次機會了。

從第一個被錄取的幸運者開始，已經三個月了，足足九十天，我仍然沒有得到錄取通知，時間已經走到了西元一九七八年的四月，有消息說，五月一日是最後的開學期限，到時候再沒有通知的，就等於沒有被錄取了。

真是難熬的九十天。當時我住在場部，周圍靜悄悄的。從一九六八年算起，這麼多年以後，我們農場的廣州知青有門路、有本事的基本已經都走了，參加這次統考被錄取的也都走了，場部已經完全沒有了昔日那種到處有知青走動的氣氛。大房子裏被通知入圍的人就剩下我和另一位知青好友××，我們天天盼著奇蹟出現，盼著像別人一樣，突然有人衝進大房子大聲喊：「×××，快去縣城招生辦拿通知，你被錄取了！」然後是一陣的歡呼和混亂，然後是被通知者一秒也不停地奔向縣城，回來時除了咧開得合不攏的嘴，還帶上了豬肉、魚等等，大家大吃一頓，慶賀一番。

從上一個被通知者之後，已經有差不多一個月沒有再來通知，我們兩個的心情已經逐漸地掉入冰點。我們每天吃完晚飯後，都結伴散步，把個場部繞了一圈又一圈，雖然心中忐忑不安，但臉上都保持著勉強的笑容。我們還輪流在早上九點到十點間到廠部大寨辦去坐，因為每次縣招生辦來通知，都是通過大寨辦的電話接到的。每次電話響起，我們都充滿希望地接起，然後又充滿失望地放下。

終於有一天，當我坐到大寨辦的電話前一會，電話響了，我拿起電話，裏邊一個男聲很大聲地說：「叫××來拿通知！」我一聽，腦袋就「轟」地一聲，不是我。我怕他丟電話，馬上追問一聲：「還有嗎？」回答：「沒有啱！可能以後都沒有了，招生工作都要結束了。」

好一個晴天霹靂！我感到空氣有點凝固，我感到有點精神恍惚，這就結束了？別想那麼多，先通知××再說。那一夜，幾乎無眠。

第二天上午，我要出壁報，剛擺開攤子，郵局的小馬就在百米開往向我跑來，一邊跑一邊喊，手中還搖著一封信，那情景簡直和電影鏡頭一模一樣。我雖然聽不清他喊什麼，但我看到他的表情顯然非常激動，我立即猜到：啊！是我的入學通知書！

它果然是我的入學通知書，而且是被錄取者中唯一通過郵局寄來的通知書。事後我才知道，其實學校早就錄取了我，因為建制問題和聘請的老師沒有到位的問題，就沒有讓招生辦通知我，而是等問題都解決了才自己通過郵局發通知書。

我終於等來了通知書，我和××一前一後接到通知書，那種興奮和激動，那種同甘共苦的感歎，你說，我能不喜悅嗎?!

但是，我的喜悅並不是那種完美的喜悅，而是有所遺憾的喜悅。××就讀的是醫藥專業，他是完美的喜悅；我就讀的是畜牧獸醫專業，是將來還要回到農村的專業，在當時那種下農村下怕了的年代，這確實是令人有點遺憾的喜悅。

晚上，宿舍裏為了我是否應該放棄這個機會而發生了爭論。其中最有故事情節的反對意見是這樣的：我讀完書後，又分配到農村，天天揹一個閹雞袋到處去閹雞，結果被公社書記看上了，拉去當了女婿，以後就永遠留在農村，再也別想回廣州……！

是有點玄！

但是，我感覺我不能再等待，我要尋找我心中的理想，不管這條道路將會通向何方，我今天就要衝出這牢籠！

幾天之後，我和××收拾好行李，跳上一輛到海口的膠水車，我們坐在敞篷車廂上面，一百四十公里的路，我們不需要交一分錢。雖然我們身上落滿了塵土，頭髮全都是黃的，比現在的小青年染的頭髮還要黃，但是，我們的臉上充滿了燦爛的笑容，現在的世界是我們的，我們走在回廣州的大道上！我們是十點到十一點的太陽，我們將迎接所有未來的挑戰。

更有先見之明的智者，預料到會有高考恢復的那一天到來，不折不撓地提前自學起了數理化，使自己贏得起跑時間。這其中有一個知青霍東齡就是典型代表。「文革」開始時，霍東齡剛開始學畫圓。之後運動不斷，少年霍東齡也就沒再認真念過書。初高中的教材也只有一本《工農兵知識》，數理化全在裏面，數學題都很政治化，諸如王大伯向地主劉永財借了多少斗米，利息是多少。等升了高二要作為「知識青年」下海南插隊時，霍東齡實際上連分數的加減法都不會。

一九七一年十月中學畢業後從廣州市「上山下鄉」到海南兵團五師四團（現西聯農場）。在農場最辛苦的開荒新點幹過，後來調到了武裝連，那日復一日、無休無止的勞作、奮戰，一個月才休息半天。在工地，在無遮無攔的山坡上，在那烈日當頭、酷暑難耐的夏天；在那「兩個五點半，中午接著幹，晚上加一班」的辛苦歲月裏，能在陰涼的樹影裏，即使稍微休息一下，都感到是一種幸福！霍東齡在艱難、困苦、無助之時也徬徨過，但最終咬著牙，堅定了信念：要做生活的強者。

這其間因為一直堅持自學充實自己，先後被調到團（場）業餘宣傳隊和創作組。一九七七年，中國恢復高考，西聯農場請來了老師為願意參加高考的知青輔導，藉著平時自學積累的知識，霍東齡經過輔導後，參加了中國恢復高考第一年的考試。結果以優異成績，被華南工學院錄取，開始了人生的嶄新之旅。

鳳凰衛視播出的海南知青回城經歷中，有一個名叫胡向東的知青參加高考的故事也是頗為曲折。這位一九六八年十一月「上山下鄉」到海南島農場的知青，曾代表廣州幾萬名「上山下鄉」的「老三屆」知青，在廣場慷慨激昂地宣讀過〈致廣州父老鄉親的公開信〉，也曾在農場因看到腐敗行為憤然給總理寫過「檢舉信」。由於出身不好，一直沒有機會被推薦上大學，後來在農場成了家。

一九七七年傳來恢復高考的消息，這位十分聰明、基礎扎實的「老三屆」知青按理考取個一流名牌大學絕對不成問題。但因為工作繁忙，在不到一個月時間艱難和緊迫地複習之中，根本顧不上照顧懷孕臨產的妻子；而他的妻子在產前還趕著牛車去撿柴火，最後在一張報紙上早產生下了兒子……

當他終於如願以償地考上海南師範學院，接到錄取通知書時，心裏很是為難，一邊是剛產後不久的妻子，一邊是關係到個人前途命運的上學。去？還是不去？他猶豫再三，還是毅然在做父親七天之後，就愁腸百結地匆匆踏上了上大學之路。幾十年來，這段刻骨銘心的經歷一直讓他記憶猶新，後來憑著扎實的功底，他和霍東齡等一樣都下海艱辛拚搏、自強不息，與人合作創辦了民營企業，成了知青中為數不多的，將所學知識轉變為財富的成功人士……

據《海南日報》記者**黃曉華**報導：

林樹輝一九七四年從黃流中學高中畢業後，到尖峰嶺腳的下一個知青農場——腰果農場「安家落戶」。他說，一九七七年十月，當他在深山老林中從破舊的收音機裏聽到恢復高考的消息時，「一時竟回不過神來」。

但就在林樹輝步入設在佛羅鎮中學的考場後，突然發現自己犯了一個低級錯誤：「去考場前太緊張了，竟然忘了帶筆。」他看了看周圍的考生，都只有一枝筆，當時考場的監考老師也沒有筆。沒有別的辦法，林樹輝向監考老師說明情況後，以百米衝刺的速度跑回住處取筆。還好，他當時寄宿在佛羅鎮上一個知青家裏，離學校只有二百多米路程。本來按照規定，進考場後不能隨意出入。幸而監考老師、保衛人員都沒有阻攔林樹輝。他趕在考試正式開始前回到了考場。

考試中，林樹輝覺得答得最順手的是政治試卷。因為之前一位知青從就讀於中山大學的朋友那裏要到了政治複習資料，林樹輝也有幸共用了這套珍貴的資料。上大學後，林樹輝得知自己政治考了九十八分，是全系最高的。

十二月底，林樹輝等來了「入圍」通知，要到縣城去參加體檢。和他入圍的還有五人，他們農場是全縣十多個知青點中入圍人數最多的一個。他們步行十幾公里到黃流鎮的汽車站，再乘車前往縣城接受體檢，那天是林樹輝平生第一次去縣城。

林樹輝當年考上了廣東民族學院政治系。要上大學了，農場的許多知青朋友為林樹輝送行，有的去附近的村莊買來雞招待林樹輝，有的從農場偷來木瓜煮給他吃。林樹輝那時還收到了三十多本筆記本，在當年，幾毛錢一本的筆記本是知青們覺得很珍貴的物品……

一九七七年高考前，周祖光也是在龍樓的一個農場「上山下鄉」。開考前兩個月，高中時就讀的學校點名招回各屆畢業生回校輔導備考，和周祖光同在農場「上山下鄉」的一些知青被點名回校複習，但他沒有被選中。當時沒被學校點名，就不能擅自離開農場去複習。周祖光的家人到農場向農場領導要求，農場領導答應了，就這樣，周祖光到另一個學校參加複習。

周祖光帶著抄寫了很多資料的各科目課本走進考場，但多數資料都派不上用場。考試結束，周祖光感覺自己考得不好，不可能考上大學。回到農場後，他有一種說不出滋味的失落感。周祖光又操起了種植胡椒等繁重而又單調的農活。直到一個月後的一天，其他人都到公社裏看電影了，周祖光獨自一人在知青宿舍裏蒙頭睡覺。就在電影放映場，公社通過放電影的播音器播報了高考入圍的名單。大概在晚上十一點半，周祖光在睡夢中聽到一位女知青猛喊：「你高考中了！公社通知你到縣裏體檢。」

沒多久，周祖光收到了大學錄取通知書，農場特別派出場裏最好的交通工具——手扶拖拉機，送他上大學。就這樣，周祖光坐上了手扶拖拉機，風風光光地踏上了新的大學征程。一九七八年三月，周祖光在廣東工學院開始了為期四年的大學生活。

據瞭解，一九七七年恢復高考制度，如同一聲春雷震撼著神州大地，如同陣陣春雨滋潤著一代青年久旱的心靈。海南島，作為當年廣東省的一個地區，人口僅有五百二十多萬，一九七七年高考就有八萬五千多名考生報名，是海南島歷史上報名參加高考人數最多年份的十倍之多，以至於造成當年廣東撥給海南的高考經費嚴重超支。由於當年高考實行各省自主命題，評卷工作由各地區自行組織，海南當年有二千多名教師自帶行李、打地鋪、自搭爐灶做飯，在現在的省委黨校評卷和登分。最後，經過體檢和嚴格的政審後，在實際參加考試的五萬四千三百一十五名考生中（當年有不少人報了名但沒有參加考試），有二千二百一十三人被大、中專學校錄取，錄取率為千分之四十一，高於廣東省的平均錄取比例。

海南島當年是廣東省教育薄弱的地區，但是，在一九七七年的高考中，海南考區的高考平均成績位居廣東省第一，這其中，除海南文昌、儋州、定安等地的優秀青年參加高考外，不少考生都是當年在海南兵團「上山下鄉」的廣東優秀知青。雖然自由兄弟無法統計，全國恢復高考後，一九七七至一九七九年共有多少海南兵團知青從農場考入大學。但是依然可以從恢復高考當年八點五萬多人報名的數字中感受到兄弟姐妹那種急切離開農場的渴望，同時也為能頑強地擠進高校縫隙的兄弟姐妹感到慶幸。

想來有些心酸的是，當這些兄弟姐妹從一九六六年爆發的「文革」，到「上山下鄉」，為了重回學校大門，竟一等就是十多年，以至於他們成為了被「耽誤的一代」。因為不少人從農場回城時已年近二十七八，再要讀上三四年大學，戀愛、婚姻、家庭、生育、工作全被耽誤了。當他們與十七八歲的應屆高中生同坐在高校的教室裏，沒有什麼比這更能提示知青的兄弟姐妹必須加倍努力，才能趕得上改革開放的時代列車。

第四節 煩人揪心的「曲線」回城

與一些高幹子女或有「門路」者相比，那些沒有政策照顧，或是頂職、病退等條件的知青，他們回城的經歷就更為心酸艱難。海南知青軍工的回憶頗為苦澀：

……第一次，七三年，堂兄利用花縣航運局安排工作為名，發出公函到農場，商調本人回花縣水運社，農場不予理睬。第二次，舅舅以南海縣鹽步糧食加工廠證明，發到農場，誰知差點惹禍「企波臺」（挨鬥），好在家庭成分三代貧農，四代乞丐。指導員叫我寫份檢討，著重說明個人放鬆學習和世界觀改造，要牢固樹立一輩子扎根思想，因為倒流回城是干擾「上山下鄉」運動。

第三次，七五年底，父母以退休為名，到市知青辦徵詢退休子女頂職事項，當時知青辦工作人員答覆，只要符合條件，可以考慮。然後通過姑父在遠洋公司帶名單招工，可惜我當時在嶺門農場會戰，不知何原因，那年我沒有被招回城。直到七六年二月，在一片反擊右傾翻案風聲中，海軍企業到農場招回軍工子弟，我幸運回到朝思暮想的廣州城。

與許多按政策照顧回城的兄弟姐妹相比，知青**Chenyhang**以「解困」為由，搞辭退回城的，走得也十分煩惱：

……本人是自願報名到海南農場的。當時是想與在四清運動時重劃的「資本家」家庭成分劃清界線；又由於自己受「讀書無用論」的毒害甚深，已無心在學校讀高中了，想早點自食其力。因為在家多次與媽媽「鬧革命」，每月才得到二角、五角的零用錢，實在有些不好意思。

第二天就要啟程了，前一晚姑姐為我餞行請我吃飯，並受了一次姑姐的「忠、仁、孝、義」的「封資修」教育。姑姐說：「你媽在廣州的四個孩子，三個已經去當知青去了。如今你這身邊最後一個孩子，也要離開媽媽遠行，你的良心何在？」當時自己心裏有些動搖，但戶口已經辦了遷出手續，船票也發了下來。

當晚，我回到家後，和媽媽坐在一起，徵求媽媽對自己去海南有什麼意見。媽鼓勵我說：「既然你自己決定的事，自己就要堅強點。」並牽掛地說：「今後有什麼事情不能解決的，就多寫信回家。」我終於情不自禁地和媽媽抱頭痛哭了一場，就和現在的電視劇描寫生離死別的情景差不多。去太古倉碼頭，媽媽為我送行，但人太多被擁擠散了。為此，在海南的日子裏，我非常想念媽媽。

幾年後，有次媽媽的來信說：「現在有政策——身邊無子女的可以照顧搞一個回家，你願意回家的，就搞你回家。」我當時猶如黑暗中的「紅軍遙望到北斗星」那樣，霎時人生充滿希望。

於是，媽媽從基層的售貨商店開始，四處奔走於各部門，直到市知青辦，共蓋了三十七個公章，用時三年多。最後一次媽媽寄來海南的信中說：「我給你辦的『照顧母親』辭職回城的批准公文，已經寄出一個月了，你為什麼還沒回家？」問得我一頭霧水，如夢初醒。託司務長到場部一問才知，為了搞好自兵團改制恢復為農場的第一號工程——建設龍偉水庫，上級要求集中所有人員和精力大會戰，所有辦理調動的手續也暫停一個月。龍偉水庫主壩峻工後，一天，我正在舉著鋤頭狠狠地挖灌溉渠道時，突然聽到一個聲音大聲地叫我：「司務長找你，馬上回連隊。」我高興地知道，返城的日子終於到來了。

我和司務長有一段不為人知的交情，見到司務長後，他拿出公文和我的檔案一一給我看，並交代好應辦的手續，最後慎重地用燭蠟封好檔案，蓋上第四十二個公章。我連忙收拾好行李，辦好託運，幾個要好的知青趕著牛車給我送行告別，到查苗鎮時已是黃昏。

當時鎮上的中心飯店已經打烊沒東西吃了，在我們的再三要求下，才答應破例延長營業時間。我趕緊買了幾瓶紅燒豬肉罐頭，請飯店給我們做了一桌兩款四碟的飯菜，草草將就一餐，大家相對無語。當晚，我獨自一人在車站附近的查苗旅店失眠了一夜。自辦好手續的第三天，我走了，心裏發誓再也不回來了。

但是，三十年後的那年國慶，我仍按捺不住回訪了農場，回去看看心有牽掛的龍偉水庫和老工人……

而知青**Zhuoming**在《**回城**》中的述說求人招工的經歷，更是一個十分苦澀的故事：

……去海南的知青，不！全國千百萬「上山下鄉」的知青，當初喊著「扎根農村農場」的口號踏出家門；奔赴鄉村邊陲時，相信沒有多少人想到或想過，這一去何時才能返家？若不能回城終老於邊陲鄉村將如何過？膚淺的閱歷，簡單幼稚的思維，伴隨著愚昧的衝動，幾乎改寫了這一代人的一生。

直到一九七三年，一股「回城風」悄悄潛入神州大地各個角落的知青世界，以招生的名義第一次通過正式渠道捲走了一批知青。這股風，像一石擊水，激發了知青群堆裏的一陣漣漪。這一大群全無「後門」可走的流放者們的前途似乎有了一線曙光。人們開始期盼，開始聯想，開始徬徨，期盼有朝一日能輪到自己……

可是，到了一九七六年，隨著留下的知青越來越少，「風勢」漸而趨弱。最可憐那些仍然是留在原地颳不動的人兒，眼看同來的同學、摯友一個個、一批批歡天喜地地返回城市，而自己望穿秋水卻境況依然。

我，當時就是這批可憐蟲中的一員。作為餞行話別的角色，我送走了一茬又一茬的同學、摯友。廣文、大唐、簡仔、波兄等都相繼回程了，唯獨我孤零零一人還留在農場裏。令我感觸尤深的是一九七五年的春節前，我一直送簡仔和大唐他們到海口市秀英港上了船，目送大船離港遠去，當我回到離海口市近兩百公里的山溝溝農場連隊裏，推開我和簡仔「十四號」颱風後共同建造的茅屋的木門時，一股腐黴的氣味衝面而來，人去樓空，那種失落，那種惆悵，幾乎將自己整個兒完全壓跨。那個深沉的春節假日在我腦海裏是一片空白，昔日的歡聲笑語，昔日的無憂嬉鬧，已經成為夢境而不再了。

到了一九七六年，時局動盪，我在不意中捲入一宗無休止的事件漩渦之中，使我「有幸」體驗了人生的另一極端，經歷一段難忘的低沉日子。正直此刻，一股強勁的「回城風」颳至。憑直覺，這股風似乎已是強弩之末，意在攜帶餘下的遊子，若不及時把握機會，恐怕是「蘇州過後，無舟可乘」了。但當其時自己所處環境極為不利，在幾乎絕望的心境下，為了擺脫困境，趕乘這股「季後風」，我不得不刻意地做了一些違心的工作——要緊的是儘快擺脫那漩渦。

我通過親戚遠道從香港寄來一些治哮喘的特效藥，打通了患有嚴重哮喘病的工作組組長這道坎。而事實上，我的事只是一些雞毛蒜皮的小事，就連他們工作組內部也不以為然。加上我平常人緣頗好，所以我的事很快就被淡忘了，再沒有人打擾了。另外，經城裏親友的打點，在廣州找了一家願意接收的單位，聽說將會帶著我的名單到海南來招工。為求保險，家裏人還找到了一位當年在海南行政區工作的官員協助，打通農墾總局的關係。至此，萬事具備，就待與廣州來人接頭了。

為免生枝節，此事我並沒有驚動農場裏的人。但要到海口市與來人接頭，農場當年幾乎沒有請事假的先例，更何況是辦回城調動?!幸好我當時任教的小學校長為我創造了個機會，要我到海口市為學校球隊買球衣。一個好心人！出海口要場部開「通行證」，否則無法住旅店。平時到場部要來回走四個多小時的山野公路，這天連隊裏的司務長卻破天荒地借給我隊裏唯一的一輛自行車。又是一個好心人！

我騎車到場部的路上，恰好有場裏一臺大解放汽車從後趕上，「吱」的一聲在我前面停下，司機向我招招手，示意我上車。平常這些司機大佬像皇帝般難與之巴結，也不知道今天怎的，真有點受寵若驚之感。不管怎樣，也算是一個好心人。

我連忙把自行車搬上汽車，一手扶著木欄杆，一手扶著自行車一路狂奔。崎嶇的土公路使得汽車劇烈地顛簸，使得我很難站穩。一下猛烈顛跳，被拋起來的自行車腳架重重地砸在我的腳丫子上，疼得我眼冒金星，但兩手仍不敢撒手。到了場部，也顧不得傷口疼痛，立刻辦好通行證就往回跑。一直回到連隊，才有暇察看。傷口的血已經凝固了，將傷口與布鞋粘在一起，要強忍劇痛才能把鞋脫下來。原來腳趾被砸開一個大口子，也顧不上許多，到衛生所草草包紮，第二天一早就匆匆上路。尷尬的是，由於腳趾受傷，穿不了布鞋，大晴暑天卻穿上一雙水靴上路。

經過這一下挫折，當時我就有預感，這次行程不太順利，用廣州人的話說是「踢腳」！果不其然，由於趕不上到海口的班車，要轉到嘉積市再等過路車。幾經周折，當汽車到達海口市已經是華燈初照的時分了。這兩百公里不到的路足足折騰了一天！這還沒完，那汽車沒入車站，卻轉到公安局去了。十幾位警員圍住汽車，乘客要一個一個地下車，逐個搜查，連水靴都得脫下檢查。一打聽，原來該車經過的一個市鎮裏發生盜竊案，丟失了幾塊「上海牌」手錶。這也不奇怪，當年幾百塊錢也算是大案子了。

晚上九點多，饑腸轆轆的我才找到了農墾第三招待所，疲憊不堪的我也顧不上吃喝，倒頭就睡。半夜，也不知是幾點了，被一陣急促的鑼聲驚醒，說是鄰近一民居起火，要我們立即疏散。跟著是消防車呼嘯而至，看來是睡不成了，乾脆踱出招待所，傻乎乎地一路溜達直到天亮。

一大早就來到廣州來的招工人員居住的農墾一所和二所。在那裏與幾位同農場別的隊的知青不期而遇。相信也是同道中人——都是來活動招工的事兒。大家心照不宣，相互寒暄幾句也就各行其事了。為了避免「走後門」之嫌，廣州招工人員都被隔離開來。幾經周折，方才打聽到關係人的所在。但也不知什麼緣故，來人就是不肯見我，無可奈何之下只好退出。此時已經是下午兩點多了，絕望、失落籠罩著我，心亂如麻，已完全忘卻午飯未吃，我在大街上漫無目的地踱著。難道就這樣放棄?!腦海裏又浮現昔日大家庭的溫馨，浮現出茅房的孤清……不！絕不放棄！

已是下午三點多了，我再也顧不上什麼禁忌，直接上辦公大樓找那位行政區官員。他姓趙，是個大好人，我甚至連一根煙都沒給遞，他卻為我多方奔走，直接找到了農墾局的關係，也難為他了。而最後的結果是——等待消息。

原來，當時作為招工一方，往往都會帶著本單位的職工子弟，或者親戚朋友下鄉子女的名單到農場裏點名要人。由於我父親早就退休了，我也就成了無主孤魂，而農墾局作為放走這些被「欽點」人員的附帶條件，也會要求招工單位將一些農墾局指定的關係人員帶上。我可能就屬於附帶著的一類吧，能否捎帶上？帶到哪兒？也只能被動地等待。然而，到了這種田地，等待，也許是最好的結果了。

事情告一段落，幾天過來，繃緊的神經一下鬆弛下來，感覺十分疲乏。已經是下午六點鐘了，咕咕直叫的饑腸告訴自己，今天幾乎滴水未沾。在昏暗的路燈下尋覓到一所小食店胡亂交代了肚子。經過昨夜的驚駭，不敢再住三所，轉到五所住。這五所是一座舊祠廟改建的，大堂裏擺上十幾張兩層架子床。我找到了對號的床位，鄰床熟睡著似是父子的一老一少，因為太睏了，也沒洗刷就和衣就寢。朦朧中醒覺，明天還要為學校買球衣，內長褲口袋裏的九十多塊錢和二十多尺布票總是牽腸掛肚的，於是下意識地將裝有「鉅款」的褲子纏繞在脖子上方才安心睡覺。想不到，我這愚蠢至極的舉動，恰恰向人展示了「此地無銀三百兩」。

第二天一覺醒來，只見那褲子已被解了下來置於床邊，褲兜裏已是空空如也，鄰床的一對父子也已杳如黃鶴。叫喊？報警？追查？結果都會一樣，枉然！徬徨中，我根本無暇顧及如何去完成學校買球衣的任務，也未及想到過如何賠償幾乎占我大半年工資的九十多塊錢公款，眼前身無分文，如何離開這傷心地也成大問題。可幸的是，在我近乎絕望的時候又碰到同農場的幾位知青。他們借給我十塊錢路費，方才解了我燃眉之急。

返回農場，我幾乎變賣所有值錢的家當，收音機、棉衣、舊手錶等物品，事實上，當年我也真沒幾樣值錢的東西，總算是湊齊清還了九十多元的公款。最難的是那布票，那年頭，每年每人就那麼一丈三尺六的配額，各家都自顧不暇，東借西湊的還欠幾尺，最後還得向城裏的家人求助，好歹應付過去。

直到一九七七年初，我才被一家鋼廠招了工，總算圓了回城夢。可憐辛辛苦苦幹了足足八個多年頭，八年啊！回城時卻是囊空如洗！就連託運行李所需的十二塊錢還得向別人借！！慚愧之餘，又有幾許苦澀。

看了知青Zhuoming述說的這個「為了回城愁腸百結」的問題，家人想方設法尋找接收單位，通過親戚遠道從香港寄來一些治哮喘的特效藥，打通了患有嚴重哮喘病的工作組組長這道坎，買通場部專案組的領導，直至找到海南行政區的官員幫忙說情，而自己卻要像地下工作者似的，瞞著農場隊裏人員，一路歷盡艱辛，忍著傷痛，大熱天穿著水鞋，從山溝溝趕到兩百公里外的海口去乞求招工人員的恩賜，結果還被冷落，熟睡之際還被歹徒偷了替學校買球衣的鉅款，最後不得不變賣所有「家當」，囊空如洗地借錢返回廣州……

至此，自由兄弟真是感到一種莫名的心酸，儘管一再控制內心的情緒，但仍止不住要為這位場友憤憤不平對著蒼天問上幾句：「當初我們響應最高指示號召，來到海南農場，受盡人間艱苦，奉獻寶貴青春，到底何錯之有？為什麼不能像當年一樣敲鑼打鼓、披紅戴花地歡送我們回城，而要走得這麼狼狽？這麼傷感？這麼沉重？這麼無奈？……」

然而，就在我心中還為這位場友憤憤不平之時，我又看到了一則更為催人淚下的故事。知青**aige**在**〈生離死別〉**中述說道：

……招工已到尾聲，農場裏又來了幾個「收買佬」（當時對招工者的幽默稱呼），阿容的名字也有幸夾帶在招工對象的名單中。有喜有憂，阿容難以選擇自己的命運。阿容已是兩個女兒的母親，丈夫阿才是汕頭知青，不可能同招到廣州。小倆口思索、煎熬、權衡了幾個夜晚，為了妻子和女兒，阿才決定「放」

阿容回廣州的家。當時的戶籍政策是孩子戶口跟女方。阿才衡著這一條盤算好了：一家四口，轉眼間三個得了省城戶口，值！

人算不如天算，阿容到場部「面試」，「收買佬」告訴她：「本企業只招單身知青，想被招，必須辦離婚。」阿容渴望的點滴星光又被一片烏雲遮擋。離婚可牽連到一家四口，還有道德情操……阿容麻麻木木、跌跌撞撞回到山溝連隊與丈夫抱頭痛哭了幾回。隊裏所有人都不知所措。最後，阿才不愧男人大丈夫，在離婚紙上簽了字。用他的話講：「走得一個算一個。」

阿容帶著兩個尚未懂事的女孩回到了這個熟悉而又陌生的城市。生活的奔波與艱難，阿容不得不依賴母親的資助。阿容的父親早逝，相依為命的母親在阿容回城之後總要她找個城裏人重組家庭。實在講，憑阿容的為人處事大方、勤勤懇懇、溫柔相貌，組個新家並不難，也受到不少男子漢的青睞。

然而，海南的一段情，一個人，她始終未能忘懷。女兒當然不會明白爸爸為何不回來，也不明白媽媽為何總要偷偷地往天涯海角書信寄物。隨著日子的推移，母親的嘮叨越來越多，上門的媒客越來越密。此時此境的阿容卻沒屈服於生活以及來自母親的壓力，獨自做出選擇：別離農場近三年的她回到海南農場的第三天與阿才辦了重婚手續。這回場裏許多人都流下了熱淚，這正是「城裏何處無芳草，唯獨鍾情天涯淪落人」的真實寫照。

就因重婚，阿容徹底與母親鬧翻了，氣炸了的母親聲稱沒這個女兒。阿容倔強地離開了家，自己動手在上班工廠附近的閒置地上搭了個遮風擋雨的棚算是新的「家」。阿容的倔強、勤懇、自立、無奈，終於感動了人，得到一些好心人的指點和幫助。經過三四年上上下下、奔奔波波，丈夫阿才有幸以照顧「夫妻兩地長期分居」的理由調至廣州，在一個單位裏當上雜勤工，但調前單位就聲明沒房子安排。阿才只好白天工作，晚上睡傳達室。總算小夫妻倆有了轉機，由「兩地長期分居」升級為「一地長期分居」，阿容、阿才在各自的單位裏都踏踏實實地工作，樸樸素素地生活。大部分回城知青的工作表現、生活境況在她倆口子身上顯現得淋漓盡致。

改革開放，工廠效益好起來。年年評上先進的阿容獲得特批，有了一套房改房（當時分房是以男方為主的，故要特批）。經歷了結婚、離婚、重婚等十多年來的煎熬，阿容與阿才終於有了一個真正的家。故事講到這本可以大團圓結局，但這個世界怎麼老是捉弄好人？阿才病倒了，被查出是晚期肺癌。煙酒不沾的阿才也得此病？太不公平了吧？十八歲就獻身海南，熬過了歲月，卻在奔小康的路上倒下。阿容再一次遭受打擊，女兒還要培養，生活還要繼續，一個倔強的女人擦去淚水，花盡所有的積蓄，變賣所有值錢的東西，借盡所有的親友，為的是多些日子能在病床邊握緊阿才的雙手。看她與阿才臨終前的一段對話就足以催人淚下——

阿才：「容……你嫁我三十年，我累了你三十年，我走後……你找個好男人替我回報你三十年……」

阿容：「不！三十年太短，我要守你一輩子……」

（後記：這是我身邊一個真實的故事，僅用了代名。現在阿容的兩個女兒已大學畢業出來工作，承擔著父債女還的義務。）

對於這則故事，不少知青都有感慨。知青**johnnyhuang**感歎道：「當年我們也同樣為一個戶籍（也算一個夢吧）而從海南重回到城裏！如果沒有戶籍，只要你找到工作，能立足生活則表示暫能安居了。生活幾年後，生活無色彩，工作沒挑戰，覺得悶了，再到別處去，繼續尋找自己的理想……唯一的阻力來自家庭和孩子，因有了這些，想法就沒那麼簡單了，甚至為了一些原因（親人）做一生的廝守與承諾……」

知青**策馬春秋**則憤怒道：「歸根到底還是當時那吃人的政策，當時許多悲劇可以歸結為環境造就。還好我們的後代不用再去經歷那個年代，他們的命運更多由自己性格和努力來把握，所以比我們更幸運……」

在粵海知青網上，我還讀到了**1968hfz**寫的一篇〈**感情的輪迴**〉帖子，將連隊最後一個回城知青的焦慮而又空寂的心態寫得活靈活現：

……我所在的連隊地處農場邊角旮旯的小山溝，聽老工人說，在知青沒到來前，那裏是個很寧靜的地方，山巒是寧靜的，大地是寧靜的，人也是寧靜的。工人都是從農村來，帶著農民的質樸，勤勞而知足，日出而作，日落而息，靜靜地過著簡單清苦的日子。

一九六八年，我們近六十個知青來了，知青的到來像在山溝裏突然燒起了一堆熊熊篝火。革命，激情，喧嘩，朝氣，理想，雄心，狂熱，昂首高歌，戰天鬥地，活力四射……每個知青都在小山溝裏狂熱地燃燒著自己的激情，燃燒著自己的青春。青春激情的篝火，熊熊燃燒著，熱情地燃燒著，燒紅了天，燒紅了地，灼熱著每一顆心。

突然，一個知青悄悄走了，被他的剛解放的高幹父母悄悄接回城裏去了，像天邊炸響一個驚雷，讓人猛然一愣。不久，又有驚雷響起，一個，又一個。風來了，雨來了，天色慢慢暗下來了，熊熊的篝火慢慢小下來了。上學，參軍，招工，病退，調動……同來的知青開始迫不及待地向著光明，或帶著榮譽，或帶著傷殘走了，一個一個走了。篝火慢慢熄滅，風颳過，剩下的幾個知青像灰燼裏的幾顆火星，閃爍著微弱的光，在互相盡力照亮著對方，盡力溫暖著對方。

剩下的幾個知青也一個走了，又一個走了。最後剩下的一個在小山溝裏守望的知青，則是我和我的影子。篝火熄滅了，往日的喧嘩消失了，小山溝漸漸回到多年以前的寧靜。我佇立在落日黃昏，百無聊賴，漫無目的，茫茫然看著屋外，默默撫摸逝去的歲月。屋簷下飛進飛出的小麻雀，年年在這裏叼草壘窩，在窩裏親親熱熱生兒育女，繁衍生息恐怕都過了幾十代了。先回城的未婚妻十天八天就來一封信，都是在焦慮地呼喚著我回。而我，每天只能看著壘窩的麻雀們的忙碌，在無所事事的百無聊賴中等待，在老工人送過來的飽含同情歎息的目光中等待。

一九七九年五月四日，終於，我帶著幾捆木料，像麻雀叼著壘窩的草，乘上十年前來時的輪船，最後一個回城了。「五四」青年節，二十七歲不到，年紀還輕，心卻已經不年輕了。十年前昂首闊步地去，十年後心力交瘁地回。十年前懷著理想去，十年後帶著現實回。已近而立之年，一切才從踏上故土那一刻開始，從帶回的那幾捆壘窩的木料起步……

此帖勾起了一些類似境遇知青的共鳴，知青**四三居士**跟帖道：「……深有同感。因為出身工人家庭，無權無勢，什麼後門也沒有，我也是幾乎最後一個離開隊的廣州知青。那種失落，比起當年去的時候更甚。不過，託鄧小平的福，好在七九年高考上榜，才改變了命運。至今，仍舊不時夢中回去。」

知青**Shenyouxia**說：「……我也是連隊中最後離開海南的，曾感受過一九六八所寫的孤寂。每逢深夜醒來，自己會有一種猶如獨自在群山峽谷中行走的恐懼感。好在趕上最後一趟回城的班車，現在的日子也將就過得去了。不求發財，但求健康。」

一九七七年至一九七九年的廣州，甚至廣東大小城鎮千家萬戶最熱門的話題和最催人熱淚的鏡頭就是「團圓」、「團聚」。在知青回城這一方面，廣東比全國早走了一步。當雲南兵團的知青們在為回城不惜以死抗爭的同一時期，海南兵團大部分知青已通過各種途徑返回了自己的故鄉。這要慶幸當年海南島還屬廣東省管轄，而廣東省由於毗鄰港、澳，「文革」結束後工業恢復得最早、最快，特別是廣東省各級政府和官員以「實事求事」精神，用萌芽中的「改革開放」思維，大量從農村、農場招生、招工，為「第一個春天」的到來做好了人力資源的準備，同時也間接地在全國催化了「知青回城大潮」。

今天回過頭來，以許多回城知青卓有成效的創業事例，來審視海南兵團知青這段大返城的歷史，不管是當兵、上學、招工也好，還是頂職、病退、困退也罷，不管他們是用找關係、走後門的手段，還是假病歷、假證明的辦法，自由兄弟認為我們的選擇是明智的。因為在我們無私地奉獻了寶貴的青春年華之後，在那種令人窒息的環境，我們完全有權利選擇生我們、養我們，我們本來就十分熟悉而又充滿活力的城鎮，依靠自己的聰明才智，去尋找更大的社會發展空間和表演舞臺。而這種選擇實踐證明也是十分正確的。

恕我直言，如果不回城，許多知青充其量可能只不過是在連隊當一個班長、副班長，運氣好的最多能到農場當個幹部，絕不會可能有如今人才眾多的可喜局面。所以我們無須羞愧講述回城的經歷，而要羞愧的是當時的極左政策。

第五節　無奈和自願留在農場的知青

讓人痛惜的是，在海南知青返城的大潮之中，也有一些知青出於種種原因，無奈地留在了農場。但他們依然心有不甘，盼望著有朝一日，葉落歸根，返回自己日思夜想的城鎮。自由兄弟熟悉的一個海南兵團的女知青，因為被當地連隊的一個幹部誘姦，懷孕有了孩子，無奈之下在當地成了家，還曾被農場樹為扎根邊疆的先進。幾十年過去，本以為都已風平浪靜，誰知最近還是獨身返回了城市。

原來她很難融入當地的生活，對當地的風俗習慣很不適應，與家婆性格又不和，每逢與婆家人發生口角，都是人人指責，處處受氣。在經過漫長的煎熬之後，去年，她終於在能領到退休金的日子，回到了她已陌生的城市，與父母住在一起。為了彌補退休金的不足，又擺起了小攤賣些水果。每當農友「幫襯」之時，都要聽她說上幾句後悔的苦楚。因為與同去的知青相比，她的這條回城道路，走得實在是相當漫長。

即使是現在，一些當年留在海南農場的知青仍然苦苦找尋門路想將自己或子女的戶口搞回城鎮來。在廣州軍區專業作家**張為**在一九九二年寫的**〈青春的價值〉**報告文學中有這麼一個細節令我難忘：

……由廣州下到陽江農場的知青也只剩兩個了。兩個都是女的，因為與當地人結了婚，未能返城。羅部長找了摩托車來，馱我去看望了其中一位。

她叫陳美玉，正在農舍式的小房子前面晾衣服。若非羅部長介紹，我不會相信她曾是廣州姑娘，不會相信她僅有三十八歲。站在我面前的，是一位地地道道的農場老工人，或者說是一位四十多歲的農村婦女。後來坐在屋子裏聊起天來，她那爽朗的笑和她那灑脫的談吐，才使我找回了知青的認同感。

她告訴我，最初的知青是滿懷革命豪情，喊著口號「上山下鄉」的。她下得晚，又是街道動員街道組織的，是流著淚下鄉來的，那時候她十六歲。父親說：「反正要下的，下到農村要插秧，你受不了，還是去兵團吧。」一九六九年十月到了陽江農場，當時叫六師七團十二連一班。下來以前街道說：「兵團跟部隊一樣，不用帶被子、行李，只要帶個飯盆就夠了。」來了以後卻缺東少西。幸虧老工人們看他們離父母遠了，把瓦房讓給他們住，自己去住草房，又幫他們釘木樁，搭床板，搭桌子，搭椅子，幫他們安頓下來。陳美玉說起「老工人」三個字十分親切，像說自己的父母。

那時候的確是動不動「大會戰」，砍岜開荒，常常一天十多個小時，比農村插秧累得多。山上的口號牌子寫的是：「一不怕苦，二不怕死。」「為革命種膠。」「下定決心，不怕犧牲。」陳美玉和知青們也都真的拚命幹。那時也真是只求數量不求質量，種得多了管不過來，前面開荒後面荒。那種驚人的損失，不是天災是人禍。奇怪的是，眼看著自己的血汗成果一片片地慘遭損失，知青們並不心痛。他們覺得麻木了。

也許這種麻木是更可悲的。他們是對理想麻木了，對人生麻木了，對自己一生中最寶貴的青春麻木了。我聽說，有的地方知識青年在近年組織了一些懷舊活動，到他們下過鄉的地方去撫今追昔。他們為那些地方做出了巨大的貢獻，經濟建設和文化建設成果累累，他們為此喊出了一個燙人的口號：「青春無悔！」

但是，在海南幹過的兵團知青卻很少有這樣的熱情。他們之中同樣人才濟濟。我在廣東文學界裏許多朋友，是廣東當代文壇的棟樑，他們就有許多人來自海南農墾，是當年的兵團知青。他們對海南農墾亦有千縷情絲，萬個情結，卻為那一段青春的代價默默地悲哀著，只能化成一篇篇難以盡言的作品，彷彿一張張飄然而逝的紙錢。

陳美玉告訴我，她至今仍在努力於返城。她解釋說，現在生活比過去好多了，不是不想幹，是身體已經累垮了，不行了。他的「老公」是邱世侯的大兒子，農場第二代正統工人，也在全力支持她返城。他說，只要她能回去，把孩子也帶回去，他調不過去也沒有關係。我知道，他們的願望比以往更難實現了。我只有默默地祝福他們……

據陽江農場勞資科統計，當年到陽江的知青八百一十九人，如今尚有二十一人（包括由外單位外調來者）。另有印尼歸僑知青七十人，如今尚餘二人，而這兩名歸僑知青無奈留下的原因，說來更令人心酸難過——因為人們只能在醫院的精神病房裏看望他們。

他們是兄妹倆，哥哥李黎星，妹妹李黎娜。一九六五年印尼排華，他們回到祖國讀書，一九六九年被動員下到陽江農場當兵團戰士。哥哥勞動不怕苦累，妹妹能歌善舞是文藝骨幹，後來並無特別的原因，兄妹倆先後患上了精神病。物換星移之間，同來的僑生知青們紛紛離去，到一九八〇年左右，便只剩下他倆：農場為黎娜辦了病退，給黎星發病號工資，準備撫養他們終生。

一九八六年時，他們的母親由國外回到廣州。僑辦打電話要農場把兄妹送去，在廣州住了一個多月，妹妹又在廣州精神病院住了半年，終於又回到了陽江。到一九八七年，福建來了他們的一位親戚，又接他們走。妹妹這回死也不走，只說：「陽江好。」親戚帶走了哥哥，還專門跟農場簽了一個「李黎星同志退職回原籍有關事項協議書」。不料一年以後，那人又把哥哥送回來，把他留在場招待所不辭而別，只給招待員和場領導留言，請他們收下李黎星。另外還有其母帶給場領導的信，寫道：「我兒黎星，去年十月帶回祖籍龍岩市，原答應接受並負責照顧的侄兒，已於七月底因病去世，再無其他親屬委託，無法落戶。且黎星吵著要返回，我香港歸期已到，萬不得已才決定割愛，送回貴陽。」云云。

我彷彿看見了一位白髮飄飄、淚跡斑斑的老母親，看見了老母親一顆破碎了的心。然而生老病死是人類最無可奈何的事，陽江農場已經盡了最大的可能照顧兄妹倆。但願黎母山下這一泓人道主義的暖流，可以給遠方的慈母帶去一絲慰藉。在病房裏，李氏兄妹當年兵團戰士的影子已經蕩然無存，他們失去了準確的記憶和清醒的判斷力，無法回答一般性的問話。我覺得悲壯，對他們肅然起敬。因為他們是那七十名僑生的代表，是那些為陽江農場，為海南農墾，為中國橡膠事業奉獻出寶貴青春的代表！

除了因為成家或因病、因傷致殘，還有一些知青由於家庭個人等種種原因也留在了農場。自由兄弟曾有兩個到海南瓊中縣農場的同學，在大返城之時，苦於沒有門路，單位又不肯幫忙，最後只好無奈地留在了那裏。也許心裏鬱積太多的自卑或憤恨，幾十年來，不管是哪個同學回訪相約，他們都一概推辭不見。有一次，回訪的同學事先電話通知尋到隊裏，他們也躲到山上幹活避而不見。每次他們回來探家，也是悄無聲訊，不曾找過一個一同前去農場後回城的知青。令人想起來就心痛和感傷……

據《南方日報》記者**梅志清**報導：

去年的海南島是最熱鬧的，一批又一批的知青回到農場，在原來的宿舍、操場、伙房前唏噓感慨，重溫歲月。而老花工方木火望著集體宿舍外的滂沱大雨，看著來來往往的人群說：「很多人回來，不過很多地方都變了，他們也不認識我了，我也不太記得他們的模樣了。」這位黑瘦的普寧知青自從二十歲到海南島當知青後就一輩子吃住在農場，一輩子過著集體生活，沒有回過一次家鄉，也沒有和家人有任何聯繫。「他一輩子單身，一九八五年的時候和一個文昌妹結過婚，可一年不到老婆就跑了。我跟他說老婆是要拿來疼的，這麼深奧的東西他不懂的啦！」同宿舍的黎族小保安當面這樣打趣火叔。火叔聽著，也跟著微微笑，就像在聽別人的故事。

但是對於曾經的知青歲月，卻像是刻在腦海裏了，不須啟動就可自動重播。「我那個連隊叫愛軍隊，是兵團三師八團十連，我們一來就去開荒種膠，跑到原始森林裏又砍又燒，點砲炸石，老樹燒完後就挖洞，種膠苗。一九七三年那場大颱風一來，又把我們辛辛苦苦種的橡膠打個精光。哎，那時真是苦！我們連的知青有廣州來的，也有湛江來的，不論男女大家都住在山裏的茅草房，吃的是木薯，大風大雨照樣出工開荒，一到晚上有些女知青就哭，想家。」火叔的眼睛很少與人對視，他唸叨著。屋內光線不太亮，越發覺得他臉上的皺紋如溝壑，記錄著難以言說的滄桑……

與方木火相似，在《廣州日報》記者**王鶴**、**陸建鑾**的眼裏：

每天清晨，海南國營紅崗農場二十六隊的留守知青林培崇起床後的第一件工作，是給養在連隊院落中的十多隻土雞餵食，之後就是漫漫一天無所事事。

在隊裏，林培崇習慣穿著一條短褲，赤裸上身，打著赤腳。今年五十九歲的他頭髮全白，臉上佈滿皺紋，牙齒也掉了不少。這名潮汕知青每月仍拿著九十四元的工資，留守在親手開墾出來的橡膠林中。

一九六九年，林培崇和一幫潮汕知青乘船來到海南。與廣州等地的學生知青不同，當年的潮汕知青多為社會青年，林培崇是農村來的。在很多知青的記憶中，林培崇勞動十分積極，對於困難從來不叫苦叫累，是兵團赫赫有名的模範知青。

一九七六年，回城大門打開，林培崇由於「老家已經沒有什麼親人了」等緣故放棄了回城努力。

一九八四年，由於長期超負荷勞動，年僅三十五歲的林培崇積勞成疾，成為「病號」。此後，不能下地勞動的「病號」林培崇一直未婚，孤獨一身的他成為連隊中唯一一名留守知青。

二○○六年，回訪海南的潮汕知青發現了林培崇無助的境地，在潮汕知青方堅領頭下，潮汕知青將林培崇的家從破瓦房搬到連隊寬大的平房內，熱心的戰友們為他買來了一車的家具和家電，並每月定期發給老林三百元生活費。回首往事，林培崇坦言，自己無怨無悔；對於現在的生活，林培崇告訴記者他很滿足，只希望明年一月一日滿六十歲的時候能夠成為農場正式的退休職工，領到一份稍高一點的退休金。

在海南，也有一些出於各種原因考慮，而自願留在農場的知青。作家**張為**在**〈青春的價值〉**中還講道：

……我到三十八隊去採訪兩位模範人物，不巧都不在家。隊部一位四十來歲，名叫許振文的管理員接待了我，他從家裏拿來他自己手工揉製的炒青茶。我有茶癖，愛飲好茶。他的開水沖下去，一股買不來的濃郁的茶香便沖上來。見我那副饞相，他笑了，說：「我們隊裏產茶，但是我從來不喝工廠裏加工的茶。這茶葉用手揉，小茶鍋炒，四個小時『生產』一斤兩斤的，才有這個味呢。」

於是我們聊起來，才知道他是海口知青，他的妻子是汕頭知青。

我問：「你們沒有返城啊？」

他答：「沒有。在農場習慣了，回到大城市住兩天，倒想早些回來。」

我問：「為什麼呢？」

他答：「城裏人沒有農場的樸實，空氣也沒有農場的新鮮。」

他又補充說：「再說當初活動回去要花很多錢，我們收入不算高，不想花那麼多錢。」

談起兵團的崢嶸歲月，他依然是這樣的恬淡態度。他還說，那時候種的膠也不是都死了，現在的開割樹好多都是那時候種的。管理不善也不能全怪兵團，隊幹部還都是老農場的人嘛，軍隊幹部只有十幾個，都在團部嘛。」

我覺得這位老許很有意思，彷彿是個超凡脫俗、賦閒隱居的古賢。走的時候他給我提來一包他自製的手工茶，分手了也沒問我姓甚名誰，顯見是根本不圖回報的。我想，他說得不錯，兵團時期的錯誤不在於是不是軍人領導，那是一個錯誤的年代，錯誤的歷史。

想必他對那一段青春的價值，也會有一種超然之見的。在這些受到農場工人感化的知青中，三十八隊的海口知青許振文就是終生扎根在橡膠林的代表。許振文是十八歲來到陽江農場的，回憶當初下來的情景時，仍是記憶猶新。

那是一九六八年十一月二十八日，學校請來了老知青來中學講農場的情況。老知青講得很實在，把艱苦性和荒涼情況做了如實彙報：「河溝水苦，茅房青，到了晚上數星星。」可列印成宣傳材料卻變成了：「自來水甜，瓦房新，到了晚上數電燈。」儘管這樣，為了響應毛主席的號召，知青們還是乘車來到了陽江農場。許多女同學一看山中的情景，當時就哭了。

「由於農場領導的關心和老工人的榜樣，我們幾個人硬是頂著留下來了。頂到最後全隊也只剩我一個人了。這時父母已在海口為我找到了工作，並由哥哥們湊足一千元禮金，填了表就可返城。我一聽火了：『工人的錢絕不餵狗，回不去，我還不願回去。在農場住久了，已不適應海口市那種生活環境了。』」

據悉，許振文於一九九九年前後因病去世，他的愛人和兒子後來返回了汕頭。其實，並不只是一個許振文，在海南、湛江許多農場，也有一些知青自願留了下來。據《南方日報》記者**梅志清**報導：

……一九七八年知青大回城，彭隆榮，這位四十年前來自潮汕地區的中學生卻沒有回去。再後來，在廣州高等學府求學四年，畢業後面對大都市眾多機會，他還是選擇回到那個窮困的農場。

「生生死死都在這裏了，離不開了。」老彭說。

南田農場公安分局的張局長還記得一九七八年知青回城的情景。「那時我們還只是農場的小孩子，突然幾天間知青老師都走了，學校都沒老師上課，熱鬧的農場一下子安靜了，靜得很可怕！」

知青許廣林也留下了，現在他是南田農場的場長助理。「我們這邊留下十幾位，都是潮汕知青。為什麼留下來？大家覺得回去也是人多地少，沒什麼發展機會。而這裏地多，陽光燦爛，雨水充足，種什麼活什麼，起碼有口飯吃。」儘管留守海南四十年，但老許這位潮汕金山一中的學生鄉音仍未改，閒暇時，他最喜歡的就是和一幫老知青唱唱潮劇，練練書法。

知青回城了，中國也在那一年開啟了改革開放的大幕，深圳特區開始「殺出一條血路」，然而，春風仍未吹到保守的海南農場。知青回城後的一二十年，三師八團年年虧損，債臺高築，日益破敗，職工領不到工資，數千人舉家外遷。

一直到一九九二年，那是三師八團的春天。廣東小知青彭隆榮一當上南田農場場長，就幹了兩件「蠻事」，一是精簡機關，砍掉機關一半多「幹部」，結果把自己老婆也「精簡」出去了。二是率領大夥打出了日偽時期就已勘探的溫泉水，號稱「神州第一泉」，廣告還打到了北京的街頭。當時為了配合開發溫泉，要挖幾個人工湖，農場又沒錢，老彭在南田農場搞「萬人大會戰」，男女老少齊集在「南田是我家，開發靠大家」的戰旗下，一起出力，一鍋吃飯，十天下來硬是靠雙手挖出一個「蓮花湖」。從此，南田農場就以溫泉開發為龍頭發展，數十年不變的以種橡膠為主的農業產業結構開始調整。

……

穿梭在海南島上，這種留守農場的知青故事並不難找。其中不少人的工作依然勞累艱苦，生活也依然清苦貧困。知青**花黎格**說：

我回城後，農場還有兩個廣州、湛江的女知青留在海南，九八年「上山下鄉」三十周年之際回訪農場時，我還見到她們。兩人剛割膠回來，穿著一雙水鞋，挑著一擔膠桶，身上衣服盡是斑斑點點膠水印跡，像是一件碎花衣裳。

她們看到我後，先是有些自卑地想躲開，直到我主動走上前去交談往事後才變得親近起來。她們得知我回城後混得不錯，還當了小官，跟農場領導比較熟悉，於是懇請我幫她們美言幾句，希望能調到場部工作，不用再半夜三更爬起來割膠，好方便照顧孫子。後來我找到農場領導，請他們想想辦法。不久，農場將她們調去了新辦的果脯加工廠。之後，她們來電話對我千恩萬謝的讓我心裏好不感慨……

第六節　永遠長眠在熱帶雨林中的知青

與回城和留守的知青相比，最令人難過的是有一些同去的知青，他（她）們永遠、永遠再也回不到朝思暮想的故鄉，再也看不到已經長大成林的橡膠樹了。因為他（她）們早已獻身於海南，獻身於雷州。這樣的知青在海南兵團每個農場都有，儘管他們的墳墓散落在海南島和雷州半島的各個角落，但有一點卻是驚人的相同，就是知青們在埋葬這些早年夭折的夥伴之時，都將他們的墳墓朝向當初滿懷青春夢想來的大陸——那是他們的故鄉！

如今這些散落於群山峻嶺中的墳墓，有的還偶爾可以看到當年的戰友、場友或親人對他（她）們緬懷弔唁和哭泣，而更多的是早已被人們遺忘，默默地任憑山花野草開滿、長滿墳塋，終日只有淒涼的山風和無名的鳥兒在替他（她）們唱著回城的輓歌。……現在，誰也難以準確統計，當年到底有多少知青兄弟姐妹長眠於海南島和雷州半島那片鬱鬱蔥蔥的熱帶雨林之中……

前不久，粵海農墾知青網就「上山下鄉」期間去世知青進行了調查，一個多月時間，得到不少農場知青的支持。有十七個農場知青上報了共計六十餘名知青在「上山下鄉」期間死亡的資訊。顯然，這只是很少的一部分人數。因為海南兵團下屬十個師，多達一百四十八個團（場）和三個獨立營，還有一些兵團、師屬工礦企業，而且由於上報的知青對所在的農場死亡的知青資訊掌握不全，只有告知自己瞭解的情況。即便如此，我們仍可以看出當年海南兵團知青曾經有著相當高的死亡率。

這其中除了前面自由兄弟已經講述過的晨星農場養豬連因遭遇洪水一次死亡二十二名知青等悲劇外，還有南島農場的九名知青因病、因公或其他緣故死亡。陽江農場也有四名知青死於工傷或疾病之中。更為驚心的是，僅白沙農場一個南港隊就有三名知青因患腦膜炎、精神病和肺病死亡。如果以每個團（場）死亡六至八名知青概率推算，海南兵團（農墾）在長達十年的「上山下鄉」期間，估計有一千名以上的知青兄弟姐妹永遠長眠在海南島和雷州半島。那是整整一個團的編制啊！

為此，自由兄弟特意將已知的部分知青兄弟姐妹死亡原因摘錄如下，以寄託自己的哀思，同時也讓人們從中領略當年海南兵團那段歲月的困苦和極左路線的荒唐。

諸木蘭，女，潮汕知青，一九六九年下鄉到紅華農場。一九七一或七二年間在農場患「乙型腦炎」去世。

林瑞卿，女，汕頭知青，一九七〇年八月三十日到紅光農場建設隊（五師九團十六連）。一九七五年在農場非自然死亡。

梁　甜，男，廣州知青，一九七〇年到海南兵團紅田農場十四連。一九七五年十一月八日下午二時許，在紅田農場十四連採石場為了其他農場職工的生命安全，奮身排除啞砲壯烈犧牲，年僅二十一歲。

董方英，女，南雄知青，紅田農場武裝連。一九七×（？）年在返回連隊途中經過水利溝小木橋突發洪水遇難。

鄭仰榮，男，潮汕知青，一九七〇年六月二十五日到海南福報農場。一九七一年七月水庫潰堤，為保護國家財產壯烈犧牲。

劉劍鋒，男，廣州知青，一九六八年到陽江農場（六師七團）一隊。因工作時雙腿被樹壓斷致殘，無法返回廣州，二〇〇〇年前後因病去世。

廖崇凱，男，潮州知青，一九七〇年到陽江農場（六師七團）六隊。參加七隊農田基本建設炸石頭時犧牲。

周　定，女，廣州知青，一九六八年十一月到南島農場五連。一九七五年因失戀在橡膠林裏上吊自殺身亡。

關海鷹，女，廣州知青，一九六九年七月到南島農場。在十七連的河溝洗衣服時溺水身亡。

張廣康，男，廣州知青，一九六九年七月到南島農場十二連。一九七〇年上半年團部組織在樣板連開荒定植大會戰中，因為在伙房偷拿了食油給其他知青食用而被連隊領導批評，得知第二天要被批鬥後連夜逃離連隊失蹤。第二天連隊派人多方尋找未果，幾個月後在二十三連附近的一塊大石頭上，被一位當地的黎族農民發現了他的屍骨後即報告給團部機關。

盧嶽根，男，汕頭知青，一九六九年七月二十六日到南島農場武裝連。一九七〇年四月團部組織在樣板連開荒定植大會戰中，他被安排爆破工作，在排除啞砲時被炸身亡。

方壯英，女，普寧知青，一九六九年十一月二十六日到南島農場十連。一九七二年間因失戀在三亞跳海自殺身亡。

關嘉祥，男，湛江知青，一九七〇年八月二十八日到南島農場十連。一九七一年因患鉤端螺旋體後破傷風身亡。

江?坤，男，普寧知青，一九六九年十一月到南島農場二十一連。後在連隊喝農藥自殺身亡。

許立芳，女，陽江知青，一九七〇年七月二十八日到南島農場六連。一九七四年因病逝世。

謬天佑，女，廣州知青，一九六六年到海南白沙農場南港隊。一九七〇年秋因南港爆發性腦膜炎病逝。

陳惠權，男，廣州知青，一九七〇年三月到海南白沙農場南港隊。在一九七四年秋，因患重度精神病誤殺人，病死在場部看守所。

周如龍，男，汕頭知青，一九六八年到海南白沙農場南港隊。在一九七五至一九七六年因患肺病服農藥自殺身亡。

黃麗君，女，汕頭知青，一九七〇年七月到海南兵團五師三團十六連。一九七二年八月二十八日抗擊「十號」颱風，為搶救集體財產光榮犧牲。

崔偉標，男，湛江電白知青，一九七〇年八月到海南農墾石碌水泥廠（原兵團四師水泥廠）。因患單核細胞白血症，一九七六年七月七日在海口病逝。

賴耀娟，女，汕頭知青，一九六九年十一月十四日到儋縣藍洋農場原紅衛隊橋頭班。一九七〇年九月參加農場組織的百日大會戰，在田排山患惡性瘧疾搶救無效，於當月二十八日死亡，土葬在場部衛生院附近的山坡。

黃　保，男，潮州知青，一九六六年到西聯農場。一九七一年左右因當時的社會環境和生活環境對他十分不公平而想不開自殺。

楊鏡清，男，廣州知青，一九六八年十二月到保亭縣新星農場畜牧一連（三師三團）。一九七五年頂職後因精神失常，一九八二年流落街頭死亡（父母雙亡，其一直未婚）。

徐群開，女，廣州知青，一九六八年到三亞南新農場（三師十團）。一九六九年因病不慎掉入水井溺亡。

鍾奕寬，男，廣州知青，一九六九年一月到海南紅崗農場（六師一團）十一連。一九六九年六月九日在開墾菜地清除樹頭打孔炸砲，排除啞砲時不幸被炸死，年僅二十歲……

說來也巧，就在自由兄弟飽含熱淚，將這些長眠在海南的兄弟姐妹名單複製於收藏夾時的次日，我又出差來到了湛江。一路上，我的思緒都難以平靜，總覺得有一股巨大的陰霾籠罩著自己的心靈。是夜，我獨自來到海邊，迎著撲面的海風，習慣地向著遙遠的海南方向凝望。我彷彿看到烏雲低垂、波濤洶湧的天際之處，有一艘碩大無朋的「紅衛號」巨輪，正航行在歷史的長河之上……

巨輪寬闊的甲板兩側，正滿滿當當地站著十多萬青春年少、風華正茂的海南兵團戰士。可是，轉眼之間，他們全是兩鬢斑白，已近暮年的老人。而至高無上的命運之神，卻在驕橫傲慢地給予他們不同的賞賜：有升官的，有發財的，也有失業下崗的；有回城的，有出國的，也有終老熱島，或魂遊異鄉的……

我實在想怒吼一聲：「紅衛輪」，你為何這麼不公？為何不將我的海南兵團兄弟姐妹，都如數完整地又載回他們思念的故鄉？載回到他們親人的身旁？而且竟任憑歲月無情的浪花，過早地奪去他們許多花季般鮮活的生命！你實在是太狠心，太冷酷了！要知道，他們甚至連愛情的甜蜜、連做父母的喜悅都未曾品嘗過呀！你怎麼就忍心將他們拋棄?!

不知怎麼，想著那段與已故的戰友和農友艱苦異常、患難與共的日子，我突然淚流滿面，神情恍惚，最後竟抑制不住內心悲愴的情感嚎啕大哭起來。哭聲中，我又沿著彎彎曲曲的山路，返回了當年鑼鼓喧天遠赴海南兵團的時空。哭聲中，我又沿著重重疊疊的山嶺，在淒迷的風雨中，瘋了似地找尋著永遠失落在另一個冰冷世界的戰友。因為那是我們整整一代人難以癒合的傷痛啊！自由兄弟怎能不悲從心來？淚水滂沱……

唉，逝者已矣！還是讓我們以知青**zhfang**一首**〈昨夜風雨〉**長詩，來告別曾經灑滿我們青春碎片的熱島吧！

（作者在詩前說明：〈昨夜風雨〉大約寫於一九七八年底或七九年初吧，是考上大學報到第一晚，因行李未到，我住在學校招待所裏徹夜難眠。既寫了上島也寫了離島，其實海南知青離島的情感，可能比上島更為刻骨銘心！）

莫非是島上的風雨／從千里外趕來，
匆匆地叩擊／我床邊的紗窗。
白天，我向列車後面／望斷了／南粵的山嶺，入夜，你卻驟然撲入／我荒蕪的夢鄉。
可是當我離島的時候／你卻躲著不見，
我在甲板上等候了十幾個小時，
一望無際／都是溫柔的海水／都是蔚藍的天

記得我們初見
是在一片片森林／的灰燼中間，
你揚起了濕淋淋的皮鞭／劈頭劈腦
抽打著山嶺／赤裸裸的胸脯
和我們／赤裸裸的腰身。
但當疲乏的黑夜／癱倒／在大山的腳跟，
你悄悄地／潛入苗圃，
輕搖著我們的草屋
輕搖著深山裏／一個／孤零零的搖籃，
使我們想起／遙遠的童年／遙遠的母親。

為著一片片新生的膠林，
我們有過／多少激烈的爭辯，
但當群山一旦漾起／翠綠的濃蔭，
你在林中笑得／和我們一樣開心。

面對著扣嚴的領口上面／扭歪的嘴角；
面對著明亮的餐櫃旁邊／冷漠的殷勤，
我突然異化
成為檔案袋裏／一張／瑟瑟不安的紙片，
在油光閃閃的沙發旁／成為一堆／積滿灰塵的行囊

後來／是你裹著
時驟時歇的冷雨／順著我／一高一低的腳印
找到空寂無人的山谷，
慢慢掃開／深邃的夜空／靜靜搜索／星辰的歷史；
一起／來到那長長的防波堤上／向著波濤洶湧的海峽
像叢林野獸／發出了長長的呼嚎，
直到我／又回到我的身上

昨天／當我一步／踏入堂皇的殿堂，
我多想／挽著你的手臂
在這紅漆地板上／大聲地報出／你和我的名姓，
但是，我卻在那訓練有素得／溫文爾雅的臉孔面前
張不開口，

對著它們／因筆挺而華貴的褲筒，
你不過是／破爛不堪的衣衫。
我實在無法應付／那種彬彬有禮的詫異——
為什麼與你／這樣難解難分？
我真希望／你在他們靈活的耳廓旁邊
吹響一聲／尖利的口哨，
告訴他們：
什麼是／黑沉沉的天幕下面／一動不動的大海；
在火辣辣的太陽下面／血和汗／怎樣混和著泥塵

然而，在這裏，只有我一個人
啊，現在你如此衝動地／搖撼著窗頁，
一定是你／一如過去／深知／老朋友的心。
我忍不住／一拳／打開緊鎖的窗子，
呀，一架黑鴉鴉的古楓／橫壓在／我的前額，
外面洶湧著／林濤焦急的聲浪，
一定是你／與不可一世的門房／激烈地辯爭。
「進來——／進來——」
我急切地扯盡喉嚨，

「不——／不——」
傳來的卻是遙遠／而又熟悉的回音

那是在一個什麼碼頭？
鑼鼓敲起點子／喇叭吹起煙塵，
工糾隊員／壓得低低的藤帽旁邊
排列著／比彩旗還密的／紅白警棍；
大紅橫幅／映紅了／母親和妹妹／濕潤的眼眶

在我們身後／「紅衛輪」／複雜而龐大的管道網裏
也曾衝出／那樣愴涼／而又無奈的呼喊：
「不——／不——」
震撼著船舷旁／每一顆／即將出入波濤的／年輕的心。
在船笛聲中／我閉上眼／任苦澀的海水／濺上臉龐

「不——／不——」
我在心裏也喊著
這回，一定要睜開雙眼，
我要看清／古楓後面／一座座／連綿的山巒
和昨天後面／一個個／風雨連綿的歲月；

我要看清／船下／一個個人的表情，
和碼頭外面／遠遠的會議室內／一個個道具和布景

我使勁／使勁睜開了雙眼，
呀，一陣陣透明的曙色／早濾淨了／楓林的喧響，
湘江上的船笛／緩緩地升起／在天地之間，
昨天的生活／和夢想／都已過去，
船笛在催促／新的生活／啟碇開航。

即使我從此／天天出入／高樓大廈
輕鬆地踏過／一塵不染的大理石面，
啊，那裏會印上／島上風雨泥濘／走出來的／幾萬雙腳印；
即使我從此／能夠順著五彩的道路
飛馳著掠過／開滿鮮花的山岡，
啊，那裏都刻蝕著歲月／四海的風雨／深深淺淺的蹤跡。
哦，島上的風雨，
再見／再見！
……

第十一章　艱難的回城拚搏和永遠的青春缺憾

第一節　勇於進取的成功者

坦率地說，歷史對我們大多數「上山下鄉」的知青來說，是不公平的，也是冷酷的。當我們在經歷了政治狂熱所製造的沉重苦難磨礪，滿身疲憊、如夢初醒般返回城鎮時，才發現中國在經歷了「十年浩劫」之後，人們正痛定思痛，社會正處於一個撥亂反正的快速變革的時代。要跟上這個時代，回城後的知青當務之急就得將被「文革」和「上山下鄉」所耽誤的時間和學業儘快補回來，同時儘快走出長期處於偏僻的農場連隊所形成的資訊閉塞、反應遲鈍的陰影，以更加勤奮的努力去適應變化多端的環境，方才能夠成為「劫後輝煌」的成功者。

在這一方面，那些曾經在海南兵團「上山下鄉」時，就因為表現優秀出色而受到過組織上精心培養教育，各方面基礎條件較好，並且頭腦反應敏捷的知青，無疑就成了改革開放先行一步的佼佼者。在記者**李小瑛**寫的**〈有本事，哪裏都可以大展鴻圖〉**的報導中，我們可以看到原兵團一師七團知青的曾亦軍依然一路奮發，不斷超越自己的身影：

……全國第一間律師事務所——廣東省對外經濟律師事務所的組建者之一曾亦軍，是我省著名的女律師。她是留學英國的法律碩士，但她的成長之路，全靠個人奮鬥才拚搏出一片天地。

曾亦軍在廣州執信中學初中未畢業就「上山下鄉」到了海南島，她是個「又紅又專」的人，在農場就入了黨並被推薦到海南師範學院成為中文系的工農兵學員。畢業後留校任教，之後調回廣州市，繼承父業來到省司法廳工作。家庭的薰陶，使她對法律情有獨鍾。既然已有大專文憑，按理說這對在司法廳任職幹部的曾亦軍來說也足夠了。

但她並未滿足，廣州業餘大學法律系剛成立，曾亦軍立即考進去成為法律系第一批學生。之後又繼續到北京中國政法大學進修。不斷的深造使她專業知識越來越扎實，她在廣東律師界漸漸嶄露頭角，不但參與了廣東省對外經濟律師事務所的組建工作，並擔負起廣東南方律師事務所副主任的重任。

一九九二年，英國提供獎學金讓全世界傑出人士代表赴英留學，中國亦有幾十個名額。經單位推薦，考試通過，曾亦軍得到三個學法律名額中的一個。那時，她已差不多四十歲，女兒剛剛讀小學。告別事業有成的單位，告別丈夫、女兒，她與沖沖來到英國，在倫敦大學瑪麗皇后學院學法律，十三個月後，拿到了法律碩士學位。

在學習期間，她利用假期跑遍了世界，大開眼界，大有長進的同時亦瞭解了外國人的思維方式和感覺。曾亦軍很清楚，中國法律滯後，回國將大有作為，可以用學到的知識報效祖國。她學的專業是公司法、破產法，回國沒多久就派上了用場。幫助公司規範化改造，合理進行破產處理。一九九四年，她和早她留學歸國的同事一起組建了自己的公司——君信律師事務所。事務所業績很好，參與全省高速公路、橋樑的法律事務，進行諸如產權交易、公司組建等工作，後來還成為國投清算小組法律顧問。因為業績好，「君信」是全省優秀律師事務所之一。

曾亦軍對自己的留學經歷感覺良好。她說，不要因為外國神秘而產生自卑感，中國應該自強，應該懂得愛護自己的民族，保護自己的公民。目前英國方面與「君信」有著密切的聯繫，相互之間都希望通過「君信」這座橋樑互利。

與曾亦軍有著相同的拚搏精神但經歷了不同途徑的是，那些通過恢復高考三年中走進大學校門的兩千多名海南兵團知青，他們則更為珍惜來之不易的學習機會，並且在畢業後努力抓住改革開放帶來的機遇，爭取為自己開創一片報效祖國、展示才華的新天地。在記者**石岩**、**萬靜**所寫的**〈三十年前的大學與青春·科技可以救國〉**中，自由兄弟讀到了曾是海南兵團知青霍東齡刻苦學習、大膽創業的故事：

……廣州知青霍東齡的入學時間比別人遲了好幾天，他的錄取通知書寄錯了地方。他本來買好了一隻雞、一隻鵝，在海南的西聯農場等著開慶功宴。結果左等不來，右等也不來。

那鵝還老下蛋，一個，兩個，攢到有九個蛋，夠炒一盤菜了，霍東齡的通知書才姍姍來遲。自小喜歡擺弄收音機的他，考取了華南理工大學的無線電通信工程專業，當年華南理工大學錄取線最高的專業。那時候的流行說法是：「男學工，女學醫，不三不四學文藝。」最吃香的專業就是電子、電信、建築、造船等理工科。

坐「紅衛輪」從海口回廣州的時候，霍東齡的行李就是一個包和一個皮箱，一條扁擔挑著地「衣錦還鄉」。霍東齡還特意找了身軍裝，「很神氣」地去學校報到。他記得在高考完體檢的時候，就有人把翻毛的皮鞋都穿上了，「盛裝出席」。

也是在高考完體檢的時候，霍東齡才第一次見到電子計算器，他一下被震住了。「我按一加一，一下子就出來一個二，好神奇。」

「文革」開始時，霍東齡剛開始學畫圖。之後運動不斷，少年霍東齡也就沒再認真念過書。初高中的教材也只有一本《工農兵知識》，數理化全在裏面，數學題都很政治化，諸如王大伯向地主劉永財借了多少斗米，利息是多少。等升了高二要作為「知識青年」下海南插隊時，霍東齡實際上連分數的加減法都不會。

一九七三年，在遼寧白塔公社插隊的張鐵生被推薦參加大學考試，在考卷背面給「尊敬的領導」寫了一封信後，將幾乎空白的試卷上交，表示對憑考試結果決定入學的方式不滿。這封公開信被《人民日報》全文轉載後，張鐵生一夜成名，成為「白卷英雄」。

「一九七七年高考的時候，整個都反過來了，你交白卷的話，那就不是英雄，是狗熊。」霍東齡回憶。西聯農場請來老師給知青們補習，給他們傳授考試之道：千萬不要成篇寫完再抄，時間不夠；在稿紙中間劃一道，左邊記能用的精彩語句，右邊編排正文結構；字要適當工整，不然改卷老師印象會很差。

霍東齡的高考作文題也是「大治之年氣象新」。他把這套考試秘訣用上，順利過關。二十多年後，他把這套方法傳給女兒，仍然管用。

霍東齡所在的班裏，十六歲到三十二歲的都有。見面問了姓名、老家後，接著的第三個問題就會問以前是幹什麼的。霍東齡記得班裏應屆生很少，像他那樣的知青占了多數。「自己會下意識地去比較，以前是哪一年讀書，哪一年畢業；會有意識地去想，要把被『四人幫』耽誤的時間搶回來。」

入學之後，全班同學自發早上六點半起來跑步，一跑就好幾年，號稱要「跑到北京去」，一則鍛鍊身體，二則避免睡懶覺。霍東齡還給自己提出「三戒」口號：戒電影、電視、娛樂。他記得那時跳舞最厲害的是七五級的工農兵學員，簡直是「舞林高手」，跳的舞他見都沒見過。文學他也沾得不多，他覺得傷痕文學在工科生中影響不太大，「沒那麼多時間老是去看過去的路」。

在北邊學校轟轟烈烈地提「從我做起」、「振興中華」的時候，華工的霍東齡們更多是在務實和發憤。「我們在學校的時候，對未來的憧憬和對國家的期望是建立在我們這一代的認識上，就是認為科技可以救國，認為技術進步可以振興中華。」

當時學校裏鬧教師荒，兩百多號人一起在階梯教室上大課，坐在後面的要靠望遠鏡才能看清黑板上的字。課本不缺，參考書卻不夠。每出一本參考書，大家都去排隊買。華工附近的五山新華書店，也改為專門經營教學參考書。

畢業分配的時候，七七級的畢業生供不應求，只要拿著那個文憑，再不濟，也會有地方搶著讓落腳。優秀些的，則立馬被視為骨幹。

霍東齡進入廣州微波站工作。一九九〇年代初，他下海從商，做電子和通信類產品貿易。一九九五年，霍東齡跟大學同學張躍軍一起創辦京信通信，現在，京信通信已經是中國移動及中國聯通最主要的周邊設備供應商之一。他們同班的七七級無線電學生們，也很多成為國內電子電信行業的老總，諸如ＴＣＬ的總裁李東生、康佳的總裁陳偉榮、創維的總裁黃宏生、德生電器的總裁梁偉。

據自由兄弟得知，黃宏生也是海南知青，一九五六年生於海南臨高；一九七三年畢業於海口市第一中學；一九七三年至一九七六年在海南黎母山林業局當知青；一九七七年考入華南工學院（現華南理工大學）無線電工程系；一九八九年，在香港註冊成立遙控器廠，取名創維；二〇〇〇年，創維成功在香港主板上市，募集資金十億元；二〇〇一年，創維彩電銷售額突破七十億元大關，進入中國彩電業前三名。二〇〇六年七月十三日，黃宏生及其胞弟、創維前執行董事黃培升因串謀盜竊及串謀詐騙創維數碼五千多萬港元被判監禁六年。其傳奇創業之路和牢獄之災因牽扯面過多過長，且與霍東齡創業經歷類似，所以不再贅述。

跟父親當年的慘烈競爭相比，霍東齡女兒的教育經歷活潑得多。她自小就被帶著出國遊歷，念完初中後，本來被保送到廣州的著名高中，因為不想跟別人在一座獨木橋拚個你死我活，高中時就自主去了英國。現在她正在念大三，電子電氣工程專業，跟父親是同行，是班上為數不多的女生之一。

與霍東齡幾乎同時考上大學的還有一個兵團四師十團（龍江農場）的知青，他的曲折創業經歷更讓人覺得勇氣可嘉。記者**宋劍鋒**在**〈他讓資料起死回生〉**一文中有詳細的描述：

> ……初見胡向東，是在廣州石牌西路怡東電腦城他的公司裏不大的房間裏，正面和右面的牆上掛滿了錦旗，左面的牆上貼著比較「有頭有臉」的大客戶名單，共有三百二十三家企事業單位。工作臺上幾臺電腦是打開的，機箱外連接著正在維修的硬碟，螢幕上正快速地滾動著莫名其妙的測試資料，一派「生意興隆」的景象。
>
> 「因系統崩潰而被多方宣告『醫治無效』的硬碟，後來竟被廣州一個叫胡向東的資料恢復高手神奇地修復了。」這是很多客戶對他的評價。Novell公司稱他是國內最優秀的伺服器修復專家之一。戴著眼鏡的胡向東看上去是一個典型的知識分子，很健談，五十多歲的年紀，思路卻像年輕人一樣敏捷。與很多發燒友出身的小老闆不同，他是一個科班出身的行家，「道行」很深。
>
> **十二年前丟掉鐵飯碗**。胡向東曾經在海南當了十年知青，一九七七年考上了大學，一九八三年到了廣州市電腦應用研究所，從事軟體發展和資料處理，一幹就是九年。胡向東說，他是學數學的，學的是數論，因此對資料結構有著濃厚的興趣。他開發的軟體多次獲得廣州市科技進步獎和全國優選與經濟數學研究會成果獎。
>
> 一九九二年一月，他與兩個朋友合夥投資三十多萬元，成立了廣州正大電腦應用與資料修復有限公司，這是全國第一家專門從事電腦資料恢復的公司。「但當時人們對資料恢復的概念還很陌生，公司主要還是以開發應用軟體為主，資料恢復為輔。」

「那時工資和職務都沒了，連單位分配的房子也退還了，只保留了工程師職稱和黨籍。」但胡向東不後悔，因為他覺得「電腦應用與資料恢復是雙胞胎」，電腦跟人一樣也會生病，也需要醫院和醫生。他相信「資料恢復必然會成為大眾的需要，而『大眾的需要』當然有市場潛力。」

一九九四年，公司業務好轉起來，但是後院卻起了火——他的合作夥伴鬧分家。市場上也出現了屬於胡向東獨有的未公開的技術，原來胡向東開發的資料修復軟體被那兩個朋友拿走單幹去了。一九九五年上半年，胡以標的三十萬元將昔日的合作夥伴告上了法庭，此案成了廣州市中級人民法院知識產權第一案，後來雙方庭外和解。

打出知名度。打完官司，胡向東決心以自己的獨門技術立足。他遇到的第一個大問題就是市場推廣。當時很多人都認為國內無人從事資料恢復行業，資料出問題時只有拿到國外去修復。胡向東感慨地說，公司當時生意慘澹，每月兩三千元，還不夠支出啊。

跟Novell公司的合作，使公司知名度大增。一九九八年六月，在一個朋友的指點下，胡向東奔赴北京Novell公司，向他們展示自己的高超技能，希望他們能夠把自己推薦給有資料恢復需求的客戶。

那次，胡向東帶去了七八個筆記本，裏面記錄著他多年來的研究成果和自己編寫的資料恢復軟體，包括大量的修復案例。為了驗證胡向東的能力，Novell公司的專家故意毀掉了一臺伺服器，結果胡向東當場把損壞嚴重的資料恢復了，贏得專家的讚許和掌聲，他們認定胡向東是國內最優秀的Novell伺服器修復專家。

從那以後，在遇到伺服器客戶求助資料恢復時，只要Novell無法解決，就一定會把客戶「推」給胡向東。由於Novell的推薦，又加上多次成功恢復的案例，胡向東的名字走向了全國。不少外地的客戶也慕名前來，其中還包括國家機關和金融系統的某些單位等。互聯網的興起也是讓他的名字插上翅膀的重要原因。在互聯網沒有普及時，一個公司的名聲主要靠口耳相傳，如今，網上的資訊流傳很快，這幫了他很大的忙。他還曾在許多搜索引擎裏投資關鍵字排名，知名度大起來之後，胡向東的生意日漸紅火。

最「露臉」的「大活」。記者一直對牆上的錦旗感到好奇，談起這些，老胡的表情頗為驕傲。他指著右側牆上那面落款為「北京國誼賓館」、正文為「修復技術精湛，妙手造福客戶」的錦旗對記者說，那是最讓他「露臉」的一單「大活」。一九九九年三月，人大全體會議在北京召開，國誼賓館承擔了廣西、雲南、貴州、天津四個代表團的接待任務。在閉幕式前兩天，國誼賓館的伺服器崩潰了，四個代表團成員在該賓館的所有住宿登記以及費用統計等重要資料全部丟失。此事驚動了人大會務組，而負責會議電腦系統維護的某公司總經理也毫無辦法。會務組的工作人員緊急聯繫伺服器提供商Novell，Novell推薦了胡向東。

三月十三日傍晚六點鐘，剛剛下班回家正要煮飯的胡向東，接到了人大會務組的緊急電話。老胡連飯都沒吃，立刻趕赴白雲機場，買了八點鐘的機票直飛北京。十一點多到了北京，人大的車子已經在機場等候，直接把老胡送到國誼賓館。老胡連續工作了三十個小時，十五日早上六點終於恢復成功，趕在了人大閉幕式之前。「有多少人能親自為全國人大服務呢？」胡向東反問記者。

八千股民的「救命恩人」。一面「資料修復中華第一家」的錦旗背後有更「驚險」的故事。一九九九年初，山西某證券公司請負責系統維護的電腦公司進行一次千年蟲測試，其間，一名剛畢業的大學生不知深淺，貿然把證券公司伺服器上的系統和資料庫全部刪除了。證券公司經理在終端發現資料庫變成了空的，臉都嚇白了。因為該證券公司在當時沒有採取備份措施，八千多位股民戶頭上的詳細資料都保存在這臺伺服器上，光保證金的總額就高達兩個億。而股票交易所和銀行只掌握該證券公司的總金額，也就是說，股民的戶頭細帳沒有了。

電腦公司和證券公司連夜從山西驅車趕到Novell公司求救。Novell公司的外國專家幹了一天，沒有搞定。於是，一行人馬不停蹄帶著硬碟飛赴廣州，找到胡向東。胡向東因為沒有相同的伺服器環境，連夜被「抓」到Novell在深圳的分公司，一連幹了七天才恢復成功，八千多位股民的帳目分毫不差。胡向東回憶說：「當時一邊分析資料結構一邊做試驗，現場編修復程式。沒日沒夜地做，睏了就在地板上鋪報紙睡一會。一想到那些股民『家財一夜散盡』時的表情，我就有又勁了。」每一次資料恢復，都有一個故事。胡向東後來又跟記者講起了民航系統失靈的故事。難怪胡向東會如此有成就感，因為他挽救的不只是一塊硬碟，而是一大批人……

與霍東齡、胡向東等知青的「半路出家」，通過高考和大膽拚搏而意外改變了人生命運方向不同的是，有的海南兵團知青在回城之後，儘管也得到了較好的其他方面學習教育機會，改變了自己的工作生活條件，但卻依然難以捨棄孩童或學生時代的夢想，反而「自找苦吃」，在做好本職工作的同時，積極利用業餘時間將被「文革」和「上山下鄉」中斷的夢想繼續探求下去。其中有的在歷盡千辛萬苦之後，終有所獲。記者**符耀彩**、**夏萍**採寫的**〈雙胞胎姐妹成堅、成真〉**的專題報導，就是這樣的典型事例：

……在五月十八日海南農墾舉辦的知青聯誼會上，第十三屆「冰心文學獎」獲得者成堅以及她的孿生妹妹、詩人成真成為這次聯誼會十分耀眼的一對，而姐妹二人成長為作家的不平凡經歷更是感人至深。

成堅對記者說，她是在與病魔搏鬥中堅持寫作的，而她妹妹則是在她影響下奮鬥出來的。這次回訪使姐妹倆一路感慨萬千，一路地重拾當時的記憶，一路地靈感噴發。成堅說，一九六八年秋，她和孿生妹妹成真一起來到海南島生產建設兵團插隊，共同進入大豐農場。那年，她倆才十六歲。奔赴海南島時，她倆想當作家，偷偷地在行李包塞了一套《紅樓夢》。後來又無意中在廢品堆裏撿了一部王力著的《詩格律》，平平仄仄學起了詩句。

下鄉不到半年，成堅的作家、詩人夢還沒付諸行動，就染上了一種罕見的惡性瘧疾，每月大發作一次，病起來就發冷發熱，又拉又吐，苦不堪言。由於得不到徹底治療，成堅的病越來越重，但堅強的她仍然堅持邊參加勞動，邊堅持學習、創作，人越熬越垮，最後幾乎喪失勞動能力。直到一九七二年，屬於受害幹部的父母被落實政策，才得以把眼看就要病死在海南的成堅調回城。回城後她進了師範中學教師強化班，一邊治病，一邊堅持回到學校讀書，繼續為她的作家夢做各方面的準備。

粉碎「四人幫」後，成堅曾將「文革」期間寫的一大包詩文稿子寄給一家報刊，可是很快被退了回來。開始她想不通，但細細分析自己寫的東西確實問題不少，作品裏「文革」味太重，藝術成分太少。創作之路並不順利，不斷地退，不斷地寫，不斷地寄。終於有一天，省內報刊上發表了她的作品。一九九四年，姐妹倆聯手合作參加《中國婦女》雜誌的「中國女知青足跡」徵文，發表了〈癡情的跋涉〉，並獲二等獎，打了一個漂亮仗。這一年她倆都過了不惑之年。

一九九五年，成堅出版了第一部詩集後，接著又出版了散文集《生命中的珍藏》、長篇小說《顫慄的夏》，而後她又花了一年時間完成了新作《審問靈魂》，小說稿前後修改了二十幾遍。幾年下來，她的草稿摞起來比她的人還高。最近她又完成一部十萬字中篇小說《以家的名義》和多篇短篇小說。

她的詩集、散文集、長篇小說出版後受到廣大讀者的喜愛。《生命中的珍藏》出版後，不到三個月就銷售一空，再版五千冊不到一年也全部銷完。這部散文集以寫親情、愛情、友情為主，也收入了一些隨筆雜感，同樣寫得淋漓盡致，入木三分。一篇〈偽愛〉就令不少良知未泯的人發出靈魂的自省。《顫慄的夏》出版後又在廣東多家報紙連載，引起轟動。《審問靈魂》剛問世，則在讀者中引起強烈的震撼。有人還正在為她的兩部長篇聯繫改編影視作品。

原廣東省作協副主席、著名詩人韋丘和著名詩人桂漢標，看到成堅的詩作時，都說，如果她早十五年發表，早就成名了；而後，他們為她的詩集寫序，寫推介文章，使她很快在讀者中形成影響。正在患病的著名評論家蔡運桂看了《生命中的珍藏》後，抱病為該書寫了數千字的評論，高度評價了這本好書。《審問靈魂》成為了她第一部約稿付酬的書。成堅在文學道路上越來越成熟，越走越出色。

她的妹妹成真為姐姐作品寫了多篇評論，發表後受到好評。成真三萬字的詩歌《初夢難圓》也被詩評界認為很有才華，也已出版發行。

正確認識那段「上山下鄉」的苦難經歷，不斷用在苦難中磨礪的堅韌不拔的精神去應對面臨的困難和挫折，並勇於挑戰自我和超越自我，是許多海南兵團知青回城後的一種積極的人生姿態。在《海南農墾報》記者採寫的**《知青經歷是一筆財富》**的報導中，自由兄弟讀到了原海南兵團知青，現廣州華強工業園董事長陳進輝的創業經歷：

……有人說，知識青年「上山下鄉」是一段不幸的歷史，是耶？非也？眾說不一。在鴻運大酒店的大堂裏，一九七五年到樂中農場插隊的知青，現廣州市華強工業園董事長、總經理陳進輝先生回訪農場返回海口的當夜，向記者談了令人信服的見解。

「知青經歷，以消極的眼光來看，是一種磨難；以積極的眼光來看，是一種磨練。」稍停，他強調說：「知青經歷是一筆財富。」看到記者凝注的目光，他停頓片刻，以述說從知青到董事長的奮鬥歷程詮釋自己的見解。

他一九七五年到樂中農場當十年知青，先後做過兩年的倉庫保管員，八年生產隊小學教師。一九八四年底結束知青生涯，一九八七年從廣東農墾管理幹部學院畢業後，留校做後勤管理工作，一九九一年下海創業。現在，他擁有一座自己的「華強工業園」和廣東華強製衣實業有限公司等三家公司。擁有「華強」牌學生裝註冊商標和「彩韻」牌系列被褥產品註冊商標。固定資產五千萬元以上，廠房建築面積一點六萬平方米，僅華強製衣實業有限公司的年銷售額就達二千多萬元。

他是廣州大學紡織服裝學院客座教授，中山大學教授經理研究會會員，全國學生裝專業委員會常委。

「華強」牌學生裝是廣州市白雲區、越秀區、番禺區、南寧市、長春市教育局學生裝定點生產廠，「彩韻」牌系列被褥產品是廣東省教育廳、省質檢局學生床上用品發文指定生產廠。他已經打拚下一片天地。

他說，他現在的成就、地位、財富與他十年的知青經歷是分不開的。十年的知青經歷，使他養成了吃苦耐勞的品格，做工作的責任心，對人、特別是對學生的愛心，做事業的專注精神，誠信品德，強烈的求知欲望和開拓精神。這是一筆寶貴的精神財富，是創造物質財富的力量源泉。知青經歷深深地影響著他，他公司的主產品學生裝、學生床上用品就與他八年農場生產隊小學教師的經歷有關。靠專注，他把似不起眼的中小學生裝做成每年二千多萬元銷售額的規模；靠誠信，他採購來自新疆的純天然優質棉花，保證產品的質量，取得客戶的信賴，使企業長興不衰。

從知青（小學教師）到大學後勤主管再到高收入的老闆，使他懂得「知識改變人的命運」和「知識就是力量」的道理。從「幹管」畢業後，他先後完成了中山大學為期一年的在職工商管理碩士和為期三年的廣東社科院研究生班學習，積累了更多的知識，把公司從一個做到三個。對陳進輝來說，知青經歷確實是一筆財富。

實事求是來說，回城後的海南兵團知青，大多數人都是在很平凡的工作崗位，不可能都成為身家百萬的富翁或名聲在外的作家。但是農場的艱苦磨難和老軍工、老農工的關懷，使知青們更懂得本職工作寶貴，更懂得人性化關愛的溫暖。由此，他們中的許多人本著兢兢業業的態度，認認真真做好每一項份內工作，反而在默默無聞中獲得了社會和人們的好評。知青楊靜娟回城後的經歷就可以說明這一點。

自由兄弟綜合《汕頭日報》記者**李岱娜**和粵海知青網上有關報導得知，楊靜娟是一九六九年初中沒讀完，就從汕頭市「上山下鄉」去的海南。原在兵團五師三團（西慶農場）十一連（勇敢隊）工作，後調到團衛生隊。一九七四年就入了黨，在海南島一幹就是十年。回城後先是在汕頭市罐頭廠工作，一九九一年因組織需要，被調到剛剛成立的汕頭市金園區（現改為金平區）金廈街道月季園居委會任居委會主任。

這月季園可是塊難啃的「骨頭」。轄內共有四十三幢居民樓，其中有六幢是市政府解決住房困難戶的廉租公房，被安置在這裏的二百八十戶特困戶中，家有精神病患者的約六十戶，有聾啞、肢體殘疾病人的三十多戶，以致有一段時間，社會上不少人稱這裏是「瘋人區」和「貧民窟」。

此外，轄區內私搭亂建、垃圾廢土堆積如山，髒亂不堪；家庭糾紛、鄰里摩擦時有發生；特困戶生活困難、孩子讀書交不起學費、殘疾人找不到工作等一系列難題比比皆是。楊靜娟登門家訪時就曾遇到過精神病患者揮著刀子在她眼前晃悠、被患者將糞水或鐵桶扣到了頭上的尷尬遭遇……

然而，面對這一切困難，楊靜娟沒有絲毫的畏懼和退縮，而是用一顆善良關愛之心去為住戶排憂解難。精神病患者張某剛搬遷來月季園時病情嚴重，發作時不是拆家具、撕衣服，就是整月不肯洗澡，丈夫離她而去，一對幼小的兒女面對癲狂的母親欲哭無淚。當得知這個情況後，楊靜娟把張家列為最低生活保障對象，並經常親自上門慰問，送米送油，像親人一樣動手幫助打掃房間、收拾家什，給張某洗澡、督促她按時服藥打針。經過幾年的連續治療，現在張某已基本康復，女兒也結婚成家，兒子考上了中專，一個破碎潦倒的家庭終於迎來了苦盡甘來的日子。

楊靜娟還帶領居委會工作人員深入到每一位精神病患者家中瞭解情況，並多方奔波爭取相關部門支持，聯合為患者在轄區內成立了一個「精神病人康復諮詢服務站」，讓專業醫護人員每月兩次為患者免費診治，對不願到服務站就診的患者，楊靜娟就挨個上門苦口婆心勸說，直到接受診治為止。功夫不負有心人，如今無論在轄區哪個角落，遇見她的精神病患者都會親切地叫她「楊阿姨」或「楊媽媽」。

轄區內的莊氏夫婦，丈夫是個聾啞人，妻子既聾啞又是精神病患者，家裏生活困難得一塌糊塗，女兒從小得不到很好的照顧，衣衫襤褸，頭上長滿蝨子。為了能與他們一家溝通，楊靜娟專門學會啞語，不但為莊氏夫婦申請了救濟，還心疼地像親娘似的掏錢買東西給他們的女兒吃，為她理髮、洗澡、除虱，還帶頭捐贈衣物，聯繫學校讓她免費上學。在大家的幫助和鼓勵下，小莊姑娘學習刻苦，當上了班幹部並考上重點大學。為此，楊靜娟又四處奔波，尋求熱心人士資助小莊念完大學。

對月季園社區的特困戶，無論哪一戶有困難得不到及時解決，楊靜娟都吃不香，睡不穩。家住月季園的楊某因患癌症長期臥病在床，妻子殘疾，孩子幼小，生活十分困難。當楊某在家中去世時，因家裏一貧如洗，親戚們又怕被傳染不肯上門幫忙，後事無法料理。楊妻哭哭啼啼來到居委會，當時就有人勸楊靜娟，說楊某是重病去世的，可能會傳染，最好不要上門去。可楊靜娟馬上趕到楊家。一踏進門，整個屋裏瀰漫著惡臭，但她還是強忍著，幫助收拾妥當後，又匆匆趕到銀行取出平時熱心人捐贈的一筆善款，並積極聯繫區民政局、市殯儀館等協助料理了楊某的後事。

居委會就像「大雜鋪」，大大小小的事都很瑣碎。對老百姓喊口號是沒有用的，你只有用實際行動來感動老百姓他們，取得他們的信任才行。月季園建成時，路燈配套設施薄弱，早期配置的路燈也多已破損，群眾夜間工作和生活很不方便，也給社會治安帶來不安定的因素。在楊靜娟的多方奔波籌措下，春節前夕，昔日夜間總是黑乎乎的月季園變得燈火通明，新裝的四十多盞路燈在春節前夕齊刷刷地亮了起來。

多年來，在楊靜娟的帶領下，居委會成立「社區勞動保障事務站」，先後為一百一十六名下崗職工辦理再就業優惠證，使社區十五名下崗職工重新走上工作崗位，扶持十三名無業人員創辦托兒所、經營小攤點，並推出「社區服務亭」提供給持下崗優惠證的居民群眾經營；為了更好救助困難群眾，居委會專門設立「社區社會捐贈接收站」，發動社區單位和熱心人士為困難群眾捐款捐物；為了解決特困戶子女的教育問題，成立「社區助學服務站」輔導特困戶子女學習，楊靜娟還四處奔波籌措，先後幫助二十多名貧困學生上學；還建起「夕陽紅老年之家」，為老人們贏得一片休閒娛樂的天地……

一樁樁實事、好事都辦到了每一名住戶的心坎上，昔日令人望而生畏的「災民區」、「瘋人區」，變成今天安寧、祥和的文明社區。這位月季園居民交口稱讚的優秀「社區總理」，也曾榮獲了全國「五一勞動」獎章、

「全國優秀社區工作者」，省、市、區優秀共產黨員等稱號，並光榮地被推選為黨的十七大代表和廣東改革開放三十年中的三十名傑出人物之一，成了平凡崗位知青中的「知名人士」。

第二節　刻苦自學的成才者

同全國的知青一樣，在十多萬回城的海南兵團知青中，能在恢復高考中跨進大學校門的畢竟是鳳毛麟角。因為當時我們有三個明顯的缺陷：一是「文革」中斷了學業，我們的文化層次實際上只有高小或初中水平，根本就競爭不過應屆的高中畢業生。二是長期處於偏僻閉塞的農場連隊，再加上極左路線的壓抑，根本很難得到新的文化知識補充。三是我們早已過了讀書的最佳年齡，而回城後的就業謀生、戀愛婚嫁等人生必經的大事又無法逃避。

於是，在這一系列困難面前，許多海南兵團回城的知青權衡再三，只好採取了「魚和熊掌兼得」的妥協辦法，步入了比「上山下鄉」時更為艱辛的刻苦自學成才的旅途。後來移居香港的藍寶城有限公司董事長藍瑞明教授自學成才的經歷就是證明。據有關網站介紹：藍瑞明，五十年代出生於廣東省梅州市大埔縣貧困山區。後考入廣東省實驗中學，成績優異。任省少年田徑隊員；多次在市、區歌唱、數學、朗讀、象棋比賽中獲獎。

一九六八年上山下鄉至廣東徐聞五一農場（兵團七師九團），艱苦勞動之餘，刻苦自學。曾在一九七〇年首創業餘「知青商店」獲成功，工資被破格提升二級。一九七四年將其撰寫的論文〈徐聞地區的癌症特殊規律〉寄往中國科學院，在全國首屆腫瘤防治工作會議上宣讀，受到高度重視。中科院派周考珍等專家來農場考察，給予了很高評價，成為轟動一時的新聞。

一九七八年因為政治和家庭等原因，藍瑞明放棄了大學夢，懷揣二十元港幣孤身來到香港，進入舅舅的工廠做一名技工。經過艱苦的加班，月底本該領七百元工資，但是，領工資時，他的舅舅扣他二百元，理由是到港那天，舅舅買了一塊八十元的上海手錶和幾件廉價衣褲給他，當時卻沒說要扣工資。

領完工資後，藍瑞明當晚發誓：「我要出人頭地，闖出自己的事業，將來要比我舅舅有錢！」不久，藍瑞明帶著委屈與倔強離開了舅舅的塑膠廠，邁向了艱苦、曲折的創業之路。從大興紙品廠的搬運工、長沙灣地鐵建造的測量工，到海城大酒樓的掃地工，藍瑞明經受著人生中最艱苦的考驗。他堅信，唯有先讓大腦富起來，才能讓口袋富起來。

在勞累的工作中，藍瑞明攻讀MBA，開始學會用商人的眼光直面世界。藍瑞明說：「我用了三年零九個月的時間，從一名酒店的掃地工變成了總經理。生活的辛酸只有自己才能讀懂。」

經過艱苦奮鬥，藍瑞明終於在高級CZ半寶石行業尋得了商機。一九八五年，他將酒樓打工數年積累的七萬港幣，投入到首飾行業。第一家小店首年告捷，獲四倍的回報率。次年開辦了第二家分店。

一九八九年香港回歸恐慌症盛行，當不少商人紛紛移民他國時，再一次狩獵的藍瑞明及時出擊，把同行的幾家店鋪以低於半價買下來，既解決了同行急於兌現移民的困難，也奠定了「藍寶城」在人造首飾業的地位。為了將銷售網絡覆蓋人流集中的商業區，他一改傳統商店的經營模式，歷盡旁人無法體會的艱辛，終於使「BCL義大利首飾」專櫃，成功遍佈港九各大百貨公司。

當大興安嶺特大火災後，內地紙漿短缺，他涉足紙漿業。為了與日本某跨國上市公司競爭經銷權，他五天內通宵苦讀華南理工大學造紙工藝教科書，以他的自信與專業知識，十分鐘內成功說服了印尼巨富陳江河，並比日本公司搶先了半年，從印尼棉蘭購進針葉木紙漿，進口廣東和吉林。當鄧小平「南巡講話」的春風吹遍神州大地，他抓住內地卡拉OK熱的潮流，把紙漿賺取的資金，投資音響設備批發業，生意紅遍大江南北。

如果說，進軍人造首飾行業，是藍瑞明資本積累的初級階段，那麼他靈活轉向投資，進入高科技行業，則是他事業邁向高級階段的根本性蛻變。藍瑞明與香港梁、李兩位著名醫生合作，在廣州中醫藥大學協助下，從清皇宮秘方中，研究開發了抗癌特效中成藥「天蘭丹」；治療糖尿病的特效中成藥「糖康靈」：治療乙肝的新藥「肝康靈」……

最為成功的，是與中國著名心腦血管專家吉玲教授合作，利用千年古松樹的精華（松針精油、前花青素、松針黃酮），開發、推廣心腦血管的特效中成藥「心腦瑞」，產品遠銷香港、美國、加拿大、印尼等國家和地區，一度供不應求，深受海內外病患者及醫生的好評。全國人大副委員長吳階平教授題詞：「松針革命！」前乒乓球世界冠軍莊則棟激動地說：「松針給了我新的生命！」

藍瑞明學習以色列養魚技術的真經，借鑑越南養魚技術，結合內地人學的科研成果，研製出獨特的「藍氏養魚法」。用養魚新技術所飼養的石斑魚，有一種「天然去雕飾」的品質，味道媲美於天然海魚，價格卻大大低於天然海魚，實在是人見人愛的「新新魚類」。

藍瑞明種植反季節蔬菜——馬來亞檳榔香芋，在三年內從三十畝發展到今年的二千畝。引入南美白對蝦的養殖也獲得成功並擴大投產。種種高科技產業的投入，使藍瑞明的商船風帆高聳，遨遊在商海前列。

從二十元港幣到涉足多種行業，開辦資產達億萬財富的多家實業公司，藍瑞明無疑是一個成功致富者。更值得欽佩的是，在不斷創造物質財富的同時，藍瑞明還通過自學掌握了廣泛的科學文化知識，從一九九六年起，編寫了《創業與管理》等系列課程，並擔任多所大學客座教授。在廣東中山大學、江西師範、湖北農學院、香港大學等二十多所大專院校講課，並且場場爆滿，被譽為「最受歡迎的客座教授」。二〇〇一年十一月藍瑞明被廣東省社會科學院聘為客座研究員。

從一九九六年起，藍瑞明多次接受中央電視臺、華娛衛視、廣東、廣州、深圳、陝西等電視臺採訪；十幾次接受了《人民日報》、《羊城晚報》、《湖北日報》、《文匯報》、《大公報》等報刊採訪。近五年應邀在北京、武漢、廣州、鄭州、香港、澳門、臺灣、新加坡、馬來亞等地演唱中國民歌，其抒情男高音聲情並茂、音色甜美，大受歡迎，每年公開表演幾十場。多次擔任大型聯歡晚會主持人，颱風高雅，談吐清晰、幽默，被許多知名人士譽為「香港歌王」和「金牌司儀」。

一九九七年藍瑞明還擔任了香港慶回歸三萬人大遊行總指揮，香港青年訪京一團團長，受到中央領導人親切接見並合影。近年，中央、廣東、鄭州等多家媒人幾十次播出其演唱的成名歌曲〈我是客家人〉。其個人CD專輯已由廣州太平洋影音公司向國內外發行，其中收錄了他用國語、客家語、粵語、日語、印尼語演唱的十五首名曲，全國人大常委、金利來集團主席曾憲梓博士還在封面題詞。

「因為政治原因，大陸少了一個歌唱家，香港多了一個董事長。」藍瑞明這樣娓娓地道出他的心路歷程。自由兄弟衷心地祝願自學成才的藍瑞明永葆二十歲的青春，在人生的道路上，不斷奮鬥，不斷進步，贏得更多屬於他自己，也屬於客家人和海南兵團知青的榮譽。

相對於許多男知青來說，海南兵團許多回城的女知青自學成才之路走得就更為艱難。因為她們無可迴避地要遇上婚嫁生育的拖累。知青**zxy〈彎彎的小路〉**的述說，使人更能理解其中艱難的抉擇：

……成為七七、七八屆大學生的知青們在那個遲來的「春天」改變了自己的生命軌跡，他們得到很多，也為此付出很多，尤其女生。我在親朋好友中讀著他們的故事，從心底裏敬佩和仰慕他們，特別是她們的執著、勇敢。我常設想，如果我年輕幾歲，如果那時我還在海南，我一定是她們中的一員。她們做了我想做而沒有做到的事，而我走的是一條更曲折的路。

我在學校也稱得上是好學生。小學畢業證的背面全紅（成績單全部五分的美稱），但裏面水分不少，因為我腦子裏那些管寫畫畫的部件不靈光。按我推想，一定是語文老師把作文的四分和五分四捨五入到五，又注意到這個小女孩總是十二分認真地把狗爬式的字寫得稍微工整些，都讀到六年級了，破例評一次五分以資鼓勵。再發揮一下想像，發畢業證前，班主任看到除了圖畫都是五分的成績單，於是大筆一改，放水成全她！

附中數學競賽拿獎的大都是男生，印象中，我們年級裏只有兩個女生榜上有名。當時有種說法，進附中等於一隻腳踏入大學門檻，後來強調「一顆紅心，兩種準備」，自己卻從沒想過像我這樣的人會考不上大學。「文革」一來，蔫了，一切都顛倒過來，去農村成了臭老九子女的唯一出路。

海南的勞動和生活雖然艱苦，我們仍然讀了一些書和堅持自學，我到團中後近水樓臺自學高中數理化，大學畢業生和老高中的大哥大姐都是我的老師。學校推薦過一名工農兵學員，那種僧多粥少的遊戲輪不到我們，從不敢奢望。

恢復高考讓所有渴望讀書的人歡欣鼓舞，周圍的人都在緊張地複習功課，我卻陷入了深深的矛盾中。我回城後工作穩定，正考慮結婚，對方是已畢業的首屆工農兵學員。他表態可以陪我備考，但堅定否決我「先結婚再讀書」的建議，說考上就分手，考不上就結婚。天哪，這是什麼邏輯！不過，他是老高三，我如果讀完四年就是三十二，誰也不能預料幾年中會發生什麼事。參加高考我自信不會名落孫山，以我的為人一定不會浪費別人寶貴時間做「陪考」，而我確信他是個能陪伴終身的「好人」，心理上落入了一個怪圈。當時還不知道有成人高等教育這碼事，放棄高考等於喪失讀書拿文憑的最後機會，搭不上這末班車一輩子的前途就泡湯了。我非常徬徨，陷入深深的苦惱中。

為什麼我們該讀書的時候沒書讀，該結婚的時候又如此犯難呢？可惡的「文革」把我們的人生搞得顛三倒四！這時我恨不得自己是個男人，那樣的話，我一定義無反顧，勇往直前。我一邊蒐集複習資料一邊思想鬥爭，無論怎麼做，我都得給自己一個合理的解釋。

七七屆報名的限期就要到了，做好女人的思想漸漸占了上風，事業和家庭一定要有所側重的話，我先挑後者。我想，「好人」難求，而且我還要為後代打算，希望他（她）在父母適育的年齡健康成長。日曆紙在艱難的抉擇中一張張被撕去，最後，我問他，你能確定一生中都不會嫌我沒文化嗎？得到肯定回答，我宣佈放棄高考。

一九七八年元月，我們結婚了。心裏莫名惆悵，我對他說，我還沒做好要孩子的思想準備，卻不明白自己到底想幹什麼。七八屆報名截止那天，我魂不守舍，下班前甚至忘記去按清場的電鈴。學校的廣播響了，預示著這個工作日的結束。「判決書」到了，我最後的希望破滅了。那天我的感官一定出了問題，時而聽到遙遠的喪鐘，時而傳來安魂曲，讓人渾身發抖。別了，我的青春！別了，我的大學夢！我掩面低泣，心在滴血，覺得自己實在無顏面對亡父慈母。一切塵埃落定，心中的青春時代結束了。

一九七九春節前，考上大學的兩位農友興高采烈結伴到辦公室找我，我無言以對，我正在經歷女人一生中最重大的事件，準備做母親。產假結束後，我主動到圖書館接受挑戰。以我的初中文化去接「西編」的活差距甚大，我唯有全力以赴，如饑似渴地學習、學習，再學習。

一九七九年秋末，孩子剛過半歲，傳來成人高考的消息，我默默流淚了。感謝蒼天讓我有機會去圓破碎的夢，這次機遇無論如何不能再錯過了。孩子很小，生完孩子的元氣沒恢復，縫針的傷疤時時隱隱作痛，加上新工作壓力大。儘管如此，為了圓夢，我還是天天複習到夜深人靜。折騰了一個多月，我終於以第二名的成績考上了省業大圖書館學大專班。

一九八〇年春節後，業大開學了。早期的業餘教育遠比後來正規，學制四年只發大專文憑。我們是「文革」後首屆成人學生，老師都是當時廣東圖書館界的傑出人物，後來幾乎都獲得「突出貢獻獎」、「終身榮譽獎」，很幸運能聆聽眾多名師教誨，學到的知識終身受用。

業大課程都安排在星期天，除了寒暑節假日，我們四個春夏秋冬基本沒休息過一天。班裏同學約有十幾個老三屆知青，幾個兵團戰士幾乎集中在我們圖書館。週日一早，我們就坐上公共汽車直奔科學館（或中山圖書館），中午下課草草吃點東西，下午接著聽課。下課了，我們這些拖家帶口的老學生就到附近菜場買菜回家做飯。晚上就整理筆記、做功課和複習，每到期末要應付四科考試。

業餘讀書自己辛苦，還拖累親人和影響了孩子。先生裏裏外外一把手不用說了，我和媽媽、哥嫂住在一起，孩子有時也免不了託他們照應。最對不起的是孩子。平時下班像打仗一樣，沒有時間帶孩子去近在咫尺的操場草地打滾；吃過晚飯急急忙忙收拾洗刷，接著開始做功課複習，極少陪他玩耍。房間只有八平方米，為了不讓兒子吵我看書，我常把他「軟禁」在大床上，以致他好靜不愛動；即使後來努力補救，孩子的體育還是弱項。小學畢業，他體育只得「及格」，評不上三好學生，失去保送資格，被「搖珠」搖到附近學校。初中畢業，他的體育低分也讓他進了普通中學。如果不是他自己努力考上中大，我會內疚一輩子的。

特殊年代的女知青們為了求學，無論以何種形式去讀書，或多或少都會影響婚姻和生育。不少朋友終身未嫁未育，或推遲結婚，成為危險的超高齡產婦，至今孩子還未自立。其中好友為了上夜大，用鐵鏈鎖住兒子的故事更催人淚下，令人心碎。還有更多女知青犧牲自己，在兩難中選擇了放棄，用不同方式書寫自己的人生路。她們的經歷同樣可歌可泣，我理解她們，深深讚美那份平常心。

我以全優成績拿到畢業證書，卸下對父母的那份愧疚，鬆了一口氣。要讀書又不能放棄工作的四年裏我欠了家庭、孩子太多，在我的觀念中還是家庭更重要。儘管渴望上學，後來多年我都不再動讀書念頭，在扮演好女兒、好妻子、好媽媽之餘，只堅守職業婦女最後一道防線。

八十年代中期，我開始投身到圖書館自動化行列，在實踐中學習新的理論和知識。一九九〇年，圖書館自動化走上軌道，兒子也準備上初中，我終於又可以讀書了。沒想到剛參加完第一學期英語自考，就聽說武大圖書情報學院將在廣州招專升本班，我兩樣都不甘心放棄，同時進行。

入讀武大班時，我在圖書館界混了十幾年也小有名氣，曾一起辦培訓班的劉老師為我打抱不平。他說：「我就是想不通！好多課程你都站在講堂上講課，不就是少個文憑嗎？」這就是一代知青的悲哀！我們本來有正常的天資和能力，卻在青春歲月被剝奪了受教育的機會，當我們回城後以非凡毅力自學成才時，社會卻嚴守正常遊戲規則向我們索要「沙紙」。我們已經奉獻青春為國家分憂解難，還要再付出幾倍努力來奮鬥拚搏，悲乎？壯乎？無奈！我只有無奈！誰讓我們是國家困難時期的難產兒呢?!

我不能免俗，在不惑之年為一張「沙紙」去接受「繼續教育」。感謝武大任課老師，讓我在享受學習樂趣的同時也學了不少真本事。武大辦學嚴謹，說嚴厲也不過分。我們班入學四十人，最後僅五人獲得文學士學位。武大頒發的兩個證書畢竟來得太晚，沒什麼可激動。我只祈盼父親的在天之靈能夠知道，我盡力了，我終於成了他的校友，而且成績和他一樣，名列前茅。

我在一九八三年底獲得大專文憑，一九八四年轉幹。這時，距一九六八年參加工作已過去整整十六年。如果不是「文革」，我需要用如此漫長的時間去攀登第一個臺階嗎？好在此前，我在一九八一年和一九八二年分別通過了圖書館初級職稱（管理員和助理館員）兩次英語和專業考試，成為有中國特色「以工代幹」隊伍中的一員。後來，我在一九八七年取得館員資格，一九九六年成為副研究館員。在普通崗位上默默耕耘了三十年之後，我於二〇〇五年順利退休。

知青大都平凡，我也一樣。可幸的是，有那段「上山下鄉」的經歷這碗老湯墊底，後來的路還真沒有什麼覺得太難。

二〇〇六年五月十二日，《南方都市報》在「我的一九七六專題」中曾刊登了一篇對海南知青**藍藍**的採訪文章。以下是採訪時的主要話題內容：

藍藍，老三屆知青，曾經在一九六八年的「上山下鄉」時去到海南農場勞動生活了五年，一九七三年因病回廣州。一九七六年開始工作，先後當過車間工人、管理幹部、商場經理，退休後在老幹部大學習丹青以陶冶性情，有空也玩票於文學創作方面，在網上發表過不少回憶知青生活的文章。對於那段知青和回城歲月，藍藍回憶說：

我的人生感悟：雛鵠蘊就沖天志，日夜兼程未敢遲。忍看風雲窮歷練，回眸一笑夕陽時。

我們那一代知青，經歷過火熱的激情年代，因為在海南農場的艱苦生活和強勞動，患了肺病，在當時嚴重地缺醫少藥的條件下，疾病在兵團醫院裏不但沒治好反而交叉感染，產生耐藥性，病情在醫院裏越治越重。一九七三年，由兵團醫院轉院送回廣州。兩年多後，一九七六年初，我終於基本康復，在廣州重新工作。先是在文化公園做講解員，一個月後，調到公園政工組，管理知青「上山下鄉」的收尾工作。

不久，因為一家工廠缺黨員幹部，又被調到該廠當起工人。和城市中的大部分人一樣，每天穿著藍布衫，挎著綠書包騎著二十八寸的自行車去上班。回城後的一年，相對於在農場兵團的日子，生活基本穩定，但整個國家卻顯得動盪不安，自己也常常因此苦悶徬徨。先是周總理去世，按上級的規定，單位沒有舉辦悼念活動，但是私底下哪個人又少講了？作為年輕人，我們很關切北京局勢的變幻，因為它關係著全國的命運。

清明節時，廣州沒有大的紀念活動，但北京天安門前學生自發舉行悼念活動的事情我們聽說了。當時，有同事去北京出差，回來在火車上就曾受到盤查，查問有沒有參加天安門廣場的追悼活動；回廣州後，還要寫出在北京其間每天的活動詳細經歷。一時間風聲很緊，很多人敢怨不敢言，很悲憤，感覺到中國政局將會有大變化。我當時還偷偷地抄過很多哀悼總理的詩歌、對聯。

隨後一段時間，國內天災人禍不斷，有一種天欲滅我的感覺。唐山大地震後，群眾處在驚恐之中。很多人晚上睡覺都不脫衣服，把家裏的戶口本、糧票、衣物等也都收好放在一個包裹，隨時就能帶走。有一夜，廣州真的發生了餘震。當時我家住在人民南路，半夜床晃動起來，我在夢中被驚醒後看見臨街的一面牆壁裂開了一條縫，透過牆縫，看見了天空刺眼的電閃。全城都停電了，不少人往街上跑。我和家人也跑到馬路中間，隨後又來到長堤。那裏已經聚了很多人，大家議論紛紛，直到天亮後沒再發現有異樣後，大家才陸續返家上班去。

那段時間，國家領導人相繼去世，廣播中動不動就是傳出哀樂，聽得人汗毛直豎，心情沉甸甸的。

我是在廣州文化公園分會場參加了毛主席的追悼會。參加會議的人篩選很嚴格，四類分子絕對不能參加。中心臺會場內外坐滿了人，大家清一色的穿著白襯衣，手裏拿著為緬懷領袖親手做好的紀念的花束，臂上帶著黑紗，心情沉重地低著頭，誰也不說話，等待廣播傳來北京追悼會的直播。我當時心情很沉重，很迷茫，今後中國將由何人掌舵？將往何處去？這使我憂心忡忡。那時，社會上流言四起，據說四川那邊的武鬥還很厲害，鬧不好會獨立；廣東也可能向香港靠攏，蘇聯則一直對我國東北虎視眈眈，不時鬧個珍寶島事件，中國會否由此而變得四分五裂。如果真是這樣，我們怎麼辦？……

追悼會開始了，先是播〈東方紅〉。令人驚奇的是，那天出門時本來是朗朗晴天，一宣佈大會開始，整個天空頓時濃雲密佈，一會狂風大起，黑壓壓就像到了夜晚一樣，隨即下起了傾盆大雨。老天爺也在為中國失去了一位偉人痛心疾首。大自然的奇怪景象更催化了人們的悲哀心情，我們都席地而坐，任憑暴風雨的澆打。和著雨水人們都哭了，整個會場都是哭聲。遠處傳來船舶拉響的汽笛長鳴……追悼會一結束，天隨即放晴。

一九七六年，很多神話也開始打破。記得七〇年在海南農場時，曾在入黨誓言中寫下過：「要以江青同志為榜樣……」但是，回城之後，很多小道消息慢慢傳來，張志新被殘酷迫害致死的事情在我們這些知青中也有流傳，對江青、張春橋等人逐漸有了認識。雖然我只是一個平民百姓，但成天有點憂國憂民的感覺。

我們在該讀書時候要下鄉，在年富力強該工作時我們下崗，我們這代人，什麼都攤上了。人生本來就是那麼短短的幾十年，我們經歷了一段前無古人、後無來者的充滿坎坷磨難的知青歲月。儘管這段歲月漸遠漸逝，回想當年的，終究是懷念感慨多過對錯是非的爭論，很多東西都看淡了。在那個特定環境裏我們這一代有著直面人生頑強拼搏和樂觀精神，從中可以悟出一點歷史以及生命的真諦，從而更加珍惜今天，把握今天……

看了幾個知青兄弟姐妹的自學成才的事蹟之後，自由兄弟也不由得想起當年回城後的坎坷經歷。我記得，從海南兵團回來，隨著時間的推移，返城的知青越來越多，到知青辦要求安排工作就越來越難，甚至連掃街道的清潔工作都得找門路。無奈，我只好一邊等待，一邊到車站貨場找些碼木頭的零散工作。有時一天勞累也能掙上幾元錢，但這種美差不是常有，而且等待的過程讓人心煩……

說來也巧，大概是回城的第三個月，伯父單位的水塔要更換一條配水管路，為了不讓我四處閒逛，無事生非，伯父找到了分管工程的施工人員，請求將開挖管道和運送水管的工作交給我做。接下工程後，我當即找來了幾個從農村插隊回城的知青，將他們分為兩組，一組挖土方，一組運送水管，只用了二十多天就將所有的工程提前完成了。

由於為施工贏得了一個星期的時間，施工人員在結算三千九百多元的費用之外，高興地獎勵了三百元給我。除了支付夥伴們的工錢之外，作為「包工頭」的我，賺到了一千三百多元工錢和獎勵。伯父只收下了一千元的整數，而將獎勵的三百多元錢留給了我，他知道我要抽煙零花。

然而，因為沒有工作，心裏煩悶，又仗著口袋有錢，我便常常和同學、朋友喝酒，甚至八元多錢的茅臺酒也照喝不誤。有時喝得酩酊大醉，這讓伯父很傷心。為了避免我誤入歧途，伯父只好提前病退，讓我頂職回到了鐵路。於是，我便從一個回城知青變成了一個鐵路工人。我幹的是給機車上水工作，機車來了，沿著鐵梯爬上操作臺上，把水鶴臂管拉往軌道方向，讓漏斗對準機車的水箱將水注滿，然後剩下的工作就是將機車卸下的煤渣鏟上斗車，拉到站場外倒掉。

由於機車一般都是把煤渣卸在一米多深的灰坑裏，一下很難鏟到斗車上。所以就得先下到熱氣騰騰、又悶又嗆的灰坑裏，把煤渣鏟上股道外面，再爬上地面把煤渣鏟上斗車運走。這樣來回折騰要運八九斗車才能將一臺機車卸下的煤渣拉完。若是列車運行間隔時間較短，有時同時二三趟列車到達，往往要累得人喘不過氣來。

大概是因為過分勞累的緣故，我時常會對這毫無技術含量的工作產生一股怨恨的情緒，甚至還懷念起在海南農場悠然自得的生活。更為壓抑的是，因為還是在伯父原來的給水工區，一些受極左思潮影響的傢伙依然將我看成「有歷史問題的子女」。於是，我決心改變自己的工作環境，提出了調離報告。說也巧，當時領導為了解決中越邊境鐵路沿線一些小站的缺水困難問題，要成立一支找水鑽探隊。但這工作十分繁重，生活也因缺水而十分艱苦，沒人願意幹。無奈之下，領導想起了我的調動報告，問我是否願去，我立即爽快答應。

於是，一九七六年四月，我獨自來到了南寧，在鑽探隊裏幹上了鑽探工。這鑽探隊只有十二名職工，長年累月靠著一臺可鑽百米的舊鑽機在沿線小站找水。從一九七六年到一九八三年，整整八年，我們都將人生最美好的青春年華奉獻給了那些偏僻寂寞的小站。天西、維羅、瀨湍……我剛到隊裏的時候才二十出頭，等我離開之時已年近三十。而隊裏的其他小伙也與我年紀相仿，有的還要大上幾歲，雖說我們的工作單位都在南寧，可每個月只有幾天的時間回到單位，除了領工資、換糧票、辦些零星的瑣事之外，連談戀愛的時間都少得可憐。

在外人看來，我們的工作實在累得怕人。每鑽上幾十公分的岩石，就得拆卸一次鑽桿，往往累得滿頭大汗，身上也盡是油污泥水。最累人的是碰上地層的流沙，此時就得下套管才能繼續鑽得下去；而幾十米深的井孔，得用上十多節幾米長的套管，全靠人工用管鉗將它們的絲扣連結起來。這工作不但費力，而且危險。一次，我扭著管鉗，突然遇上一個溶洞，幾十米長，近千斤重的套管急速下墜，我還來不及丟掉管鉗，左手中指頓時被夾得皮開肉綻，露出白生生的骨頭，到醫院前後縫了幾針後還疼了一個多星期睡不著覺，如今還依稀可見當年的傷疤。

由於居無定所，再加上遠離鄉鎮，平時，我們的飲食十分簡單，一日三餐吃的都是鹹魚、乾菜，只有隔上幾天才到鄰站買些肉類、青菜。傍晚，由於沒有自來水用，一般都是在站臺邊的貯水池提上兩桶冷水，隨便將身上的油泥汗水洗上一把就算了事。遇上送水車沒來，我們只好和當地農民一樣，用渾濁的塘水洗菜、洗澡。我們的住宿條件更為簡陋，平時住在候車室或空出的倉庫。也許是長年累月的艱苦和勞累，過度透支了我們的身體和壽命，這些年來，先後已有八位隊友因疾病折磨離開了人世，剩下的隊友也是滿身傷痛。

就在我調到南寧的第二年，伯父將家搬遷回了衡陽，並將「老屋」（棺材）置辦在了鄉下。為此，我曾多次找到衡陽鐵路有關單位，請求調回湖南。可由於沒有關係，禮是送了不少，但調動之事依然沒有著落。後來，伯父看到隨著黨的十一屆三中全會的撥亂反正，單位對我比較器重，又讓我入了團，並經常要我到外地學習，也就勸說我不要再為調動的事操心，以免單位領導有看法，影響我的進步。我才斷了調動的念頭，只是盡可能每年利用探親、出差等機會多回去看望他幾次。

每次伯父見我回來，都顯得十分高興，翻出別人送給他的好煙、好酒給我抽，給我喝。只是一九八一年秋天，我又回去看望，喝得有些醉意的伯父問我：「有女朋友沒有？」我說還想多玩幾年。席間，伯父見無法說服我時，竟勃然大怒地打了我一巴掌。

無奈，為了完成伯父交代的任務，我回來後，半開玩笑地請單身宿舍的管理員鍾姐，趕快給我找個老婆。熱心的鍾姐竟很快就替我物色了一個也是從農場回城的姑娘，比我小一歲，人長得還挺可以。因為兩人都沒有更高的要求，而且都有相同的經歷的語言，次年春節，我將姑娘帶了回去。然後在五一將要好的親朋好友請了五桌酒席，就算成家了。

次年四月，我們有了女兒。因為愛人要上夜班，女兒夜裏無人照看，初為人父的我，只好放棄了以往愛下象棋、喝酒的嗜好，晚上陪伴女兒。為了打發時光，我借來了不少雜誌、書籍，漸漸地對讀書感了興趣，並模仿著也寫起了詩歌、散文和小說，其中一些竟然得以在報刊、雜誌上發表。但是隨著眼界的開闊，我開始感到了自己知識的欠缺。於是，趁著單位青工夥伴補習文化的熱潮，我開始自學起初中、高中文化的課程，並同時開始了高等教育自學考試。

隨著政治環境的寬鬆，單位見我勤學好寫，就將我抽到了行政辦公室以工代幹助勤。次年，又破格轉了幹。一九八五年春節前夕，當我冒著鵝毛大雪肩扛著還不滿兩歲的女兒回到家時，可把伯父高興透了。那晚，伯父一邊大口大口地喝著燒酒，一邊搖頭晃腦地自誇起來：「想當初不是我拿著竹條在後面趕著你小子讀書，今天哪會有這樣的出息啊！」那晚，我第一次看到伯父喝得酩酊大醉……

由於我寫作頗為勤奮，有的作品還頗有一些影響。次年五月，我在不是黨員的情況下，被上級領導點名破格調到了黨委宣傳部，並負責籌畫局的大型歌舞《理想之歌》演出，撰寫整個晚會的腳本和抽調人員等事宜。此時，恰逢伯父七十大壽的前夕，我將調動的消息告訴伯父，說是難以請假回來給他做壽。伯父很快回信要我以工作為重。

後來，我聽父親說，伯父在生日那天獨自回到了故鄉，他領著我的生父給自己選好了百年歸老的地方，最後來到我的奶奶墳前跪拜唸叨之際，竟然聲淚俱下，嚎啕大哭起來。他說他在外奔波坎坷幾十年，雖然一事無成，但唯一慶幸的就是給家裏帶出了一個肯學習的後人……聽了伯父發自肺腑的話語，我在取得兩個大專文憑之後，又參加了函授涉外經濟管理本科的學習，並在一九九六年走上了基層企業領導的崗位。儘管一直沒有什麼建樹，但是不貪不占，也沒有辜負父輩的一番告誡。

第三節　溫飽生計的忙碌者

自由兄弟想來至今仍感到內疚和慶幸，因為「搶」了父輩的飯碗，平息了回城後的無事可做的煩躁，避免了自己走上極端的歧途，並在後來的歲月中意外地走上自學之路，逐步改變了自己的工作和生活處境。但是，自由兄弟也清醒地看到，許多知青與一些高考成為「天之驕子」或具有條件自學成才的知青截然不同，他們回城之後有好一段時間，工作和生活的道路走得十分苦澀。

即使是現在，依然有不少曾經的知青在為一日三餐的溫飽生計四處奔波，有的甚至還在生活貧困線上掙扎。特別是一些較晚回城的知青，由於家庭門路不多或所在城鎮的就業條件限制，再加上自己的知識缺陷和別無特長，當他們剛開始病退或困退回城時，才發現自己早已被擠出原來的生活軌道，想要在社會上找到自己的工作崗位實屬不易，有時甚至感覺自己好像是這個城鎮的陌生人。這個生他、養他的城市，好像只隔幾年、十多年就已經忘記了他們，就連原有同樣窮困的親人也愛莫能助地把他們當成是多餘的人，任憑他們在「苦海」中隨波沉浮而難施援手。

對於一些結婚或生子後才病退回城的知青就更是千難萬難。因為有的原來以為再也無法回城，已經打算在農場安家落戶的，後來聽說有政策可以辦理病退、困退回來，於是這些知青在思念故鄉的強烈願望支配下，幾乎是傾盡所有，通過打通各種「關節」，將全家遷回了城鎮。但回來後的大多數人都找不到工作，再加上早已結婚生子，一大家子的生活重擔幾乎要將他們壓得喘不過氣。當時又是改革開放的初期，於是，這部分人的主要生活來源就是靠擺地攤、當小販、打零工、幹苦力活來維持一家溫飽，生活常常陷入窘境之中。這種狀況在中小城鎮相當普遍。

自由兄弟所在的農場回城知青就有不少這樣的事例。記得二〇〇三年的秋天，我在帶著女兒返回農場之時，意外得知了當年要好的許多廉江、安鋪知青也回到了故鄉。於是，趁著出差到湛江檢查安全生產的機會，我叫司機將車拐進了安鋪。九連的知青好友莫華清接到我的電話之後，早已帶著一幫知青場友等候在路口。

席間，大家興奮地又聊起了海南農場的往事。然而，環顧眾人，我總覺得少了兩個熟悉的身影。「朱四和婭仔呢？」許久，我才按捺不住想念的心情向莫華清問道。因為兩人分別都是我在九連和十連時十分要好的兄弟（自由兄弟在本文中已講述過跟他們的深厚情誼），我此次前來，自然是很想見見他們。按常理，他們也一定前來相聚。

誰知，莫華清黯然神傷地說：「我知道你就會提起他們，只不過，他們都早已死於非命……」

聽了眾多場友的述說，我才知道，原來，自我頂職回鐵路調到南寧不久，連隊的許多知青也開始通過各種渠道陸陸續續地返回了城鎮。華清和一凡等農友分別是通過頂職和招工等途徑回到安鋪的，只有朱四和月英少數沒有「門路」的知青還留守在連隊。一直苦苦捱到一九七八年的五月，在一個名叫陳木順的潮汕普寧知青的仗義幫助下，通過製作假病歷，買通醫生，朱四和月英才在農場辦理了病退返城的手續。

臨回城的一天，陳木順和留在連隊的知青想到朱四和月英這對八年伙房的戀人，總該修成了正果才是，於是買來雞鴨魚肉，硬是給他們張羅了一個簡樸熱鬧的婚禮。聽說婚禮上，喝得大醉的知青們將一對新人逗笑得合不攏嘴。自然，說得最多的話就是「祝願他們苦盡甘來，早生貴子」云云。因為大家都心照不宣地知道，兩人早已偷吃了「禁果」，只是一直盼著有回城的這一天，才敢放心地要孩子……

按照常理，這對風雨相戀八年的知青，如今雙雙回城，確實應該苦盡甘來才是。然而，作為兩個在封閉山溝飽受十年磨難的知青，朱四和月英已經很難適應改革開放變化了的世界。實際上的高小文化，沒有技術，又沒有資金，朱四的父母又早已過世，連棲身之處都沒有，只有靠幫人挑海鮮、挖土方等打零工度日。有時找不到活路，就只有發愁閒等。後來總算照顧進了一家新成立的街道鞭炮工廠，但卻依然幹的是一種手工作坊計件的活兒，沒有什麼固定收入……

說來可憐，當年十一月的一天，聽聞一位同隊回城的知青喜得千金，生性仗義的朱四，因為身無分文，只好厚著臉皮，詢問數人才向莫華清的老爹借到了五元錢，方好作為賀禮前往道喜。當晚，一幫窮困潦倒的回城農友大發感慨地喝完喜酒後，朱四就急著趕回去加班製作鞭炮。因為妻子月英已經懷孕，他得想方設法多賺點工錢，以備生兒育女花費。萬萬沒想到的是，就在這天晚上，這鞭炮廠發生了爆炸，朱四和另外三名工友當場身亡……

驚聞惡訊，月英當場昏厥倒地。一個月後，經過眾多親朋好友的再三勸說，才悲痛萬分、很不情願地去醫院做了流產手術。臨上產床時，月英還傷心哭泣地喊著朱四的名字，一再請求他的在天之靈寬恕她的無情……當時，陪同的親友和醫生、護士見者無不落淚……

而自由兄弟在十連結交的另一位好友婭仔（黃三秀），病退回城後也一直找不到工作，最後，只有無奈地到磚廠去做苦工，每天推磚裝窯。聽說那磚窯裏有時出窯溫度高達五六十度，常常悶得令人喘不過氣來。每天收工時，鼻孔、口腔，甚至連眼眶盡是黃黑色的積塵，幾年積勞成疾，婭仔便開始感到胸部隱隱約約作痛，並且不停地咳嗽，有時痰中還帶有血絲。

好心的農友得知後，都勸他到醫院檢查治療，可是，婭仔總是搖頭拒絕；因為他低廉的工資難以支付價格不菲的醫療費用，況且還要負擔家庭的生活。到後來，婭仔咳嗽得越來越厲害，身體也越來越虛弱，無法再到磚窯做工，每天只能躺在床上默默地忍受疾病的折磨。同場的知青聞訊也曾先後幾次捐款前往家中看望，但大家當時都很窮，拿不出太多的錢來幫他解脫痛苦，只能無奈地看著死神一步一步地逼近可憐的知青兄弟……

終於，有一個晚上，他躺在床上睡著了，再也沒有揪心的咳嗽，但是也再沒有醒來。直到逝世，都沒有人能確切地知道他到底死於什麼病因？只是在他滿佈血跡的枕頭下，壓著一疊幾元幾角的鈔票——那是農友們的最後一次捐款！他交代家人，要將這些錢還給患難與共的兄弟姐妹，他說大家現在生活得都很艱難，他希望大家今後生活得都快樂。聽罷他家人的述說，告別送行的知青們先是悲痛地傷心落淚，後是相互抱頭捶胸痛哭……

「真沒想到，真沒想到，兩個好兄弟就這樣悽慘地走了……」我喃喃自語，扶著哽咽抽泣的月英大姐，本想安慰她幾句。可是不知怎麼，我突然感到悲從心來，也失聲慟哭，為我們這一代經歷的那個荒唐殘酷的年代，為我眾多回城知青的悲愴境遇而難過萬分……

其實，在安鋪，當時又何止朱四、婭仔兩個兄弟的命運悽愴悲苦？可以說是許多從海南兵團回來的知青都面臨著如此艱難困苦的處境。知青〇三〇回憶說：

我在二〇〇三年十月黃金週和六連的知青一起自駕車回去海南時，特意去了安鋪鎮探望我們連隊的知青朋友，離別二十多年了，很是掛念他們！

由於事前沒有與他們打招呼，司機也不認識路，到了安鋪鎮的時候，已經是晚上七點多鐘了。當我們十幾個人出現在他們鎮上的時候，他們紛紛奔相走告（因為絕大部分人家裏都沒有電話），然後，把我們帶到了一間餐廳用餐。用餐的時候，他們就坐在我們的旁邊與我們聊天，還不斷地為我們介紹餐桌上的本地美味佳餚，催促我們多吃一點，但自始至終就是不見他們其中的任何人也和我們一起喝一杯茶水，動一下筷子！

到了埋單的時候，他們卻爭著付款！晚飯後，他們又安排我們在鎮上最好的一間賓館住了下來，相聚直至到了下半夜。由於我們第二天要在清晨五點三十分就要趕路，他們才依依不捨地與我們告別，離開了賓館回家去。幾個小時後，當我們要離開賓館到前臺結帳時，才知道他們早已經為我們付過了住宿的費用。

後來，我才知道了他們從海南回來後一直在生活的邊緣掙扎，擺地攤、送煤氣、搭客、做家政、賣粽子……

後來，我才知道，他們要退休了，退休的手續雖然辦過去了，但卻沒有一個人從單位領到過退休金！後來，我才知道當天晚餐為我們付的所有費用都是大家共同分擔的。為了省一點錢，他們寧願餓著肚子（當晚他們有好幾個人當時還沒有吃飯呢），也不願與我們一起用餐，只是坐在我們的旁邊陪伴著我們！

每當我想到這些，眼淚就會從心裏往外流……

從那以後，不論他們對我有什麼需求，我都會全力以赴，去為他們解決，並著重為他們好幾個人討回了退休金……

後來，在組織我們連隊各地的知青回訪南島農場的時候，我都本著儘量為他們著想的心意，兩臺知青自己開的麵包車是免費的，一路上就全部安排安鋪鎮和潮汕地區個別的知青乘坐，其他的統統自費乘坐汽車公司的大巴（儘管極個別的知青對我的做法有意見，說我太偏袒他們了），用餐就選便宜的大排檔，拍攝回來的錄影和圖片製成光碟後都免費分發給他們……我還在網站購買了二十幾套《我的知青歲月》、《我們的十團》等光碟以及網站發的《知青足跡》寄過去給他們，以此表達我對在安鋪鎮受到他們熱情接待的感謝之一點小小心意；當然，我更希望他們用知青的精神，去對待生活中的、工作中的、人生中的不如意，去理解，去爭取，去堅持，去努力，去奮鬥！

而且，有的知青有病要到廣州來治療，在廣州又沒有親屬的，只要找到我，我都會熱情接待，為他們尋醫問藥……

今後，只希望政府有關部門讓他們的晚年過得好一點，所有的知青朋友都有退休金，這才是我最大的心願！

客觀地回想當年，由於「文革十年浩劫」，整個國家百業蕭條，百廢待興，別說安鋪這樣的小城鎮，即使在廣州、汕頭、湛江這些大城市，知青也很難找到一個謀生崗位。在中國草根網，自由兄弟看到了一則**天圓地方**網友寫的**〈知青三輪車夫〉**的帖子：

八十年代中期，有一次，我在大德路為公司買了一批不鏽鋼彎頭等配件，太重了，自己拿不動，就在附近叫了一輛三輪車。

三輪車運貨，我騎自行車帶路。那時踩三輪車的多是四鄉人，跟我運貨的卻講著一口地道的廣州話。我很好奇，就問他：

「你是廣州人嗎？」

「是的。如假包換。」

「怎麼也踩三輪車？」

「要吃飯呀！」他說，「踩三輪車不用起早床。有什麼不好？」

原來，他是去海南農場的知青，八二年才辦「困退」回廣州。有組織、有步驟地下鄉，辦正式手續地回城，回城後卻找不到哪個部門能真正管他的事。正如一個在運動會中參加環城長跑的運動員，到外面跑了一圈後，終於回到了終點。起跑時的組織者、裁判員和參賽的許多充滿活力的選手都沒了蹤影，運動會也沒有了下文。

「回得太遲了，招工輪不到我，又沒有什麼後門，就踩三輪車了。」他接著說，「靠勞動養活自己，不會有錯。」

知道他是落難知青，我很後悔叫車的時候把價錢壓到最低。我問：「幹一個月能有多少收入？」

「很難說得準。勤快一些，不怕辛苦，四五百元不成問題。」

聽到他收入還可以，我暗暗地鬆了一口氣，彷彿踩三輪車的人就是我！那時，廣州工薪階層人月收入大都在三百元左右。

「不過，碰到颳風下雨、交警抓車那就難說了……」他說話的聲調開朗，但我還是從他的臉上讀出「無奈」兩個字來。

卸完貨，我告訴他，我也是農場知青，請他坐下來聊聊。他以「三輪車不能在外面停得太久，怕城管扣車」為理由，婉言拒絕了。我想把運費提高一些付給他，他堅決不受。

後來，我又多次在大德路買配件，卻再也沒有碰上他。但願他找到了更好的工作！

這則故事雖短，但卻是海南兵團許多知青剛回城時自立自強、自尊自愛和不卑不亢的縮影。類似的經歷相信許多知青都有過。後來官至處級的廣州鐵路東站副站長的亞東在回答鳳凰衛視記者的採訪時，就坦坦蕩蕩地告訴說，他回城之初也曾靠踩三輪車糊口，不少熟人，甚至也是海南的知青都坐過他的車，而且還是在遠離家鄉的韶關，因為廣州市幹這行的人實在太多……

當年從海南回城的知青，除了找工作不容易，還有一個比較大的難題，就是找住房困難。據農友**過客**在**〈有誰知道當年潮州知青棚區大火的往事？〉**一帖中回憶：

……當年許多農場知青回城後，不少潮州知青家庭因住房緊張，只好在潮州城外韓江水邊搭起了棚屋居住。由於搭建的人越來越多，韓江邊上竟形成了潮州特色的知青木屋棚區。

知青木屋棚區的居住衛生條件當然很差，成了當地政府的一塊心病。曾多次以停水、停電等手段想迫使知青遷離木屋，但都沒達到清除該棚區的目的。

後來原因不明的一場大火，把棚區燒個精光。棚區大火的慘烈讓人很容易想起以前澳門木屋區大火的情景。當年和我一同開拖拉機的場友曾貴青談起此事，還心有餘悸：「那場大火，差點把我燒死了！」

火災後，當地政府對這些陷入困境的知青家庭都做了臨時安置，並規劃了土地建起了知青解困樓房。我的知青場友曾貴青比較幸運，單位先是騰出一間辦公室讓他一家臨時居住，後來還分給了他一套住房。我還去過曾的家，一房一廳，有四十多平方。當年能有這樣的居住條件，算是很不錯了。

真希望有親身經歷過此事的潮州知青能談談這知青棚區的往事。其實所謂知青棚區，全國大概獨就潮州這一樁了。

知青**五月艾**跟帖道：

曾經聽說香港首富李嘉誠專門捐款為回城知青建房子，當時還覺得潮州知青可真有福氣，想不到還有這麼悲慘的前提。

知青**jingmmming**感歎道：

我真的是今天才知道有知青返城產生的「知青棚區」這麼一回事。相比之下，廣州知青的命運真的比其他地區的知青命運好多了。我有不少潮州知青朋友，也想知道這一獨特的歷史事件，真有點像香港徙置區的木屋的一場大火？

遺憾的是，帖子掛在知青網上好久，也沒有當年居住過棚區的知青願意來說明其中的原委。大概是都不願意再提及這段傷心難堪的往事吧？自由兄弟在敬佩這位「過客」的兄弟敢言勇氣之時，也要向jingmmming兄弟補充說明一下，類似景觀的「知青棚屋」，當時在廣州市郊也曾有過。

據說七十年代末期，在廣州市郊的珠池「三不管」地帶，有一段時間曾陸陸續續地冒出了一片竹子、木條搭成的簡易棚屋，當地人戲稱為「海南知青村」。因為棚子裏住的多數是從海南農場病退、困退回城的知青夫婦，這些知青拖兒帶女地回到廣州後，一下子沒辦法在原來的家裏找到安身立足之地，只好暫且在此棲居再做打算。

許多知青藉著這一地方當局睜眼閉眼的臨時「難民營」，開始了在淒風苦雨中疲於奔命的艱苦創業歷程。每天清晨四點多鐘，夫妻倆就踩著三輪車去郊區菜農地裏批發收購各類蔬菜鮮果，然後再載於各農貿市場擺賣，晚上再四處打聽交流有無其他穩定的工作或更為發財的路子。一旦認為可行，就會另謀高就，改做他行。

漸漸地，隨著改革開放帶來的勃勃生機，一些知青先後融入了雨後春筍般的合資或私營企業之中。更有許多人，因為積累了經商經驗和一定資金，自己開始當起了小老闆。我曾認識一個做建材生意的富商，就是從這樣的棚區走出來的海南兵團知青。只是如今，他實在很不願意回憶這段艱難的歲月。因為在那段風雨泥濘打拚的歲月，夫婦倆光顧著在外忙於生計，將不懂事的兒子鎖在家中，結果孩子年幼無知，摸到了裸露的電線，夫妻倆回來見到慘狀後幾乎暈絕……

在經過最初幾年頑強的打拚，回城知青總算適應了城鎮的節奏，基本上找到了一條謀生之路後，本想著能安安穩穩地步入溫飽、無憂無慮的中年，誰知一場更大的衝擊又向他們席捲而來。在網上一張潮汕回城知青的合影留念下，有位Iss的知青感歎道：

> ……一九七〇年十二月二十八日五時這是我們「上山下鄉」人生的起點。這一天，對每個離家的知青來說，都有刻骨銘心的記憶。照片是一九九一年十二月二十八日聚會照的，我們這一代人命運坎坷，隨著改革大潮的到來，大部分農友的單位效益不好，紛紛下崗。以後農場的一二・二八大型紀念活動，就基本沒舉行了。

是的，從一九九二年中國決定性地轉向社會主義市場經濟後，下崗或內退便成了工礦企業，甚至是事業單位裁減冗員的標準化手段。在下崗裁員的覆蓋面中，知青一代因年齡偏大和文化偏低而首當其衝，成了企業最想切割的脆弱群體。一九九六年，據中國官方統計共有七百五十萬人下崗，其中初中及以下文化程度者占百分之七十一以上。

知青一代轉型的困難，不僅在於他們缺乏文化知識、缺乏市場經濟概念，也在於他們的身體條件再也無法適應日益激烈的市場競爭。這使得他們的處境常常隨著國企的改革而陷入泥潭難以自拔，此時，有的連生存都成了問題。然而，中國要發展，要富強，就必須走市場經濟之路。物擇天競，適者生存。這一自然法則，就成了有些知青難以適應或難以逾越的障礙。自由兄弟認識的知青阿雄就是證明。

瞭解阿雄的背景，還是我在一九九五年的秋天，當時鐵路正在搞「建設標準線」。該段領導告訴我，白三工區有個工長，平時工作吃苦耐勞，髒活、重活處處帶頭，要我有空去給他寫篇報導。趁著下沿線的機會，我找到了阿雄。一聊，才知道他原來也在雷州半島某農場幹過，也算是海南兵團的戰友。只不過他是後來招工回到鐵路的。

據阿雄自己和工友介紹，他在農場時也曾當過班長，還是團裏的學毛著的積極分子，並入了黨。招到鐵路後也是年年先進，頗受職工好評。只是這阿雄最大的缺陷，就是文化低，雖是初中畢業生，但實際上只有高小文化程度。更要命的是，這阿雄不愛讀書看報，有時偶爾讀上一篇文章，常常是錯別字連篇，逗得工班幾個職高生和中專生總是偷偷發笑。

羞慚之下，這阿雄乾脆連工班的維修預算、填寫報表等動腦子、動筆頭的活全交給了也曾到農村插隊的知青材料工了事，並時常關照材料工在家做這些雜事。豈知，那材料工就利用這一機會自學讀起了大專。為此，阿雄還和材料工鬧過一段時間的彆扭，說人家不務正業，常常要請假複習、考試。因為當時規定，參加自學高考都可有幾天聽課和複習的公假。無奈，領導只好將兩人分開。轉眼三年，那材料工混得一個自學大專文憑，竟轉了幹，成了車間的計工員，而阿雄還是自鳴得意地幹著他的工長。

也就在第二年，單位分配福利住房，說也巧，儘管阿雄工齡比那計工員多了三年，還有先進加分，可人家憑著幹部的身份，再加上初級專業職稱，硬是比阿雄多出了〇點一分。為此，這阿雄想來想去，怎麼都想不通，多次找到單位領導要求照顧，領導也做了那計工員的思想工作，可是由於兩人在工班有了一段「鬥氣」的過節，人家根本不願相讓，硬是憑著高〇點一分將分房單洋洋得意地領了去。

就這樣，阿雄的自尊心遭受了第一次還不算沉重的打擊。我問阿雄：「為何不也去自學個大專文憑？」他依舊不以為然地說：「讀那些書有什麼用？又不是正規學校，純粹是去混個文憑。再說，我已經過了讀書的年齡，只要身體好，有力氣，還怕找不到一碗飯吃？」見他這麼自信，我也不好再說什麼，只是仗著農友情誼，將他的事蹟加油添醋地海吹了一番，使他當年評得了一個路局建線標兵，他所帶的工班年底也評上了先進工班。憑著這兩點，次年，阿雄調到了一套大的舊房。為此，阿雄在工班聚餐時，還請我去喝了幾杯。

誰知好景不長，隨著改革深化，單位層層實行經濟核算，車間對工班實行了工料包幹，節餘的材料費用工班可以提成分配，而阿雄由於沒有初中的文化底子，對函數幾何一竅不通，派工用料時常常都是估摸著來領亂用，工班不僅很難有材料節餘，而且常常造成窩工、返工，不是水泥用多了，就是鋼筋用少了。職工意見很大，竟然聯名要求領導撤換阿雄。

考慮到阿雄實在難以勝任，領導只好另外換了一個中專的小伙子當工長，讓阿雄當工人。這一撤換命令讓阿雄好不氣惱，他火冒三丈地找到領導大發了一頓脾氣之後，從此就一蹶不振，沒事就喝酒。更讓他傷心的是，前幾年單位分配的經濟適用房，阿雄因為沒有任何加分，總分竟排在那位接任的中專生之後，因為人家憑著函授大專和工作先進，早已是工程技術幹部。這使阿雄更是想不通，總覺得事事不如人，連七〇後出生的小伙子都趕不上，一氣之下就提前辦了「內退」。

也許是不會自我調節，心情不好造成血壓增高，反正就在內退後不久，這阿雄就出現了一次輕度腦溢血，花了五萬多元做了開顱修復手術。我在設法給阿雄報銷了部分醫療費用的同時，還為他多次申請了困難補助，本以為他可以多活幾年，不料半年不到，阿雄又一次復發腦溢血住進了醫院，這次他再也沒有甦醒過來，只幾天的工夫就撒手西去。

懷上悽愴沉痛的心情，我在張羅阿雄的後事之際，關切地詢問阿雄有什麼交代。他的妻子告訴我，阿雄在手術出院後，每天悶悶不樂，常常責怪她不該花光了家裏的積蓄，而是應該留著給兒子讀大學用。他一再交代兒子說，無論再苦再累，也要將書念下去，爭取拿個大學文憑，以免今後工作時吃虧受氣。

我聽了無言以對，但卻在心裏知道，這是阿雄人生的總結，也是許多知青回城的感歎……

與鐵路國家直屬企業相比，這股企業「改制」風暴，對中小城鎮的回城知青衝擊更大。自由兄弟記得，大概是二〇〇〇年，鐵路準備在廣東鐵路沿線某站區試行內部物業管理，當地基層領導在熱情接待我後，請我幫忙安排兩個門衛。一問，都是海南兵團回城的知青。原在當地縣辦工廠工作，因為工廠連年虧損已經拍賣給私人老闆。身無一技之長，又年老體弱的兩個知青兄弟只好領著一點安置費在家閒蕩。一家人為斷了經濟來源急得像熱鍋上的螞蟻……

總」想到反正都要找人看門、巡邏小區，我也就做了個順水人情，雖然只有四百多元，那兩位下崗兄弟卻是千恩萬謝的讓我難受。後來，其中一位還在水庫景區開了一個「魚頭湯」餐館，每逢帶人公務經過之時，我都會公款狠狠地去「幫襯」一餐。可惜如今已沒有這個條件了。

回城知青的「下崗」、「買斷」，不僅對他們本人是一個沉重打擊，而且也使他們的家庭遭受了重創，有的甚至因此解體。從海南兵團回到湛江的知青東紅和靜敏就是其中的受害者之一。一九七七年，高考落榜的東紅病退後被安排在湛江一家很知名的國企工作，一開始企業效益相當好，後來他又通過關係將在農場做教師的妻子也調到了同一個廠工作，兩人還分得了一套四十多平方米的房子，一家三口生活過得其樂融融地讓人好不羨慕。自由兄弟登門拜訪時，為盡地主之誼的東紅還特意在當時最有名的環球酒家宴請了我一餐。席間，自然免不了炫耀所在企業效益好的話語。

不料，一九九八年開始的亞洲金融風暴，使東紅的企業產品出口銷路大減，先是效益急劇下滑，後是大量裁員。文化程度不高，又無技術特長的東紅首當其衝，家裏生活馬上緊張起來。無奈，妻子靜敏找了一份做家教的兼職來彌補生活開支。不幸的東紅此時又得了胃穿孔，時常吐血、便血，免不了三天兩頭住院，家庭生活常常陷入困境。最不該的是，東紅見靜敏家教時穿著時尚些，就有些懷疑妻子的不貞。靜敏實在受不了這樣的折騰，兩人經常鬥嘴吵架，吵著吵著就喊離婚。

一開始東紅不同意，後來企業倒閉了，靜敏拿了買斷工齡的二萬多元錢給東紅付清了住院費後就再也沒有回家。經過旁人的勸說無效之後，東紅認為夫妻緣分已盡，也就和妻子辦理了離婚手續。後來，每月只有三百多元最低生活費的東紅，只好夜裏去幫人看鋪供孩子上學。如今，讓他寬心的是兒子已經長大成人，正在打工，並且跟他一起生活。而離異的靜敏，後來跟了一個有錢老闆，偶爾也會回來看望一下他和兒子，順便給些經濟援助。自由兄弟曾問東紅：「今後是否再找個老伴？」他苦笑著說：「如今連自己生活都沒保障，還想著再找個婆娘伺候？真是白日做夢，過一天算一天吧……」

是啊，想來讓人有些傷感。這些知青夫婦，曾因海南兵團的苦難歲月而相戀相愛，結為秦晉，如今卻又因再次的回城下崗苦難歲月而相怨相恨，最後分道揚鑣。實在是有些匪夷所思，無法解釋。早知如此，還不如在農場患難與共，廝守終身。值得慶幸的是，許多知青夫妻雖已離異，但是仍會像關心親人一樣地關心對方。夫妻緣盡，還是農友，這恐怕也是那個特殊年代的一種特殊情感吧？

第四節　無法彌補的青春缺憾

憑心而論，海南兵團知青群體在回城後，曾付出了比其他社會群體更為艱辛的努力。大多數人通過努力都改善了自己的生活狀況，各方面條件遠比在農場「上山下鄉」時要好上許多倍；其中一些人還取得了驕人的業績，贏得了人們的尊重和讚歎！這都是改革開放給知青命運帶來的可喜變化。但是我們也要清醒地看到，這個群體依然存在著許多缺憾，有的缺憾甚至是永遠無法彌補；否則，海南知青群體的生活狀態也會比其他群體毫不遜色。在這些缺憾之中，首當其衝的就是永遠因擁有不完整的系統教育而受到的社會歧視。

雖然從一九七七年恢復高考，至一九七九年，在實行特殊高考政策的三年中，約有幾千名海南兵團知青從農場或回城後考入大學。加上從一九八二年到九十年代中，海南兵團知青中有相當一部分人讀了電、函、夜大和正規大學辦的大中專班，如果再寬鬆地將一九七〇年起「保送」的所謂工農兵學員也算到一起，海南兵團十多萬的知青中估計約有十分之一的人，是受過不完整初高中系統正規教育的所謂「人才」；而另外十分之九的知青，他們實際上的文化程度要比所填報的初高中學歷還要低一個檔次，這就是海南知青整體文化狀況。

但是，他們回城後不久就遇上改革開放，國家的幹部政策已經發生了重大變化，個人擁有的教育水準變得日益重要，有無大中專文憑不僅成了晉升，而且成了轉幹的依據。從一九八三年始，政府更是基本將是否擁有大專文憑作為基層以上提拔官員、企事業領導的一項剛性指標，這種提拔政策無疑對中國各階層領導的現代化富有積極意義，但卻無形中把海南知青被迫中斷學業去「上山下鄉」的苦難轉化成了他們後天的缺憾。儘管這一代人依然年輕、相當多的人擁有豐富的社會生活經驗和良好的工作表現，但因為沒有大專文憑，他們就永遠登不上晉升甚至幹部隊伍的階梯。

隨著改革開放的深入，至九十年代初起，是否受過高水準的教育，不僅成了選拔幹部的基本「門檻」，甚至成了新興科技產業、社會熱門行業的基本要求。就連傳統企業在「更新換代」的進程中，挑選一些「重要或關鍵崗位」上的人才時，都要求具備如何如何的文化程度。於是，海南兵團知青「上山下鄉」在農場幾年或十多年積累的「財富」，就變成了無用的資歷。歷史造成知青一代的缺憾，也就演變成了一種無形的企業歧視和社會歧視。

在一些領導或人力資源部門看來，知青一代缺乏勝任某些重要或關鍵崗位的基礎，是「沒有知識，沒有專長」的人員，只能安排一些簡單的體力工作或普通崗位。最為難堪的是這一代人大多數以小學、初中的文化程度去了農場，回城後因為諸多原因沒有及時彌補知識的缺陷，確實也只能勝任一般性的體力勞動；於是，苦累差髒的工作也就成了他們應聘時的必然選項。

最讓一些知青心裏不服氣的是，儘管他們在農場或回城後，通過個人頑強拚搏，或是通過七七至七九年高考，或是通過電函夜大等途徑，擁有了大中專文憑，但在一些人事部門和領導的眼裏，這些人依然是沒有受過完整的正規系統教育，是存在著有嚴重缺陷的群體。特別是進入九十年代後期，國家開始將人才培養和提拔的目光轉向「八〇後」的一代，知青一代的奮發者和佼佼者，也不免漸受冷落。

自由兄弟曾與一個六六屆大學畢業的總工程師在基層企業共過事。一次，討論後備領導幹部人選時，針對班子提出的一個函授大學本科生人選，這位總工不經意間冒出的一段耐人尋味的話語，就印證了這一偏見：「……我們要適應新的形勢，還是得考慮受過系統的正規的全日制高等教育的年輕人，而『文革』推薦的那些工農兵大學生哪有什麼文化基礎？我們都很清楚。即使是七七至七九年高考入校的，當時也是降低了很多標準，更不要說那些馬路組裝的『五大生』，如今一抓就是一大把，除了會賣些嘴皮，連個複雜的圖紙都看不懂。當然，我指的不是在座幾位領導……」

顯然，這位總工一時心直口快，沒有注意考慮我們幾位曾有知青經歷的班子成員感受。但是，事實上證明他說得有理。後備領導幹部人選報上去後，組織人事部門按照有關文件精神，立馬否定了那位函授本科生的後備幹部資格，要求我們重新在八〇後的正規大專以上學歷者中進行挑選。如今，這一傾向更加明顯，不管是企業重組，還是政府精簡，知青一代的所謂「高學歷」者便不可避免地受到離崗、二線、降格使用等「冷處理」。

在網上，自由兄弟曾看到過知青**Yuhao**的感歎：

> ……我在廣州市計生局已離崗退養五年。那年我們處的知青全軍覆沒，理由是我們的學歷不夠。我好歹也士升師啦，不過沒搞臨床，一直在機關。我對上級說，我們這代人有幾個有過硬的正規學歷呀！又不是我們有書不讀！而是當年「文革」不讓我們上學，誤了讀書的機會！……

聽了知青農友的感歎，自由兄弟不禁想起了同學阿穗從海南兵團回城後的坎坷經歷。說起我與阿穗的交往，從孩童時候算起，至今已有四十多年的時間。我們一起上的小學，又一起上的初中。他長得很帥，有點像電影明星王心剛。就是如今，年過五旬的阿穗也依然是一副豪爽硬朗的北方漢子英俊形象，酷似他那生性耿直的父親。

所不幸的是，一九六六年我們剛上初中，就遇上了文化大革命，幾百號學生沒摸過一本正規課本，也沒上過一天初中知識的課。更沒有想到，初中畢業時，阿穗也與我一樣被剝奪了上高中的權利，並且不能就近到農村去「接受貧下中農的再教育」，被列入了老老實實回家，等待分配通知的另冊名單。其中的原因如今說來荒唐可笑，只是單位的領導認為，他父親長得偉岸，平時談吐有板有眼，又曾在國民黨部隊幹過，一定是個漏網的營團級軍官，正在抽調專案人員對其歷史問題進行內查外調之中……

「娘的！老子有事，連累兒子，這是什麼狗屁政策？老弟，我們今天就坐貨車回去另想辦法……」學校畢業分配大會剛一結束，阿穗就帶我乘車回到了小站。次日清晨，正當我還迷迷糊糊之時，阿穗敲門告訴我，海南生產建設兵團在縣城招工，問我：「願不願意一起前往報名？」於是，我們一起坐車來到縣城。經過一番周折，我和阿穗，還有小石三人從學校「畢業」的第三天，就匆匆踏上了奔赴海南兵團農場的旅途。一路上，阿穗知道我身上沒錢，買個什麼吃的都要雙份。到農場分配時，阿穗見我個小人瘦，怕我孤單受欺，便要求和我分在同一個連隊……

就這樣，我和阿穗在九連一起工作生活了八個月的時間。好在連隊指導員通情達理，其他許多知青的家庭境遇基本相同，我們沒有受到什麼白眼。只是阿穗有一次患上惡性瘧疾，獨自撐著去團部醫院，結果九公里的山路走了三個多小時，住院後在床上昏天黑地躺了七天七夜，最後好好的一件新背心竟讓汗水熬爛粘在身上，脫下來時全成了布條。

大概是阿穗命大福大，出院不久，就接到了調往武裝連的命令。原來，他父親的歷史問題總算搞清楚了，只是國軍中的一個伙夫，後隨部隊起義參加了解放軍，之後又轉到了鐵路。於是，阿穗頓時又成了響噹噹的「紅五類」，自然是受到兵團組織重視的戰士。說也巧，到武裝連不久，一次，師部領導來連隊視察，要用土辦法炸魚，阿穗奉命拿著一個酒瓶炸藥來到首長面前，毫無畏懼地扔到了水庫之中。一個星期後，阿穗竟出乎意料接到了調到師部警衛通訊排的命令。送別時連長告訴他，當他跳到水中去撈被炸死的魚時，師首長讚歎地說了一句：「這小伙子不僅帥氣好看，而且豪爽硬朗，應該將他調到師部才是……」

就這樣，阿穗調到了師部警通排給首長當警衛員，這在當時的知青中是莫大的榮耀。過了一段時間，同我一個站區的三個鐵路同學也先後調到了師部警通排，只有我和阿輝兩人還揹著「反動家庭的包袱」留在各自的連隊。更為糟糕的是，「一打三反」運動後期，連隊原來的指導員被免去了職務，由一個思想很左的副指導員擔任黨支部書記。這傢伙藉口要純潔連隊骨幹隊伍，竟將有「家庭問題」知青班長、副班長全部「一網打盡」，由「根正苗紅」的退伍兵或農村青年取而代之，自然，我也不能倖免。

那段時間，我的情緒低落極了。因為所有的同學之中，只有阿穗、小石還一直與我通信，我便向他流露了一些悲觀失望。不久，阿穗來信給我說了一大堆的開導話語，末了，他叫我找機會到師部去他那裏散散心。阿穗的來信讓我感到很溫暖，於是，我藉口胸痛，裝起病來，費了好大的周折才獲得去師部醫院檢查的通行證。這是我到海南兩年多的第一次外出。此前，除了縣城，我們不能到任何地方，因為沒有通行證，是不能在外過夜的。

誰知等我臨行時電話聯繫阿穗，他已調到師部後勤連去當司務長了，也就是說，又進步了。而這後勤連離師部還有幾十公里的路程，還要轉乘昌江至東方的米軌鐵路小火車。阿穗怕我不去，特意交代了師部的小石，陪我在昌江縣城玩了一天後，幫我買了去抱板的車票。當天傍晚開飯的時間，我終於又見到這個分別一年多的大哥。我記得當時阿穗只穿了一條短褲，全身濕淋淋地擁著我，心裏顯得十分高興。原來他剛划著竹排去水庫另一端去運菜，由於竹排負荷太重，阿穗就乾脆跳下水中推著竹排回來。真是不要命的漢子！難怪連隊的人都很看重他，連見到我都多了幾分熱情……

這天晚上，阿穗給我打來了兩份飯菜，又叫來一個汕頭的女知青給我煎了一盆子的鴨蛋，還端來了一大碗米酒，然後就是一個勁地叫我吃呀喝的。自然，在連隊缺少油水的我是不會客氣的。酒足飯飽之後，阿穗只一句交代，那一直守在旁邊，文靜地看著我們胡說八道的姑娘又忙碌著收拾碗筷，過後又是她細心地給我張羅洗澡、睡鋪等事宜。看得出，那姑娘對阿穗不是一般的熱情，而是百依百順的柔情。特別是她看阿穗那脈脈含情的神態，讓我都有幾分嫉妒。藉著酒興，我有些感慨地問阿穗：「這姑娘眉清目秀，身材又好，你老兄豔福不淺啊！」

誰知話剛說完，阿穗就有些內疚地說：「這也就是讓我有些沉重為難的地方，論長相、脾氣，這女子各方面都無可挑剔，但看來，我們是沒有結果的，因為我想過，我們最終都還是要回到鐵路的。最近已經有不少的廣州知青走了，如果你有可能，也要爭取調回去。目前的知青政策太讓人心裏沉重了，沒有幾個會安心在這裏扎根。

我曾在師部警通排押送過一批批的逃港遣返知青到各團，聽到見到的委屈實在太多、太多了。正因為這點，我時常提醒自己不能衝動，免得害了人家姑娘……」

那天晚上，我和阿穗講了很多很多，我忽然明白了今後自己的走向，開始抱著一種無所謂的心態在捱日子。果然，回連隊不久，我們就聽到了李慶霖告狀的消息，終於企盼到了回城的一線曙光。之後，經過輾轉努力，我終於返回了鐵路。而阿穗則是在鐵路大招工時返回了父親原來的單位。聽阿穗說，回城臨別時，那姑娘依依不捨地撲在他的懷裏大哭了一場。這是他第一次零距離地擁抱這個心愛的姑娘，但卻是心如刀絞、無可奈何。從那以後，阿穗再也沒有與那姑娘有過聯絡，只是在與我喝酒之時不經意地流露出幾分牽掛。

卻說阿穗從海南農場招工回到鐵路後，先是在沿線小站化州幹通訊工。這工作他到還能適應，只是挖挖電桿洞，架架電線，最複雜的也只是修修電話，因為當時的電話大多數還是手搖的，零件很簡單，多動點腦子就可以學會的。憑著在兵團的吃苦耐勞精神，阿穗各項工作都走在前，幹在先。兩年下來，就當了工長，並且兼任了車間團支部書記。又兩年，憑著各項先進個人、先進集體的稱號，阿穗又入了黨，還被大家推選為兼職的團委副書記。單位的領導對阿穗也是喜歡得不行，好有心想栽培這小伙子，決定推薦他到上海鐵道學院進修通訊載波專業，四年時間便可混個本科文憑。因為當時鐵路通訊正在向撥號過渡，急需這方面的專業人才。

可是，當阿穗興沖沖地趕到單位接過招生簡章，仔細地看完之後，第二天還是將招生簡章和單位備好的複習資料退回給了領導，請求另選他人，免得浪費了推薦名額。原來，這專業雖說是帶有推薦保送的意思，但必須進行「門檻」考試，總共五科，政治、語文、數學、物理和英語。二百五十分上線，且每一個單科都不得低於四十分。

阿穗事後告訴我，那天，他躺在床上翻來覆去整整痛苦思考了一晚，雖然這政治、語文兩科有些把握，可這數學、物理和英語卻是三道根本過不去的門檻。別說考的都是高中知識，就是初中課程的試題，他也無法做得出來。要想在這二十多天複習時間補上這六年的初高中課程，對他來說簡直就是天方夜譚，不如有點自知之明趁早放棄，免得參考後讓人笑話。

就這樣，阿穗又回到了工區，繼續當他的工長。領導看他表現實在不錯，又得知他曾在海南兵團武裝連和警通排幹過，就將他調到了保衛部門，並破格轉了幹。其間，阿穗認認真真從保衛幹事一直幹到武裝部長。也就在這段時間，阿穗與一個中專畢業的姑娘成了家。由於妻子家在桂林，父母無人照顧，阿穗就隨妻調到了桂林同系統的單位，改行幹了多經公司的經理，也算是個中層幹部。

由於相隔較遠，工作又忙，我和阿穗平時偶爾在電話裏說上幾句問候的話語，很難得有機會相聚。只是在二〇〇三年局黨校學習，我們巧遇阿輝一起喝了一餐酒。轉眼間，到了二〇〇四年的冬季，那時我所在的幾個相同行業的單位進行重組，合併成一個大公司，因為文憑和年齡的關係，我從領導崗位退了下來變成了中層幹部，心裏自然會有些失落，平時的應酬也少了許多。一天傍晚，正在煩悶間，突然接到了阿穗喊我去喝酒的電話。

原來，阿穗同系統的幾個單位也進行了合併重組，由於正規大專院校畢業的年輕中層幹部太多，阿穗就成了精簡下來的「富餘人員」。單位領導給阿穗兩條選擇的渠道：一是提前內部退養，二是回一線當工人。考慮到內退收入驟然減了許多，又找不到其他發財的路子，阿穗還是選擇了回一線當工人。他這次來單位就是進行上崗前的培訓，剛剛領到了合格證，準備明天回去工班上崗。

「真他娘的不公平，眼看再有幾年你就可以退休，臨近五十五歲還讓你去當一線工人……」我頗為氣憤地說。

「沒什麼大了不得的事情，海南那麼艱難的日子我們都熬過來了，眼前這點坎坷算個什麼。只是他娘的，如今搞什麼競聘上崗、優化組合都要講究個文憑。這『文革』期間不得讀書的大虧，我們這輩子算是吃定了。」阿穗心境苦澀地說。

那天晚上，我和阿穗喝了好多好多的酒。我們又講起了海南兵團的農場生活，講起了那場差點奪去性命的惡性瘧疾和令人痛惜的毀林開荒，講起那些許許多多冤死、枉死在熱帶雨林的知青戰友，講起那段無奈扼殺於青春萌動之中的淒婉離別愛情，講起那艘運送我們走上人生之路的「紅衛號」跨海渡輪。然而，我們詛咒最多的仍是那場造成人生終身缺憾的「十年浩劫」……

是的，用阿穗充滿醉意的話來說，「操他娘的文化大革命！」如果不是無緣無故中斷我們的學業，如果不是「血統論」株連政策剝奪了我們繼續讀書的權利，我們的青春本來可以更為亮麗多彩，我們的人生也不至於如此坎坷艱難……

還好，阿穗回去後，年輕的工長對他相當敬重照顧，每天只是讓他做些打雜後勤的工作。而阿穗也隨遇而安地得過且過。有時出差桂林，我也會抽空找他喝喝酒、聊聊天，講些海南的往事。

類似阿穗的經歷在海南兵團好友阿彬身上也曾發生過。剛回城時，他也曾試圖從頭自學初高中課程，每天下班後最要緊的事，就是去上文化補習班，或是關起門來啃書本，連戀愛也不願談。可是，一段時間後，就再也不見他這副「孔夫子」的神態。一問，才知道，當時單位也曾有過電力專業高校的推薦，領導也曾動員他去試試，可是，面對那一堆深奧的數學、物理、化學、英語等知識，他就不得不敗下陣來認輸。他說，自學之時倒是能夠有些理解，可是丟掉書本，面對考卷，竟是稀裏糊塗地記不住其中的公式、定律。

唉，人呀！過了那個最佳的讀書年齡就很難記得住東西。這種尷尬在自由兄弟函授本科考試英語時也曾遇到過，好在事先我做了周密的「公關」準備。早就約好了前後左右座的年輕學友，通過悄悄地遞紙條給我抄的辦法才過了關。畢業之時，我們請授課的老師歡聚一堂，席間，監考英語的老師面對我們的感謝直言道：「我也知道你們這些當年的知青很不容易，如果都像高考一樣的紀律來嚴格要求你們，這個本科班的學生，起碼有三分之二的人拿不到文憑！」

是的，這位老師說的是大實話，也許正因為如此，儘管自由兄弟擁有兩個半自學高考（工業經濟管理專業因為高等數學實在讀不下去，考了五個單科合格證後放棄了）和一個本科函授的文憑，但卻依然「走不進」知識分子的行列，永遠是蒙混過關的冒牌貨。

自由兄弟當年曾經遇上過一件很幽默的事情：有一次，單位有位高工和班子一位成員發生了矛盾，這位高工告到上級幹部部門，主管領導打來電話要求我們工農出身的領導幹部應當注意知識分子政策。當時那位知青經歷的領導聽了很不服氣，認為自己也擁有函授大專文憑，也該算知識分子。但是後來企業重組變動，那位高工憑著正規文憑和高級職稱，依然繼續留用，並官升一級，而「馬路組裝」文憑的領導班子成員則全部退居二線或降格使用。

這，就是歷史缺陷給我們留下的沉重「遺產」，而這種因無緣領受正規系統高等教育，而受到冷落排擠的無形歧視，便成為了許多知青內心的永久之痛。無論你認與不認，服與不服，都是誰也改變不了的現實。問心無愧的是，我們曾經頑強拚搏過，也擔負重任過。只是時代發展確實需要我們這一代知青的淡出，因為，無論我們怎麼努力，也無法彌補我們身上文化底蘊不足的缺陷，這是一個不爭的事實！

對此，知青**橋橋**深有感觸地說：

……想當年，恢復高考就像給知青注了強心針，前途有望了！接著就像洩了氣的氣球了——中學的書都沒有讀過，要考大學談何容易？於是，看不到前途的人就繼續去偷渡，或是在社會上惹是生非。回城時，我已近三十歲的年紀，可還得去補習初高中文化，否則，就無法在單位站住腳跟。直到三十三歲多才敢成家，雖然上大學是我夢中理想，但在我這一世是無法實現了。好在女兒爭氣，考上重點本科大學，多少彌補了我的心頭缺憾。

看到這段內心痛楚的話語，自由兄弟只想再多說一句：但願，中華民族的子孫後代，永遠永遠不再有這種「文革」和「上山下鄉」中斷學業的缺憾，讓它永遠永遠都伴隨著曾經的愚昧和狂妄見鬼去吧！

第五節　難以承受的生命之重

同全國知青群體一樣，海南兵團知青除了缺乏完整的系統正規教育之外，還有一個令人擔心的隱憂，就是不少人晚年的身體健康狀況欠佳。自由兄弟在欣喜地看到許多海南兵團知青直面人生、頑強拚搏，贏來美好的回城生活的同時，也常常看到和聽到一些知青兄弟姐妹回城後，因疾病纏身而英年早逝的噩耗。甚至有的回城不久，剛展開新的人生拚搏畫卷，就悄然而逝。而每當這時，自由兄弟的心情都特別沉重和惋惜。

二〇〇七年的清明前夕，自由兄弟讀到了**青春兔**飽含深情寫的一篇**〈懷念我們的小四朋友〉**的文章，就對這一狀況發出了惋惜：

……又是一年清明時。你離開我們已經三十多年了，今天，讓我藉知青網的平臺，重貼懷念你的文章，以寄託我們對你的思念之情。願我們親愛的朋友小四，在天國永生。

小四——中建農場二十一隊的農友們都記得的名字。一閉上眼睛我就會看到她，一個積極向上、充滿朝氣的倔強姑娘。她中等個子，單薄而孱弱的身材，留著一頭短髮，清瘦的臉上經常掛著明快的微笑。

小四是我們學校的同學，也是我們的隊友。她在家裏最小，排行第四，家裏人都叫她小四，我們也跟著這樣稱呼她。

小四的身體很不好。上小學的時候得了風濕性關節炎，影響到心臟，所以她發育得不太好，看上去比我們同齡人要小得多。她的父母都是老知識分子，「文革」時因出身不好受到不公平的待遇，孩子也因此受到株連，被發配到海南兵團，就連身體不好的她也不能倖免。她的大姐和哥哥去了五師，她和二姐到了六師九團。

因為她很瘦弱，隊裏平時都安排她在苗圃班，學學芽接，或者把她放到幼稚園帶帶孩子。無論讓她幹什麼活，小四都會很盡心盡力、認認真真地去完成。她和我們一樣，吃的是連隊一般的伙食，作息也和大家一樣，絲毫沒有因為身體不好而受過任何優待。那時物資匱乏，因為沒有什麼營養，也得不到很好的休息，她經常生病，她的姐姐和我們有時心疼她，勸她不行就休息。但是那個極「左」的年代，經常倡導「小病大幹，大病堅持幹」，小四也只有咬咬牙，堅持下去。我曾和她共居一室，也只有在她身邊的人，才能從她夜晚的粗聲喘氣和輾轉不眠中知道她在怎樣和疾病搏鬥。

兵團經常搞大會戰，團裏、連裏大會、小會宣傳，要響應黨的號召，「大力發展橡膠，滿足全國人民的需要」。連裏動員所有的人都上陣，小四坐不住了，也扛著鋤頭上了山，和大夥一起揮汗開荒，經常一幹就是十幾天。每天兩頭黑、日曬雨淋地超強勞作，使原本身體就很虛弱的她病倒了。當時我已經被調到新團去了，聽到來自老隊的消息說，她病得很嚴重，被轉到了海口的兵團醫院，心臟腫大得連肉眼都可以看得到，我們都很為她擔心。再後來，回城、念書，人人都為自己的命運奔波時，小四也因嚴重的風濕性心臟病名正言順地病退回到了廣州。

回城後的我們經常相約一起去看望小四。那時她的病已經很危險，醫生禁止她活動，禁止她激動，就連大笑、吃飯過飽、用力解手等都會對生命有威脅。儘管這樣，見到昔日一起戰天鬥地的夥伴，她還是很高興。我們都鼓勵她積極治病，好好愛惜身體。記得我還和她一起拍過一張照片留念（可惜這張照片不知被我珍藏到哪裏去了）。

一九七六年底，一個噩耗傳來，小四走了！因為沒有任何動作，大家都半信半疑。為了證實這個消息，我們再次來到她家。原來，小四走的時候正是毛主席的治喪期間（好像是九月中下旬的日子吧），飽受政治鬥爭磨難的小四一家，為了怕影響大家悼念毛主席，沒有通知任何同學和朋友，靜悄悄地、低調地送走了小四。就這樣，不曾享受過甜蜜愛情，不曾有過回城的工作經歷，也不曾嚐過回城後的幸福生活，一個年輕的生命從此消失。那年她二十五歲。

隨著年歲的增長，很多往事和人物已變得模糊不清。但直到今天，我還常常想起小四，想起她的樣子，想起她的笑聲，也想起我們一起走過的日子。

看完這篇文章之後的跟帖我才知道，小四回廣州住院，是因為她那時病得非常嚴重，她的姐姐和最要好的朋友為了治好她的病，在沒有辦任何病退手續的情況下就把她接回了廣州，一直到她去世。也就是說，她的戶籍現在還是在農場的。為了海南的農墾事業，我們的姐妹付出了年輕的生命。

知青**benben**跟帖說：

每次看完這篇文章，我都想哭。我保留了和她在一起的照片，也保留了她的笑聲。我經常對她說：「物似主人型，小四，你寫的字就跟你的人一樣，風吹就倒啊。」病中的小四，永遠忘記自己是個病人。當時天氣一陣雨一陣太陽，醫院的雜草長得很快，小四總是說：「我是從兵團回來的，我會鋤草。」但是她不知道那樣的天氣，下過雨，又出太陽，地熱和濕氣加上地上的氣壓會把患有三級心臟病的人打倒的。她去了，結果加速了病情的惡化，終於離我們而去了。二十多歲啊，還沒有享受人生啊。

是啊！如果說青春兔寫的這篇弔唁悼文，使我們看到了極左路線統治下的「上山下鄉」運動對出身不好、受到不公平待遇的「小四」身體的摧殘，致使這個本來就患有風濕性關節炎、心臟不好的姑娘早早病逝在回城的大門之外。那麼**臨江葫蘆**所寫的**〈我心中的懷念〉**一文，則更讓人們瞭解了海南兵團當時繁重緊張的體力勞動，是如何地透支了知青的年輕生命，是如何給他們造成了難以修復的身體損傷：

……她，已經靜靜地走了。她，過早地就走了。只有三十五歲，短暫而平凡。她曾經是中坤農場臨江隊的廣州知青，名字叫蘇麗英。

正如她的名字一樣，她是一位美麗端莊、富於情感而又心地善良的人。因為當年的過度辛勞和清苦的生活，使她落下了病根，以致過早地就離開了我們。雖然已經二十多年過去了，但她的音容笑貌，那兩顆尖尖的小虎牙，還是時時地浮現在我的眼前，久久不能忘懷。對於我來說，她是偉大的，應該是對於當年臨江隊的人來說，她都是偉大的，值得大家尊敬的。因為沒有送她最後一程，至今我還深感遺憾。

想當年，戰天鬥地，海南兵團為了大力發展祖國的橡膠事業，會戰、會戰、大會戰，幾乎沒完沒了的大會戰，有時連晚上點上煤油馬燈還繼續會戰。就這樣，不消幾年，整個海南的原始森林，幾乎被砍伐殆盡。那時，最辛苦的莫過於炊事班的女生了，她們每天都是早上兩點多鐘起床，燒開水，煮飯，一日三餐、四餐甚至五餐，兩口直徑一米多的大鍋，沒日沒夜不停地燒，要保證全隊百十號人的開水、吃飯，直幹到晚上八點後才能休息，幾乎長期如此。就連我們這些男子漢也是難以支撐的，何況是女同志。每天都要鋸木、劈柴、洗菜、剝木薯皮、挑水等等，幾乎都沒有時間停一下手，其辛苦可想而知。

當時，蘇麗英是炊事員，一幹就是幾年，她任勞任怨，從不叫苦。而且她的心地善良，考慮別人多，想自己少。那時因糧食限制，很多男知青都不夠吃，在打飯的時候，她就有意給別人打多點，很多時候到最後，只剩鍋巴了，連菜也分完了，自己就用開水泡上一些鍋巴，湊合著就算一頓了，而且經常都是如此。當時的情形，直到現在，有幾個廣州知青和連隊人員知道？

因那時長期的勞累和吃泡鍋巴，使她落下了嚴重的胃病，但她都是默默地忍受著。直到後來回城沒多久，胃疼得實在厲害，到醫院檢查時，結果已是胃癌晚期了。就這樣，她過早地靜靜地去了。一位美麗而又善良的好人，我也因此失去了一個最要好的朋友。藉此新春之際，簡述幾筆，以表達我心靈的思念。也望當年臨江隊的朋友，別忘了我們當年曾同甘共苦過的一位好友，願蘇麗英大姐的在天之靈，祥和安寧……

除了繁重體力勞動對正在發育期的知青身體的損害，還有著莫須有的政治壓力對知青心靈的損傷。現任某農場領導的**孫豐華**在**〈我所認識的知青〉**中回憶說：

師範學校畢業後，我被分配到一所農場中學當教師。那已經是一九八〇年的下半年了，知青已經大量返城。中學裏還有幾位知青，都是因為已經結婚，還沒有離開農場。有一個廣州女知青和一個汕頭男知青結婚，名字記不得了，他們都住在茅草屋裏。另一個廣州女知青和一個茂名男知青結婚，男的姓蕭，是政治老師；女的忘了姓名，在學校後勤班當雜工。蕭老師也抽水煙筒，常常看見他把水煙筒吸得呼嚕嚕地響。也許是好奇，有一次他去參加黎族同胞的「三月三」活動，不知怎麼的，就受到黨內嚴重警告處分，還差一點兒丟了老師的飯碗。

不久他們兩口子也回城去了，沒多久，就聽說蕭老師得了重病，帶著黨內嚴重警告處分的痛苦，離開了妻兒。每每想起此事，我就很內疚。因為討論處分他的會，我也參加了，但我沒有發表反對意見。如果有人據理力爭，他受到的處分也許不會那麼嚴重。因此，我在做了領導之後，每每遇到要處分同志的時候，都特別謹慎，生怕出錯，給別人帶來終生的痛苦，也給自己造成不可挽回的遺憾。

看了青春兔和臨江葫蘆等人的講述，自由兄弟不由得想起二〇〇六年十一月，我和阿穗、小石驅車前往廣州，與農場知青農友相聚的一個片段。那晚，我和九連二十多個知青圍坐一堂，懷舊言語之間，大家不免又想起了已故的戰友、農友，有人屈指細數了一遍，據不完全統計（因為有的回城後就失去了聯繫，無法得知近況），我們當初九十七人的連隊，才三十多年，竟走了二十三人。除三人是軍工外，其他都是知青。這些逝者中，有的是回城後因工作無著落偷渡葬身大海的，有的是思想苦悶、尋求解脫吸毒致死的，還有的是情緒低落、悲觀失望上吊自盡的，但一半以上是被可惡的病魔奪走生命的……

顯然，這些知青回城後的英年早逝的資料與我們當年過早過累地從事繁重的強體力勞動和當時惡劣的生活環境有一定關係。因為當年我們「上山下鄉」時，許多人都還是只有十五六歲的年紀，甚至有些還是十三四歲的「童工」。但在狂熱的口號煽動下和高壓政策的逼迫下，每個人都是大幹、苦幹、拚命幹，而生活的補充營養又相當匱乏，生活條件又相當惡劣。於是，這種支出與輸入的強烈反差，就悄然給知青的身體健康埋下了種種隱患。

當他們帶著滿身疲憊和傷痛返城之時，又面臨著為溫飽生計而四處奔波的焦慮和擔憂，於是，有的人的生命再也難以承受這一生活勞累之重，而倒在了坎坷的人生旅途，再也無法與我們結伴同行。我記得，海南的水土和氣候與大陸明顯不同，十五歲剛到了連隊的一段時間，由於砍岜、挖穴的工作緊張繁重，再加上營養不良，正是長身體的我面黃肌瘦，總感到乏力多汗。而且由於天氣悶熱潮濕，每天全身上下都是雨水、露水和汗水粘在一起，從來沒有乾爽過。

一天，我的頭上突然長起一個包，半小時內，越來越大，像個桃子似的，而且腮幫、胯下、腋下還隔些日子就有花生米般的硬塊出現，有時牙齒還無緣無故地痛得吃不下飯。我心裏好害怕，不知如何是好。後來衛生員老周看了說是熱毒引起的炎症，找了些「一點紅」、「鵝不食草」外敷內服給治好了。之後，連隊領導見我年小體弱，又照顧做了幾個月放牛、打雜的輕工，總算讓我渡過了危險的適應期。

可是有的知青就不那麼幸運了，有個大眉大眼，身高力大，看起來很壯的知青，頸子、肩上長了不少癤子，其中一個靠近褲腰的大癤子長得很深。還從裏面往外流膿，每天都要到衛生所清理一下，往往要往裏面塞了十多個小棉球才能將膿吸乾淨，看得人心裏直反胃。不知為什麼，當時皮膚長瘡或潰瘍的人特別多，而且根本無法休息，每天都要出大力、流大汗，傷口自然是很難癒合。

到連隊的第三年，那個與我一批下到連隊，長得身體單薄的安鋪知青「軟糖」，不知怎麼還得了個怪病，一會兒就要去拉尿，有時站在便池前竟滴滴答答地將雞巴抖動老半天都還關不住龍頭，又不好意思到醫院徹底檢查。拖到後來病退回城，才知道是尿道結石，看來主要是和當時的海南水土和營養不良有關。他很想去治療，可每天擺的小攤賺到的一點收入，連吃飯都不夠，哪有多餘的錢去看醫生。這樣痛苦地又拖了一年，最後連推車擺攤的氣力也沒有了，找人借錢到醫院檢查了一次，說是又患上了肝腎併發症等。絕望至極，這位原先總愛唱著舊版粵曲的漢子，用一根繩索套著脖子，在公園裏的古樹下了結了自己三十多歲的生命……

那次農場聚會結束，從廣州返回湛江的途中，阿穗、小石和我，都感慨萬端地說到了當年這些同行知青早逝的憂傷，我們還互勉要珍惜生命，千萬要注意保重身體，爭取多活幾十年。臨別，我們還相互約定，今年九月，三人要一起結伴回訪農場，重遊海南故地。然而，我沒想到，時隔一年多，也就是二〇〇八年三月一日傍晚六點多鐘，我習慣地剛坐到飯桌端起酒杯，就接到阿穗的電話：小石因心肌梗塞等急症於當日凌晨三點多搶救無效去世了……

聽到這一消息，我簡直不敢相信自己的耳朵。直到現在，我的心裏仍然難以接受這一噩耗——小石走了?!他走得是那麼突然，才五十七歲，連一句告別的話語都沒有留給我們和他的親人。當晚，我淚水漣漣，腦海裏盡是歷歷在目與小石交往的往事……

我和小石都是一個鐵路沿線站區長大的孩子，他的身世比我還要曲折。很小的時候親生母親就生病死了，父親後來又找了一個女人，給他生了幾個弟妹。那後媽日常生活時總是冷眼相待小石，使幼小的小石受了許多委屈，生父又不好太多言語，最後只好將小石寄宿在附近學校了事。之後，在阿穗等大一些的孩童帶領下，我們學會了偷甘蔗、偷芭蕉，也學會了撿些破銅爛鐵或果皮果核賣錢等許多填飽肚子的手段。再之後，我們三人都在後媽的冷眼中倔強地長大了，也一起到玉林上了初中。更不幸的是，又剛好趕上文化大革命爆發，我們在鬧哄哄的遊行、串聯、批判等荒唐中度過了三年時光。一九六九年八月臨畢業之際，我和阿穗因「家庭問題」失去了進工廠、上高中和下農村的資格，而小石，儘管可以上高中，但家裏卻不願意負擔費用……

於是，我們三人都在走投無路之際，一同匆匆踏上了奔赴海南島的旅程。到農場的次日，我和阿穗分到了九連，而小石卻在半路下車分到了八連，離我們連隊大概有二公里多的路程。雖然不在一個連隊，但我們還是經常利用上縣城、看電影的機會相互在一起聊天。聽說小石在連隊的日子裏，幹起活來簡直就是一個「拚命三郎」，整天都是光著上身，只穿著一條短褲，曬得像個非洲黑人。可能是因為小石的父親是個黨員，再加上表現出色的緣故，幾個月後，他就被抽到了團部警通班擔任給各連隊的送信工作。

這送信工作，雖然名聲好聽，但卻比在連隊幹活還要辛苦。每天都要跑上一百多公里的山路，將全團十五六個連隊的信件、報紙送到。雖說配有一部爛單車，但是在那彎曲坎坷的山路上常常只是個累贅，經常要推著車上坡，扛著車過河。每次我見他送信來到連隊，都是汗流浹背的。更加難受的是海南的氣候變化無常，一會兒是烈日似火，一會兒是風雨交加，有時錯過了連隊開飯，就只好饑腸轆轆地堅持回到團部胡亂找點東西填補肚子。但是小石依然是勤勤懇懇地做好領導交給的每一項工作。後來因為能吃苦耐勞又被領導點名調去了師部警通排。

在這期間，小石還被抽調到了兵團射擊隊，參加了廣州軍區射擊比賽，獲得了手槍慢射第六名。聽說為了在比賽中獲得好名次，他常常給自己加壓，將每天訓練的時間延長了一半。開始竟累得手臂連筷子都捏不穩。然而，好景不長，一九七四年九月兵團撤銷，小石和師部的許多知青又面臨著回到原所在的農場連隊的去向。想到我和阿穗都回到了故鄉，小石通過熟人關係也調回了離家不遠的紅湖農場，重新捏起了鋤頭幹起了種植劍麻、柑橙等農活。

當時，恢復農墾領導的體制，雖然不再沒完沒了地會戰，但是農場卻實行了聯產計酬的新辦法。小石早出晚歸、埋頭苦幹了一年下來也沒有多少收入，時常心情苦悶地不知何時才能熬出頭。也就在那幾年孤獨勞累的時間，心身疲憊的他出現了未老先衰的症狀，原來滿頭的黑髮開始斑白。直到一九八一年底，小石通過招工才回到鐵路。先是幹了近十年的運轉車長，後是調到車站幹貨運員，通過自己的積極努力，最後擔任了車站下屬的一家倉儲貨運公司的經理。

為了證明自己能勝任這個不少人都「眼紅」的角色，小石又拿出了當年在海南兵團的「拚命三郎」精神，風來雨去地四處尋找貨源，日夜操勞倉儲貨運事宜，年年都出色地完成上級下達的收入計畫。然而，二〇〇五年，車站實行幹部優化組合，年過五十五歲，缺少過硬文憑的小石從此「退居二線」，心裏難免有些失落，於是時常以酒消愁。

就在他離去的前幾天，聽說我要陪同一廣州好友找他暢飲一番，他高興極了，從上午一直等到下午。不料，那農友有急事直接趕回廣州，結果讓他好不失望，直「罵」我說話不算數。我解釋了好久，他才鬆口說儘快盼我前來！沒想到從此再也沒有機會。最遺憾的是，臨去世的那天上午，他還莫名其妙地突然給我發來一首小詩，可惜，我當時忙於公務，沒有及時保存，竟將它與許多發來的短信一併刪除了，只是記得開頭幾句是：「煮一壺香茗，尋一地風景，看雲捲雲舒，戀人來人去。彈指間，四十年知青苦旅，已幻化成一場悲夢，誰又堪回首：青春無悔？……」

如今想來，這首最後依依惜別人間的小詩，卻也恰如其分地反映了海南兵團許多知青回城後，在經歷了無數艱難曲折的拚搏後，自己感覺疲憊不堪的身心實在難以承受生活奔波的勞累，最後無奈地撒手人寰的思緒……

值得寬慰的是，聞訊「石頭」突然離去的消息，除了我和阿穗，許多與他共事過的農友、工友都分別從廣州、海口、安鋪等地趕來，大家都沉浸在悲傷的追思之中。告別之際，許多前來送行的知青都悲傷痛哭，聲聲呼喚著石頭的名字，這一依依惜別情景在近兩百人的大廳裏顯得格外感人……

相見時難別亦難，只因當年海南情。安息吧！我的好兄弟——小石，但願你在天國能開心地對酒當歌，快樂無比！因為那裏不會有「上山下鄉」苦難的煎熬，也不會有知青回城後的種種冷酷的競爭和世俗的不平和歧視……

令人痛心和憂慮的是，類似「石頭」這樣辛苦了一輩子，眼看就要頤養天年，卻突然倒在「黎明前」的噩耗，近幾年常常可以見於海南知青群體之中，其「後續振盪頻率」在知青中，尤其是留守知青中大有升高的趨勢。自由兄弟去年十二月二十三日剛剛從《廣州日報》看到了留守農場知青林培崇清貧自愛、扎根農場的事蹟，當月就在知青網上看到了他於二十七日二十三時許因腦溢血醫治無效，病逝於海南省澄邁縣紅崗農場醫院，享年六十歲的消息。對此，紅崗農場和其他知青無不唏噓感歎。

這位畢業於惠來一中，一九六九年「上山下鄉」到海南澄邁縣紅崗農場二十六隊當農墾工人，工作兢兢業業，對於困難從不叫苦叫累，在職期間多次被評為優秀職工，屢受嘉獎，是農場赫赫有名的先進知青。一九八四年，由於長時期超負荷勞動，年僅三十五歲的林培松積勞成疾，成為眾所周知的「病號」。自此，他就一直留守農場，直至病逝。多年來，他的戰友同鄉都十分敬重這位兄長，別後三十年，雖隔千里，但還備受大家關懷。許多知青都給予了他熱情的資助，希望他能在連隊過得好一些。去年十一月十五日，他和回訪紅崗農場二十六隊的老戰友重逢之時，還高興地發出了「總算熬到退休年頭，明年就可以領到養老金了」的感慨。然而，沒想到他的最後這一願望卻沒能實現……

在如今海南兵團知青中，還有一種「另類回城群體」的生活狀況也是讓人憂心。這就是有些當年留守的知青，在農場苦苦煎熬幾十年，如今退休後總算能夠跟隨兒女或投靠親友返回了城鎮生活。按理，葉落歸根，安度晚年是理所當然之事；然而，對於他們來說，卻依然面臨著諸多困難——有的人為了應付租賃房屋等經濟開支的增加，不得不於年老體弱之時，還得幫人看門或自謀職業彌補不足，而更讓他們提心吊膽的是承擔生病住院醫療費的沉重負擔。

去年底，自由兄弟單位廣東地區有位青工愁眉苦臉找我訴說，問我能否幫忙想辦法解決他的家庭困難。經詢問，才知他的母親原來也是與我們一起到的海南兵團的知青，後一直沒有門路回城，只好在海南農場貢獻了一輩子的青春。前年退休後跟隨女婿回到廣東某城市定居。當年，由於墾荒工作十分艱苦，生活十分艱難，他的母親落下了一身疾病。離開家鄉幾十年，人老了，如今在人生地疏、物價高漲和遠離組織等情況下，每月靠著微薄的退休金勉強維持生計，平時有個小病小疼都是自己花錢買點藥對付一下，從來不敢去看醫生。萬萬沒有想到，幾個月前突然中風患上半身不遂，只好就地住進了醫院，但卻碰到了高額的醫療費無法報銷的難題。

為此，他們將原委告訴了農場，請求報銷一些醫療費用。得到的答覆是不能報銷，理由是他們需要回到海南農場的醫院住院。自由兄弟不明白，這種突然中風半身不遂的疾病，哪裏還有力氣去海南？豈不是加重患者病情嗎？但是，農場由於政策規定及效益不好，對醫療費用卡得很嚴，訴苦再多也沒有作用，只好到處告借，七拼八湊對付了眼前的近兩萬元醫療費用。而我也只能以職工困難補助和發動捐獻等形式盡些人道之義。

後來，自由兄弟聽說，二〇〇八年廣東部分地市實行城鎮居民醫療保險（對城鎮無業人群、小孩），每人繳納二百元就可以享受一年四萬元的住院費用。經我的勸說，這位青工即時為她辦理了城鎮醫療保險，才解決了她看病難的問題。這一舉措，對於這些可憐的老知青們也許算作是上天的憐憫吧！但我心裏想來還是憤憤不平，這些知青兄弟姐妹苦熬了一輩子，如今告老還鄉，竟像是斷線的風箏、無根的浮萍，幾十年的奉獻化為烏有，抹得毫無痕跡！沒有人關心他們的疾苦，沒有人前來看望，甚至連一個電話問候也沒有，好似他們曾經的組織已經徹底把他們遺棄了。現在，生病住院了醫療費用都沒有保障，竟委身於無業老人的行列……

情難堪，理難容。這一事例深深地觸動了自由兄弟的心靈，我不禁為許多曾經在農墾奮戰幾十年，如今退休回城居住的海南知青遭遇感到憋屈和難受，也感到失落和悲哀！我們這一代知青在海南兵團或農墾時，風風雨雨，辛辛苦苦，不僅許多個人權益至今仍未得到合理的解決，反而在晚年時被視為包袱，落得如此歸屬和境地。平常都說以人為本，但偏這些地方體現不出一點以人為本的痕跡來！

當年，從廣東去海南墾荒的十多萬知青，如今都已近暮年，望著一些兄弟姐妹日益彎曲和瘦弱的身軀，我飽含著熱淚，祈求老天開眼，保佑這些年輕時受盡苦難，將自己的青春熱血都奉獻給熱島的我的知青兄弟姐妹們，祈願他們身體健康，生活過得安定一些！也懇請政府有關部門，重視這一由「文革」和極左路線造就的特殊弱勢群體，盡可能地解決他們回城後的醫療、養老以及其他問題！別讓他們帶著遺憾和怨恨離開這美好的人世！因為，他們這一代人年輕時經受了太多、太多的苦難……

第十二章　魂牽夢繞海南兵團知青的第二故鄉

時光如梭，光陰似箭，轉眼間，距當年知青到海南、雷州熱島「上山下鄉」已經四十餘年，知青們先後回城也有三十多年的光景。可是無論走到哪裏，海南兵團的知青們依然忘不了那魂牽夢繞的沃土，那鬱鬱蔥蔥長滿海南、海北山嶺平原的「三葉樹」，那質樸淳厚的軍工、農工和大嫂們。這一切早已溶入海南兵團知青的血液之中，銘刻在他們心靈記憶的深處……

雖然在海南兵團知青的生命里程中，「上山下鄉」的這段經歷的時間並不很長，更談不上輝煌，但它卻因為留下了知青奮鬥的足跡，是知青們生命中最青春的年華，最難忘的歲月，由此顯得彌足珍貴，難以割捨。愛也好，恨也好，貧也罷，富也罷，許多知青回城幾十年來，不管自己的人生如何變化，卻依然一往情深地關注和懷念自己曾經灑滿青春碎片和汗水的農場和連隊。他們將常人不解的知青情結永遠地繫在了「第二故鄉」！

尤其是二〇〇六年五月十五日至二十一日，海南農墾總局特意盛情邀請了近三百名海南老知青，重返了他們原來「上山下鄉」所在的農場。參加這次知青回訪聯誼活動的知青，除廣州、汕頭、江門、湛江等地外，還有來自北京、陝西、海南等省市以及美國、澳大利亞、秘魯等國家和港澳地區，其中包括不少在政界、教育界、文藝界、企業界、商界取得傑出成就的知青名人，以及兵團時期的勞動模範、先進分子。

海南農墾總局舉辦這次知青回訪聯誼活動的主題是「聯誼合作，共謀發展」。連海南省委副書記羅保銘與省委常委、副省長于迅也先後出席了農墾總局舉行的隆重歡迎儀式及知青回訪活動並致詞祝賀。海南農墾總局局長吳亞榮還做了題為〈聯誼合作，共謀發展〉的主題報告。告訴知青們——這個特殊年代的特殊群體，當年十多萬知青用青春的汗水和殷紅的鮮血鑄就了連綿數百萬畝的膠林田園，為創造海南農墾的宏基偉業寫下了雄壯激昂的一頁，共同唱響了一曲可歌可泣的青春之歌，也為偏僻落後的海南邊陲帶來了人類文明。雖然那一段特殊的激情歲月已經過去，但是特殊的知青精神卻永遠光耀在海南農墾的綠色豐碑上。三十多年來，海南農墾人沒有忘記你們，一直惦記著這些回城的知青，如今請你們回來就是表示感激之情，同時也希望你們在與闊別多年的農場親人們歡聚一堂時，共謀農墾發展大計。

在為期一週的回訪活動中，農墾總局集知青們座談交流、觀光考察、栽種知青紀念林、走訪農場和洽談合作於一體，內容之豐富、規模之宏大、盛況之空前、意義之深遠，是海南農墾有史以來的第一次。為發揚知青精神，弘揚農墾企業文化，海南農墾總局還決定興建農墾知青展覽館；拍攝一部以知青題材為主的農墾電視連續劇和一部歷史專題片；同時組建農墾文工團和徵集農墾歌曲，並出版一本知青生活的專輯和一本畫冊。

雖然，這些打算由於國家對海南農墾體制的改革，有些項目已經難以實現，但海南農墾人不忘當年知青的讚賞，卻進一步激發了知青們回報農場、回報海南的拳拳之心。

為了聯絡和發動更多的海南兵團知青一起來做好這一工作，應邀回訪的知青們決定興建粵海農墾知青網站。這一情繫海南農場的義舉也感動了老農墾工人的子弟，據網站管理員**藍藍**介紹：

……二〇〇六年五月二十五日當知青回訪農墾時，大家在海南就商議要籌建一個屬於廣東海南農墾（兵團）戰士的知青網站，作為大家互動交流的平臺，回來後，找了幾家網路開發公司投標，計畫書較好的一家竟要價格三點六萬元，而且一分不減。次日藍藍回西慶聯誼會向大家彙報回訪情況，副會長農場子弟何少華先生立即表示他們（省郵電學院）可以協助按要求開發知青網站。正是由於他的主動請纓，使粵海農墾（兵團）知青網在八月份就開始試運行，並節省了大量的資金……

後來，正是通過粵海知青網和各種新聞媒介，自由兄弟蒐集了許許多多感人至深的故事，考慮到不宜沖淡本文的主題，在此，只擷取一些閃光片段告訴讀者。餘下的大量故事，也許將在海南兵團後知青時代的演化再一一給各位細述。

第一節　事業有成者的慷慨回報

據粵海知青網和海南農墾網等媒體綜合報導……二〇〇六年十二月二日，位於海南澄邁縣福山鎮的紅光農場今天彩旗招展，喜氣洋洋：由廣州知青李廣生捐資四百五十萬元興建的紅光中心小學教學大樓，今天上午正式動工。這是海南農場知青個人捐款最多的紀錄。

事實上，由於李廣生非常低調，許多紅光農場幹部職工，甚至不知道他是做什麼的「老闆」。而據記者所知，這位自稱「廣州知青」的中年男子，是推動中國體育產業化的一個舉足輕重的人物。國內許多大型體育比賽現場的廣告牌背後，都曾經見證李廣生和他領軍的團隊的輝煌。

紅光中心小學校長王邦育告訴記者，李廣生的捐助，不僅將使開辦於一九五三年的紅光中心小學增添一幢高六層的漂亮的綜合教學大樓，而且包括電腦、語音室、圖書、課桌板凳、辦公設備全部「搞掂」。王邦育說，學校現在有一千六百八十個孩子，教學條件改善後，將來肯定會增加到二千人以上。

「從一九六九年到一九七七年，十六歲到二十四歲，我在紅光農場立新隊度過了八年最難忘的時光。二年芽接，六年割膠。我離開農場已經二十九年，但我跟所有朋友聊天時，總是說起在紅光農場當知青的八年生活，總是以曾經是兵團戰士、農墾工人為榮！作為紅光人，我現在有一點能力了，回報紅光是非常自然的。」在今天的動工儀式上，李廣生的講話簡短而動情。

如今已定居國外的李廣生，二十多年來保持著一個習慣，只要有機會來海南，一定要回到紅光農場，到當年自己割膠的膠段去看看。他回訪紅光農場累計已有近五十次，光今年就來了四趟。

「我喜歡把車停到膠林邊，到膠林裏轉一轉，嗅一嗅那裏的空氣，什麼都不鋪，在林地裏睡上一覺，那種感覺特別舒服！」李廣生說。他甚至還曾經叫人拿來膠刀，找找當年割膠的感覺。

一出手就是四百五十多萬元的李廣生，自己的生活卻非常簡樸。他多年的好友，前中央電視臺體育中心主任馬國力舉了個例子：「他今天身上穿的西服，還是十年前我們剛認識那會兒他穿的那一件！」

「我覺得我這個人就是戀舊，戀海南！」離開海南那麼多年，接受記者採訪時，李廣生不時還用很地道的海南話和別人搭話。

二〇〇八年是知青下鄉四十周年，紅光農場的知青們籌畫了一系列慶祝活動，包括在紅光農場興建「知青園」，種些果樹，讓知青們今後回海南、回紅光有更好的家的感覺……

如今由李廣生捐資興建的紅光農場中心小學教學大樓，已於二〇〇七年十二月二十五日正式交付使用。整棟六層高的教學大樓設有二十八間標準教室，三間教師辦公室，還有圖書館、電腦、語音教室及各類課桌椅二千套、多媒體影機、鋼琴、電子琴等設備。整個大樓建築面積達四千二百平方米。目前，該校在校學生已達到一千七百多人，比教學大樓建成前增加了二百多人。相信農場的孩子們坐在寬敞明亮的教室時，一定會從心裏感謝這個曾經的知青伯伯送來的一份厚禮……

與李廣生一樣對農場同樣具有深厚知青情結的還有霍東齡，據《海南農墾報》記者**符耀彩**報導：

……二〇〇六年五月十七日，原廣州知青、現任廣東京信通信系統控股有限公司董事長霍東齡，回到西聯農場躍進隊探望他當年的割膠班班長老劉，共憶割膠勞動的苦與樂。當他聽到老職工反映農場缺少人才，農場的教育資源還相對落後時，馬上提議到農場中學參觀。他參觀了運動場、教室和電腦語音室、實驗室等，學校近年來的發展讓他感到十分高興。

中學校長鍾順和反映，學校打算興建一個網路教育資源和學生電腦室，利用現代化手段進行教學，但苦於缺少資金。霍東齡先生當場決定，捐助十萬港幣資助西聯中學。

據悉，霍東齡是一九七二年到的兵團五師四團（西聯農場），當過膠工，在農場最艱苦的開荒新點幹過，後來調到了武裝連，其間在團（場）業餘宣傳隊和創作組工作過。一九七九年恢復高考時，他曾到西聯中學參加複習，當年以高分考取了一所名牌大學。霍東齡先生二〇〇二年在該場五十周年場慶時，曾經捐助十萬元人民幣給農場中學建了一個文化長廊。

「我是帶薪讀書的！我讀大學四年，農場給我發了四年工資，這期間還給我提了一級，從三十六元提到四十三元。我感謝農場！」霍東齡說，「中國有句老話：『滴水之恩，當湧泉相報。』……」數十年後，他還記得那麼清楚。

其實，霍東齡的愛心何止是在海南農墾?!在《南方日報》上，有散文家**楊羽儀**寫的一篇〈**好人霍東齡**〉的文章上說：

二〇〇四年夏天的一次廣東「草原愛心團隊」聚會，聚會主題是為了給環境日益惡化的內蒙古四子王旗草原上的孩子們建一座愛心學校。籌款目標是三十萬元。一位藝術家首先帶頭捐了一萬元。緊接著，霍東齡捐出十萬元。在他的帶動下，沒半小時捐款就突破了三十萬元；很快又突破五十萬元，現在，這座愛心學校已經建成了。後來在錫林郭勒盟他又再捐助十萬元，扶助貧困學生。

據說，他所在的公司一天來了一個外來試工者，剛來不久，就不幸身患白血病，已進入晚期，必須立刻手術，做骨髓移植。但手術費用需要三十萬元。貧窮的打工仔，只好絕望地回老家等死。這事兒讓霍總知道了，馬上發動公司全體員工捐款。他自己就帶頭捐出十多萬元，這筆救命錢終於湊夠，無償地捐給這個陌生的打工人……

為了喚醒海南兵團廣大知青的「情結」，搭建兵團知青與農墾方面聯絡的平臺，霍東齡等粵海知青還多次往返於海南廣州等地，與農墾有關領導，商量籌建粵海知青網站事宜，並慷慨出資贊助拍攝了《我的知青歲月》電視專題片。

更為有心的是，方堅、林瑞琴以及龔大和等三位曾在兵團的知青，在回城打拚事業有成之後，捨近求遠，千里迢迢驅車返回農場，招聘農墾子弟到其下屬企業工作。據**海南新聞網**二〇〇六年五月十六日消息：

……今天上午，來自廣東中山市新紡織廠的老總、原廣東知青方堅在回訪紅崗農場時，公開張榜招聘一百八十五個至二百個職工到他企業工作。同行的原廣東知青、香港商人林瑞琴也宣佈回農墾招聘農墾子弟六十人到她的繡衣廠工作，待遇豐厚，紅崗農場子弟優先錄用。

據介紹，方堅回廣東後，經過一番打拚，如今已在廣東中山、珠海等地擁有紡織、製衣等七家企業。這次回訪中，他特地與夫人攜帶在農場出生、今年已考取美國留學的兒子專程回農場，參觀原來簡陋的居住地，撫摸自己親手栽種的橡膠樹，教育兒子要愛國，愛場，不忘本……

還有的知青回城後，在事業剛剛有成之時，就開始情繫海南，並一直回報農場。據風雲網友介紹：

西慶農場知青從八十年代末就開始了與農場的聯誼活動。並陸續有知青回場探望。

一九九七年第二屆聯誼會時，蔡小舟副會長就以知青聯誼會的名義向西慶農場捐獻二十九臺電腦（當時是一萬元一臺）並為場部中學裝修了全農墾系統最先進的電腦課室，聯誼會還籌集了兩萬元資金支教助學。

自由兄弟粗略地估算了一下，二十九萬元再加上裝修費用，至少要三十多萬元，也算是一個成功人士的大手筆了，況且那時的三十多萬可是要相當於現在的近百萬喲！也算是一個慷慨解囊的有心人了……

在想到改善農場教育條件的同時，也有海南兵團的知青想著如何改善當年朝夕相處的軍工、農工大哥大嫂們的居住環境。據《海南農墾報》陳勇等報導：

……二〇〇八年十一月二十三日，位於瓊中南斗山腳下的烏石農場「知青園」生態小區在眾人的一片喝彩聲中揭開了「紅蓋頭」。來自西安、廣州、香港等三省五市一區的五百多名烏石農場知青以及烏石農場廣大幹部職工參加了當天的揭牌儀式。

「知青園」生態小區是烏石農場小城鎮建設的重點工程之一，由烏石農場原海口知青謝顏吉先生、烏石農場職工、知青集資一千一百萬元建設，位於該場場部與「盛璟園」住宅小區結合地帶，占地面積四點〇七八一萬平方米，總建築面積三萬多平方米，為二層至五層的住宅和商鋪樓群，是一個融居住、休閒、娛樂、觀賞於一體的標誌性工程。目前，已完成總工程量的百分之八十五以上，其中已建成職工住宅十五幢一百二十六套近一點二萬平方米，商鋪八十六套一點二萬多平方米。

謝顏吉告訴記者，「知青園」於二〇〇六年五月奠基動工，首期工程一百套公寓樓和四十七套臨街商鋪樓已在今年四月份竣工交付使用。談到投資建設「知青園」的動因時，謝顏吉說，「知青園」是保本工程，主要目的是為知青歲月留下恆久的紀念，也是完成自己回報「第二故鄉」的心願。

「知青園」生態小區揭牌之後，來自陝西省的西安市、廣東省的廣州市、湛江市、汕頭市、海口市以及香港特別行政區的「三省五市一區」的三十名知青代表打著赤腳，邁著整齊的腳步，懷著喜悅的心情在「知青園」的「足跡」石碑前深深印上自己的足跡。

烏石農場原汕頭知青葉漢文在印上自己的足跡後對記者說，知青歲月，他們與老工人朝夕相處，感情相依，為了同一個目標，汗水、鮮血流在一起，結成了深厚的「烏石情」，今天的足跡是對往日永恆的追憶和緬懷。

還有知青在返回海南時，看到農場的艱難處境，心裏總覺得要想些辦法幫上一把。據《海南農墾報》**胡建南**二〇〇八年六月四日報導：

……由原藍洋農場汕頭知青陳少光牽線引進，以加工生產小番茄「聖女果」的儋州保瑞食品加工廠，於近日建成開始試產。

據瞭解，該廠投資商是汕頭市的一家優秀食品有限公司，通過陳少光牽線落戶藍洋農場，主要加工生產櫻桃小番茄「聖女」果脯。該廠採取「公司＋農戶」的方式合作經營，即農場職工在農場、公司的扶持下，種植櫻桃小番茄，公司保底回收。工廠前期已投入了一百五十萬元，試生產期已吸收農場下崗職工四十七人進廠工作，完全投產後，日可加工小番茄鮮果十五至二十噸，年產值二千萬元，生產的果脯主要出口到東南亞和西歐。

另悉，以櫻桃小番茄加工生產果脯乾果的加工廠目前在海南尚屬第一家，它的建成投產不僅帶動了藍洋地區農戶種植小番茄的積極性，也刺激了島內其他農戶的積極性。

看了這則報導，自由兄弟好生感慨，千里迢迢，不辭勞苦，將家鄉的先進加工技術引進到當年曾經工作過的農場，為的就是希望讓農場的軍工、農工儘快脫貧致富，這種熾熱的回報情懷和事例在海南兵團知青中還有許多許多……

第二節　涓涓細流匯聚的滾燙情懷

登錄粵海知青網後，自由兄弟很感興趣地一直在跟蹤這樣一個知青群體，他們不僅創建了以當年「上山下鄉」農場名字命名的網站，撰寫了許多反映當年知青在農場和兵團時期生活的回憶，編發了《定格往事情懷》大型知青留影集，而且一直牽掛自己當年曾工作過的農場和連隊，盡其綿薄之力幫助著當年的農場和連隊。這個群體就是原六師四團（中坤農場）的知青。

回城後，這個群體通過各種渠道一直與農場、連隊保持著聯繫。早在一九九六年，這個農場的知青周冀石、田亞東等人在回到當年最先分配到的十五連，聽說隊裏為了改善農工的生活條件，準備安裝自來水管，苦於資金不足。得知此事後，當年曾在隊裏工作過的十七名知青籌資九千三百元，捐助連隊，使隊裏的自來水工程得以完成。為此，隊裏農工特意將捐助者的名單用紅紙鏡框鑲掛在隊部的學習室裏，以示感謝。

九千三百元，在今天看來，並不是大數目，可在當時，卻算得上是筆大款了，它確實解決了連隊的一個實際困難。捐助者中，最多的是周冀石和田亞東，分別為二千元，但令筆者感動的是當時大家都還不富裕但卻盡其所能。其中最為可敬的是張麗珍、孔偉她們等，一個原是絹麻廠的，工廠早倒閉了，另一個生活更困難；二百五十元，對她們來說，拿些錢出來確實不是一件輕易的事情。若說冀石、亞東的捐款相當現在的萬元之巨，那麼她們捐款也相當現在千元有餘了。難怪捐錢時，亞東看著她們數錢，心裏很不好受。錢雖不多，但卻飽含著回城知青對那片熱土的滾燙惦念……

在這之後，二〇〇七年二月三日，知青亞東、冀石、虞皓等一行十三人又去看望了第二故鄉的鄉親們。知青曉培在三十八隊教過小學，人雖走了，心裏一直掛念著場裏的孩子們，她託亞東買了一批兒童讀物，分贈了十五、十六隊小學（為集中資源，現在的農場小學已改為幾個隊集中設點）和三十八隊小學。連人在香港的知青陳經緯聽說他們返場，也記掛著曾經任教的「團小」，特意委託亞東等代為贈書。說起這位當年飽受委屈、無奈前往海南的僑補知青**陳經緯**，依然對「團小」任教時的孩子們的牽掛真是感人至深。

在他的一篇**《老懷欣慰的一刻》**的文章中，我們可以很清晰地感受到他在行將老去的時候，發現學生們已經成材，而且還記得他時，那種欣慰而熾熱的情懷：

天色漸暗，華燈初上，我剛把電腦關閉，電話鈴聲隨即響起，原來是我的學生從海南島打來的。我馬上對他說，給個號碼，我給他打過去。因我知他不容易，不寬裕，一個中學校長月薪大約一千元左右。但他執意不肯，說「久久一次哩」，沒關係，還說這是在南坤鎮上用電話卡打的。

接著，我們開始了長達一刻鐘的談話：從其他同學的近況，談到學校及農場的現狀及變化。最後他誠懇又激動地說，真想不到三十多年後的今天，曾在這裏艱苦生活過的廣州知青還那麼惦記著他們這些山區裏的孩子，除了回農場探望他們外，還捐書助學，連他們的後一代都關心起來。他要我代向楊老師及其他付出愛心的知青致以衷心的問候。他還希望我們能設立一千元的獎學金，獎勵學習優異、家境貧困的學生。我立刻允諾下來了。

談著談著，我又不禁跟他一起回憶起師生間的趣事。我告訴他，就在前天晚上，我與同是教師的老伴還談起他來呢，三十多年的那一幕清晰地浮現在腦海中。

那年夏天的一個中午，我佈置下午的勞動課後，便匆匆吃過午飯，回宿舍打個盹去了。不知過了多久，朦朧間似覺有點動靜，睜眼一看，原來是他倚在窗前，平靜地等待著我睡足醒來（現代的「程門立雪」編者按）。我湊前一看，窗外的他手中牽著一頭大水牛，有點羞怯的謝同學在他身後扛著鐵犁，還有一個「嘅精」（海南話，有做作之意）的瘦小孩生恐我沒留意他，搶步上前邀功說，他也有份和謝同學輪著扛呢。對於這三個十一二歲的孩子來說，完成這些任務還真不容易的。下午，當全班同學回校後，大家都歡欣地蜂擁著大水牛，一起到學校的菜地去。當班長的他除了自己賣力地幹之外，還耐心地手把手教我這當老師的駕馭水牛犁地。

現在，三個孩子中，一個是現任中學校長，一個是已赴海口執教的前任校長，還有一個則當上省裏的幹部。往事經一來一回追述後，變得更清晰了，也更令人浮想連翩。劉同學似乎猜到我的心思，結束談話之前說：「老師您放心，我水平雖然低哩，可是心還是有的。」我知道他指的是明知這校長不好當，他自己的學歷不夠高，但只要一天在任，總會勤勤懇懇、盡力做好本份的。

記下這些，只為了想與楊某某農友分享這令人快樂的一刻。正如他說過我們在那裏做過兩件事：「播撒文明」和「開荒種膠」。記得一位教師在他的書中提到，杜甫〈春夜喜雨〉這首詩最末的兩句是：「曉看紅濕處，花重錦官城。」他解釋此兩句意象為細雨潤物之後，有開花結果的收穫。而我等默默耕耘的教師，本來不必期於收穫，但有鳴斯應，久而不息，應該是我等最大的慰藉……

也許是受陳經緯、曉培農友為農場學校捐書的事蹟啟發，或許是亞東等知青從農場回來後，提及了農場中學圖書館缺少圖書的現象，二月十三日，知青楊子迪又在中坤農友網上發起「幫助農場建立一個有點質量的圖書館」的建議，這一建議很快就得到了中坤農場知青的回應，也受到了農場的歡迎和支持，在場部中學安排了專門的房舍供擴大圖書館之用。知青們還成立了捐助工作小組，推選田亞東負責協調事宜。十八隊的知青周志軍，一九七六年招工回到廣州後，一直沒沒無聞地幹著公交車售票員的工作，而且是夜班那種，一直幹到退休！《羊城晚報》上曾有她的事蹟。她的日子並不富裕，每月看病都要花不少錢，但聽說給中坤場學校捐書助學，特意從西場搭車到大沙頭找到亞東，把原來留給孫女的兩本厚厚的詞典託亞東帶回農場。

據**亞東**網上報導：

……年初由楊子迪發起的中坤農友捐書活動至目前為止，捐款、捐書農友共計一百一十三人次（因有的農友捐款後又參與贈書），累積金額為一萬三千九百四十五元。

今日是曉蘭掛帥，我們一早八點混上了新華發行集團的交通車，半個小時就到了天河客運站對面的新華集團了，那裏有龐大的書庫，從一樓至六樓都佈滿了書架。這次因潔華等農友沒空，我又召集了新的義勇軍，包括了我的同學，八師奇南（美院圖書館），香港叫來了陳經緯，我們單位的同事小郭（三水知青）共計五人。具體由我派工，曉蘭負責與工作人員拉關係，確保打折順利；其餘人一人推一部車，分片包幹撿書，一樓交款處集合。十一點半我們的四車書埋單後還有錢富裕，我和曉蘭又到對面樓的專櫃去買了一包書。

中午人家要休息，我們走了兩里地，去華工學生飯堂，混在學生堆裏吃了一盤四點五元的學生餐。飯後，在打包車間打好包並當場辦理了託運，收貨人還是海南雄義的女兒。由於本人夠醒目，提前一天打好了一打A四紙的標籤，免去了逐一寫標籤的麻煩。活動於兩點鐘勝利結束，把經緯送上回廣州東站的汽車後（他返港），大家各自回家不表。

本次購書二十一包，六百七十六本，用款一一三五五點一元，加上二十三日的購書用款五八〇點八元，共計使用了一一九三五點九元，共購書七百二十三本，餘額二〇〇九點一元。待明日再把二十三日訂購的一千七百元左右的最後一批書結帳後，此次購書活動就可以劃上句號了。

有一件感人的事要說說：今天新增的二百元捐款竟是南林農場的鄭少偉兄妹捐的！原來他們在香港聽

到經緯介紹我場場友捐書的事，主動提出看在知青一脈的情誼，也要出一份力。感謝所有以中坤場為友的人……

看完亞東農友激動得有些「語無倫次」的報導，自由兄弟很是為中坤場友的「圖書館計畫」終於邁出實質性的一步高興，剩下的工作就是亞東等人自己破費前去贈送了。在這之前，還是讓我們先睹為快看看他們的**〈致中坤農場中學的公開信〉**吧！

親愛的同學們：

我們是中坤農場的場友。我們這群人裏，除了有你們熟悉的知青這個群體，還有上個世紀五十年代農場的開拓者，有六七十年代來場的大學畢業生，也有滿腔熱忱從海外回國建設的歸僑，以及從中坤農場中學畢業的職工子弟。

我們年少的時候，由於我們國家教育事業的落後，由於社會的動亂，由於家庭的貧窮，我們都或多或少嘗到過失學的痛苦。但是，我們之中的絕大多數人在十分艱苦的條件下，堅持閱讀，堅持自學，終於使自己成為對社會有用的人。

我們知道，讀書不一定會讓一個人走上權力的寶座，也未必會使一個人變成百萬富翁。但是，讀書一定可以使一個人成為智者，知識一定可以使一個人改變自己、家庭，甚至國家的命運。

現在，我們分佈在世界各地和祖國的四方。有感於上述的體會和認識，出於我們對中坤的山山水水和勤勞善良人們的深厚感情，特向你們捐贈這批書籍，並謹以這批書籍，聊寄我們對中坤農場下一代的殷切期望。

同學們，當你們的體能和知識還不足以為社會和家庭創造更多財富的時候，充分地利用上學的這段寶貴時間，努力學習科學文化，取得德、智、體的全面發展，就是你們獻給你們自己、你們的父母和國家的最好禮物。

最後，祝中坤農場更加興旺發達，祝中坤的孩子天天進步！

中坤場友

公開信在網上轉載後，有一網名**bxz**的知青留言：

……我們又陷入了一種傳統的思維方式，大家都表現得太謙虛了。應該說，這次捐書活動是中坤知青發動的，所得的絕大部分捐款都來自中坤知青。我以為在公開信中，可以理直氣壯地突出知青這個主體。至於大學生、華僑、老工人還有其他的什麼人，可以順帶提一下。讓中坤的孩子們能清晰地記住：在六八年以後，有一批從廣州、海口、汕頭、湛江等地來到農場、被叫做知識青年的人，他們還在關心著農場的孩子，希望孩子們好好讀書，有一個美好的未來。

是的，自由兄弟贊同知青**bxz**的說法，就是要讓中坤的孩子們，甚至海南農墾的孩子們都清晰地記住：在六八年以後，有一批從廣州、海口、汕頭、湛江等地來到農場、被叫做知識青年的人，他們或是由於社會的動亂，或是由於家庭的連累，都或多或少品嘗過失學的痛苦。但是，他們之中的大多數人在十分艱苦的條件下，通過自學，終於使自己成為對社會有用的人。如今他們依然關心和記掛著農場的孩子，希望孩子們通過讀書使自己成為一個智者，從而改變自己、家庭，甚至國家的命運。

知青的這種情懷，甚至感動了他（她）們的家人。**亞東**在**〈女知青懷思念魂繫農場，眾親人續情結捐款助學〉**一文中，向人們講述了一個感人的故事：

……中坤農場當年的鐵姑娘，女知青黃向青安詳地隨著農友譜寫的歌曲〈永遠的情懷〉駕鶴西去了。有感於她的知青情懷，她的家人們再一次向中坤農場的「知青勤學獎」捐資，連帶黃向青告別會的帛金結餘一併，共計五千元。在痛失親人的悲哀中，他們以這種特殊的方式，延續著這位知青對農場悠長綿遠的情結。

今天下午，向青的愛人李邦仁找到了我這個「中坤知青勤學獎」的聯絡組長，把錢交給了我。展開了清單，第一行寫著「李愛群（黃向青媽媽）一千元」，看得我心裏一痛。後面依次是她的姨丈溫應昌、妹妹黃向丹、弟弟黃向明，在邦仁家一欄裏，寫著「黃向青（生前遺願）」。像以往捐助活動一樣，我面前彷彿又浮現了黃向青那清澈的眼光，那熟悉的聲音：「這份是我的。」

現在的人比我們那時候複雜得多了，雖然多元化的價值觀是社會進步的表現，但知青的那種對社會的關愛、奉獻精神，我相信，絕對是現今社會依然值得敬仰、值得呼喚的高尚情感。向青就是這樣一個平凡而高尚的典型，她的離去，引起朋友們的如此痛惜，我想，這當是其中一個重要的原因。

此時，我相信所有當過知青的人都會像我一樣，對黃向青以及像她一樣平凡而高尚的她的親人們，致以崇高的敬意！

雖然你們只是一介平民，但這種崇敬之於你們，是完全受得起的，你們當之無愧！

十一月三十日上午，得知黃向青過世的消息，我感到震驚，當即去電黃家，瞭解情況，又轉告尚未知情的農友。此後，陸續接到不少電話，都是對此事表示關切的——與她熟悉的農友都很快將這一不幸的訊息傳送出去了。

十二月三日下午，參加完她的告別儀式後，我的心情久久不能平靜，提起筆來想寫點什麼，無奈淚眼模糊……。早在農場時，黃向青就是我熟悉的一個名字，那是因為她的鐵姑娘的事蹟，和她並無任何交往。真正和她有所接觸、交往，是在二〇〇五年我開始編輯《定格往事情懷》時。她十分積極地協助我：與她熟悉的農友通電話，蒐集照片，提供相關的資料……。為此，我都不記得她來過我家多少次了。看她走路有點一拐一拐的，我真有點於心不忍，勸她別跑來跑去了，反正現在有電話、電子郵件，方便得很。她一笑置之，只簡單解釋說膝關節動過手術。

有了交往，便有了瞭解。她是這樣向我介紹她的基本情況的：一九七六年辦「病退」手續從農場回到廣州。半年後，先是到廣州氮肥廠當了半年電工。一九八五年，在華農工作的父親病重，調入華農，以幹部指標在財務科工作。二〇〇二年，因辦去香港手續，以「工人」退休。

這是一種平凡的人生，但有代表性。對於絕大部分當年「上山下鄉」的知青來說，又何嘗不是平凡？黃向青感人之處在於她平凡之中的可貴品格。以我的感覺，她待人誠懇、真摯，從不願意臧否他人；她助人為樂，自己卻避免麻煩別人；她對人對事都十分認真負責，總是盡力而為。所有這些特點都可以看作是當年她那奮不顧身的鐵姑娘風範在新時期的延續。

對於當年她的鐵姑娘精神，可能有人會有不同的解讀。但事實證明，她的鐵姑娘風範，是出於對當時主流價值觀的真誠追求，而不是基於個人的功利目的。這正是她的可貴之處。現今的社會，價值觀已經多元化，這並不是壞事，只是現在這個社會也越來越世俗化、功利化了。更為嚴重的是，根據民間的總結，已出現了越來越多的「錯別字現象」。諸如：「勤撈致富」、「得財兼幣」、「擇油取錄」、「檢查宴收」、「為民儲害」、「攻官小姐」、「提錢釋放」等等。對於這些「錯別字現象」，我相信，我們這一代的絕大多數人是深惡痛絕的。現在大家懷念黃向青，稱讚她的品格就是一個證明。因此，當我在殯儀館那顯得狹小的二十五號廳裏，擠在上百人的送別人群中時，我的內心感受到一股強烈的震撼。

安息吧，黃向青農友，你的鐵姑娘風範已銘刻在中坤農場的史冊上，你的優良品格永遠存活在我們的心裏。

中坤農場的知青還為農場下屬的連隊建起了一座「連心橋」。有關經過，自由兄弟是從中坤農場知青網上**jiehua**的述說中得知的：

> 自古以來，築路修橋均為大善事，民生之年，在農場和一幫熱心的知青的努力之下，十五連的石橋即將竣工，夢想就要變成現實，為十五連職工在二〇〇八年收到的新禮物感到欣慰！亞東與zhoujishi為此事操了許多心，出了很多的力，我們都很感謝他們。
>
> 記得剛到「吊狗」隊時，對圍繞她的小河看不夠，水草上飛著很多身形細小的五顏六色的蜻蜓，河裏小魚游來游去。這條小河是我們平時洗刷的好地方，伴隨我們過了知青歲月的最初幾個年頭。可是一場大雨，可以使平時溫順的河水變得兇猛，過河時須從橫在河面上的兩三條樹幹上走過，滑溜溜，顫悠悠，經常有人在上面摔倒，挑著的膠水可以瞬間變為烏有。現在提起過河，我仍有後怕。感謝熱心的農友們，促成了「連心橋」的建成，使洪水氾濫時的交通不便成為過去，並伴橋下的流水，長久地承載著我們四十年來不盡的思念……

幾乎就在中坤農場知青捐書的同時，粵海知青網管理員藍藍瞭解到新中農場中學圖書館藏書缺口較大、西慶農場中學書的品類不太多，也在網上向知青朋友們呼籲，希望大家為培護墾區的孩子出一把力，捐贈一些適合於孩子身心健康、開拓智力的好書！所捐贈書籍可以是舊書，但不要破爛的。可由網站集中轉交，也可自行郵寄，並提出網站人員可在每週二派員在網站收集捐助的書籍和學生文化用品。

呼籲帖子發出立即得到許多網友回應，知青**zheng1954**回覆道：「藍姐：我準備從當地部分知青收集一些書籍，然後打包直發海南，避免經中轉廣州造成破損。問題是該發幾個農場、需要什麼針對性的書籍，以便我組織人力來分類等。另外：零擔託運一般到海口，我平時寄來送往的即每天一班從我農場直達潮陽的班車，其他農場我情況不明，故請您明示（託運費用本人負擔）。」

據**風雲**網友介紹：「廣州市第一商業學校共青團員們在郭桃桃老師和團委書記林東霞老師的發動下，回應粵海農墾知青網的倡議，很快為海南新中農場中學捐出各類書籍約八百五十冊，對墾區捐書助以實際行動做出貢獻。如今，這批捐書早已送達了農場。相信示範作用，一定收穫更多的回應……」

海南兵團知青不僅記掛著農場的孩子，更記掛著自己曾經用青春和汗水開墾出來的農場生產。六月七日，粵海農墾（兵團）知青網上轉發了一則讓人揪心的帖子。帖子是金波農場的網站聯絡員伍和平代農工們向知青求救的。伍和平在帖子中非常懇切地請廣大的知青朋友幫個忙，他說：「我是金波農場一位普通職工，自己雖然沒有種植芒果，但我們工友們共種植了三千多畝芒果，產量近四百萬斤，目前仍然有三百萬斤芒果掛在樹上，無人問津。果農們一年辛勤勞作盼的就是果樹能結果，如今樹結了果，可賣不出去，眼巴巴地望著芒果一天天成熟在發愁……」

此帖一發，引起了眾多知青的關注，大家像自己兄弟姐妹有難一樣紛紛獻計獻策。知青**風雲**說：「大家可否湊錢買一些，也許能帶起銷路呢。」金波農場的**伍和平**先生說：「運過來廣州，最少要二萬斤，也就是五百箱。」他說：「就叫愛心芒果了。現在果農著急得很，果子熟了要爛掉的！」知青**紅花男**說：「我把這資訊在幾個商務網站上發佈了！」知青**6s1t171**說：「乾脆我們組織一個『海南島水果經銷部』，專門去組織海南水果到廣州賣，反正我也能掌握這個市場的一些運作，需要資金也不會很大，不知有沒有人回應？」**那山那水**說：「金坡場在我們白沙縣，四師五團，以前去過很多次，在大山裏，土地肥沃，雨水充足。沒想到竟然有那麼多芒果！我沒經營水果的經驗，幫不上忙，真希望通過大家的努力能幫他們解決難題。」

在眾知青的獻計獻策幫助下，不久，就看到了金波農場的網站聯絡員**伍和平**的一則令人寬慰的帖子：

廣大的知青大哥、大姐們：您們晚上好！非常抱歉，由於天公不作美，今天從早晨四點開始下大雨，直到中午才停雨。因為芒果是不能冒著雨採摘的，也不能在樹身不乾之前採摘果，否則會影響果的質量。因此原準備今晚發出的二萬斤芒果，未能按計畫發貨，請各位見諒！

另外，下午小馬哥電話告訴說增加一萬斤，我們爭取明天晚上一起把三萬斤芒果發到廣州，可能要到後天（星期三）的上午才能到達廣州。特別感謝大家的支持。如果您們在品嚐金波芒果時感覺到好吃（口感好），就請您們繼續給予更多的支持和幫助。這一批芒果，可以說是「環保型」的芒果，不加任何添加劑和催熟劑，放心食用絕對安全。

看完帖子，從west-union-boy的跟帖中得知，西聯農友的「六・一六」聯歡會上一定少不了擺滿海南金波農場的芒果。而據我所知，廣州市當時的芒果行情也只不過一點五至二元一斤，這可確實是廣大知青在用愛心為農場的工友分憂啊！但願，大家繼續關注我們農場的果農，多想想辦法解決那芒果銷售的難題……

還有一個動人的故事，更能展示知青們對老軍工的情懷。這是**風雨同舟**撰寫的**〈幸福農場尋人過程小記〉**：

……二〇〇七年三月十六日，藍藍在知青網上《尋人啟事》欄目代貼了馬來西亞朋友尋找親人的「海外來函」。曾在幸福農場工作過的知青Dasong（大宋）反應最快：「可能是場基建隊呀。」接著，尋人版版主（注：也就是風雨同舟）同時在《尋人》和《談天說地》向大家求助：「每個尋人留言寄託一份希望，希望大家關注，請知情人伸出援助之手。」於是，凡是與幸福農場有關聯和沒關係的知青們開始出謀獻策，多方聯絡。

三月十八日，heyong先生以〈海外眾弟妹尋失散三十多年的親大哥——七師五團基建鄭龍水〉為標題在知青網上留帖，並附上了鄭大哥一家四口一九八八年在幸福農場的照片。知青們的行動感動了heyong先生，三月十九日，他向網站提供了進一步的情況和一段相關錄像，中坤知青映明幫忙截出了鄭大哥參軍的照片。大宋聯絡幸福農場的知青瞭解情況，並提供了幸福農場的近照。「所有知道此事的原幸福農場廣州知青都在關注！」「所有知道此事的粵海知青們都在關注！」

三月二十三日，知青「新星老眼」也加入尋人隊伍，提供了農場電話，並自動請纓親臨現場查訪，使事情有了突破性進展。三月二十七日，新星老眼農友第一次前往幸福農場，卻得到出人意料的消息：鄭龍水大概於一九九五左右退休舉家遷回潮汕老家，大概於一九九七年去世。

知青們並沒有放棄，大家認為，鄭大哥曾參軍保衛祖國，後到寶島建設祖國，和很多歸國華僑一樣熱愛祖國，服務國家，一定要繼續努力追尋他的親人。我們可以尋找鄭大哥兩個女兒的蹤跡，讓她們與海外親屬聯絡團聚。查清鄭大哥回潮汕的確切地址，找到其他親戚，有可能的話，讓大馬親人回到自己的故鄉，為鄭大哥和他們的祖宗掃墓；記錄整個尋人過程，寫出知青幫助尋人的感人事蹟，讓知青精神發揚光大。

三月三十日，新星老眼農友第二次前往徐聞幸福農場，經過多方查訪，終於找到知情人，知道鄭大哥的大女兒在潮陽，小女兒在東莞，並和她們通了電話。自此，小鄭MM上了知青網，並與老眼農友及尋人版保持聯絡。

四月五日晚上，知青hoyong聯絡鄭MM。老眼農友興奮地說：「就盼這一刻了。」可沒通電話，沒有確認，「還不能放鬆」。晚上二十二時四十四分五十一秒，老眼農友還發來短信：鄭妹妹說打完電話上網告訴我們呢。別太早睡，等好消息啊！可是那晚大家等到凌晨都沒有進展。

四月十日晚上，通過幾天的忙碌，用錄像、照片、email反覆核對、確認，大馬姑姑與鄭MM們終於通過電話直接相認，使這次尋親有了圓滿結果。

由於農友們把鄭大哥當成親人，把鄭家尋親當成自己的事，linlin、qd、Dasong、老眼提供了很有價值的線索，各版主，特別是映明，幫忙分析情況，整理視頻資料，深入細緻做好各種應變方案。tututo、青春兔、四齒耙、大f、030、lhs、藍藍以及廣大知青朋友一直給予高度關注，充分體現了知青們樂於助人的精神，展示了粵墾知青網的凝聚力和感召力。最令人感動的是老眼農友，他兩次從茂名開車前往徐聞，三探幸福農場，最終促成了這樁好事。當大家謝謝他時，他淡淡地說，我只是順道「路過」去問問而已，這是多麼可貴的知青精神啊！

以上是尋人過程的流水帳，拜託樓主和知青朋友們寫出生動的「尋親記」。這個帖在短短的十幾天裏，跟帖過百，點擊率達二五七二次之多，創下《尋人啟事》版跟貼和點擊的兩項最高紀錄。

超越怨恨，寬大為懷，是回城知青的另一個特點。當年許多知青因各種歷史原因，曾經在農場被批被鬥被整，但是他們依然如故記掛著那片土地，對農場一往情深。知青**Leemiao**曾因戀愛遭受莫名其妙的干涉和打擊，心情十分痛苦。但他卻「以德報怨」。他說：

……我的感受是，農場的頭六七年，勞作雖艱苦但容易承受；但最後的幾年知青大量回城之後，知青已不被重視，甚至有的遭受到莫名的打擊，那種精神上的苦悶才是最為痛苦的。那是我無法迴避的，其中所發生的激烈衝突我已不想說了……

說到寬容，我從不會記恨任何人，更不會耿耿於懷。雖然太太的家早已不在農場，但這些年來我仍先後十幾次返場探訪。八十年代中我曾帶學生到海南實習，那次還繞道農場並探望了曾經整過我的那位原作業區書記，他還慚愧地和我談起了往事。二〇〇四和二〇〇五年的春節我與太太都專程回到了深山裏的生產隊，我對農場的人與一草一木都一往情深……

第三節　依然惦記著曾經滄海的夥伴

回城後的知青還有一個特點，就是對當年一起「上山下鄉」的遇難知青及其親屬的牽掛。這在**黎服兵**的〈**重修「知青墓」二三事**〉可見一斑：

……晨星農場知青重修「知青墓」，悼念逝去的同學農友，悼念逝去的青春年華。網上對具體人物事件的記述多有出入，雖說做了工作的農友不計細枝末節，但保留真實，是我的責任。

許多記述沒有提到馮國森，實際他在其中起的作用最大。大約是一九九八年，馮國森找我，說農友們提議重修晨星知青墓，我們來操辦吧。我頓感慚愧，逝去者有我同校同班的同學，我卻忘了此事；馮國森不是廣州、潮汕學生，卻鄭重其事，大概和他在總局青工處工作過有關，最重要的是他有心。

馮國森召集過兩次在廣州工作的農友聚會，商量諸事，費用都是他自己掏的。很快捐款陸續到來，工作非常瑣碎，林瑛已提前退休，空閒時間多些，適合管理農友捐款，就請她管起了這一攤。在不長時間裏，就有了一筆為數不小的捐款。

馮國森建議回農場和現在的農場領導通通氣，爭取他們的支持。我剛好有任務到海南，馮國森的本職工作和農墾有關，都可以爭取順道兼顧。林瑛、丁惠筠有空，她倆自費，我們一行四人就回去了（實際是五人，我女兒放假跟著去，自費）。

晨星陳華業場長、周滄龍書記聽說此事後非常支持。周書記是和我們前後腳來的海口知青，陳場長是四隊老工人的兒子，對知青的感情很深，表示農場再困難也要辦好這件事。在農場的幾天裏，馮國森畫出草圖，提出對建築材料的要求，我們還跑到幾十里外的廣青農場（原廣青隊）選擇立碑的花崗石。匡算下來，總造價得三十多萬。我們和農場領導商定，知青們盡力籌集十萬現金，用於採購建材，其餘的勞力費用和土地費用請農場負擔，兩位領導痛快地答應下來。

回來後在麓湖邊白雲仙館有一次廣州知青聚會，仙館董事長蔣嘉固贊助了相關費用。這次來的農友近百人，連五八年去海南的老知青周偉賢也來了。會議有幾個重要議題：一、繼續發動捐款；二、通過「知青墓」的正式設計；三、決定捐款人的排名次序；四、碑文定稿。

由於中國改革進程已波及至平民百姓，農友們大多數面臨失業、下崗、收入減少，對捐款有心無力，大都只能拿出幾十一百，難以湊足十萬之數。為難時，有位家境尚可的農友匿名捐了一萬元，加上後來潮汕知青的捐款，總數已超出十萬。

「知青墓」的設計施工圖，原來請廣州建築設計院梁戰強擔任，他臨時有外派工作無法完成。再請深圳建築設計院黃珊建做，她是洪水中逃出生天的六位女知青之一。兩次電話聯繫後，她很快就把圖紙拿出來了。

捐款者名單是應該留在墓園裏的，但如何排序？有人提議按慣例，以捐款多少排列。最後大家同意實行當年知青內部的不成文規則：人不分貴賤，錢無論多少，按當年各人所屬連隊排序。

墓碑銘文最費躊躇，不少農友寫了初稿，幾經斟酌，選用了黃友民據人民英雄紀念碑銘文句式改寫的一稿。「知青墓」三個大字原推舉李庭家寫，原來的墓碑就是他寫的。可他建議找著名書法家寫，廣州市書協主席蘇華很合適。我曾與蘇華為鄰，領下這事。蘇華的字此時已很值錢，待我說明此事，這位女書法家大有燕趙男兒之風，當即一揮而就，分文不取。知青墓很快建好了，中間許多工程問題、資金問題，是馮國森多次和農場協調的。完工後，我和林瑛、蔣嘉固開著蔣嘉固那輛破桑塔納又回了一次農場，拍下了許多知青墓的照片給大家傳閱。

還有一事要說。十隊潮汕知青丁身龍後來在場部當搬運工，為補貼家用，在墓地空隙種了些甘蔗，聽說要重修知青墓，毫不遲疑把長到半人高的蔗苗砍了。我們要給他一點補償，他斷然拒絕。丁身龍年已五十，雙眼視網膜脫落，伸手五指難辯。他和妻子月工資加起來不足五百，一雙兒女讀中專大學，景況極為窘迫，但顧大體，識大義，也是我輩中人。

知青墓重修後，《羊城晚報》有報導，又闢出半版，刊載當年晨星知青遭遇洪水之災的實情，比較客觀地記載了這段歷史。

至於海南省把晨星農場知青墓作為「愛國主義教育基地」則是不知所謂了，但也應該感謝他們，讓更多青少年來到這被人遺忘的角落。他們在這裏肯定有所惋惜，有所震撼，有所沉思，有所責問！

類似晨星農場這種由回城知青捐資重修的「知青墓」在紅田、陽江等不少農場都有，並且已經成為了許多返回農場海南知青常去弔唁的地方。他們藉此緬懷已故的夥伴和自己逝去的青春，追溯當年「上山下鄉」歲月的艱難情景。每當這時，弔唁者無不神情凝重或抽泣落淚……

除了牽掛著昔日逝去的夥伴，知青們還惦記著他們的父母。曾經有要好的朋友問過自由兄弟：「上了這麼久的粵海兵團知青網，使你最為動情的是哪個帖子？」當時，我也不假思索地告訴對方，就是那篇知青**小草**寫的**〈今天見到郭楚容的媽媽〉**。該帖全文如下：

……今天我們到潮陽棉城，在居委會的熱心幫助下，見到了晨星農場遇難者郭楚容的妹妹郭楚文，並一同探望了郭楚容的老母親。九十一歲高齡的老人家身體尚健，對那段悲痛的往事仍然記憶猶新，提起往事更是傷心落淚。

老母親告訴我們，那時候郭楚容是自己主動要求去豬場的，出事那天還有一位叫阿珍的倖存者，也是潮陽棉城的，那天她是緊緊抱住了一棵樹才得以倖存下來。女兒遇難後，政府補給家裏一百來塊錢的撫恤金，三十多年來沒有任何部門的人去看過她。今天有和女兒一起的海南知青來看望她，既感動又傷心，老淚縱橫。

我們怕她老人家傷心過度，不敢讓她提及太多往事，畢竟是九十一歲了。大家的心情都很沉重，我們唯一能做到的就是盡可能幫助尋找到這些遇難者的照片，以之告慰仍在悲痛中的親人和已逝去的戰友……

在這篇帖子下面，有一些知青網友的跟帖也相當動情，現摘錄一些如下：

Chenyhang：「……每次看到這樣的報導，心裏總難免難過和心痛。已經深藏心底的東西，不想提的……唉！」

青春兔：「……有人看比沒人看好，起碼這位老媽媽能夠明白當年和她女兒一起的知青們沒有忘記她的女兒和她，在懷念女兒之餘心裏也會略感安慰的。祝郭媽媽晚年快樂！」

Lhs：「……『女兒遇難後，政府補給家裏一百來塊錢的撫恤金，三十多年來沒有任何部門的人去看過她。今天有和女兒一起的海南知青來看望她，既感動又傷心，老淚縱橫。』看到這裏，我的淚水也忍不住了。面對如此高齡老人，真不知說什麼才好？只希望知青的關愛之情能感天動地，令此事得以順利進展。謝謝小草，謝謝為此事努力著的朋友們！」

Yu：「……是啊，有人看望總比沒人看的好，起碼親屬能感受到人間仍有關愛和溫暖。農友、戰友們則是完成了一樁心事。感謝為此努力的知青朋友們！」

知青**青**：「……感謝小草和各知青帶給郭媽媽一家的問候，雖然是晚了，但還是能讓郭楚容一家感受到農友、戰友們的情誼。祝郭媽媽健康長壽，祝她們全家幸福！」

風雨同舟：「……九十一歲高齡的郭媽媽，知青大家庭沒有忘記你的女兒楚容，潮汕朋友代表所有粵墾知青來看您了，祝您健康長壽！！！」

草籽：「……『女兒遇難後，政府補給家裏一百來塊錢的撫恤金，三十多年來沒有任何部門的人去看過她。』……」

Shenyouxia：「……一個活生生的姑娘死了只值一百多元，之後再無人過問，令人心寒啊！」

Qiqi：「……九旬老媽媽的眼淚讓我們揪心。願老人家不再流淚。謝謝去看望老媽媽的知青戰友！」

黑夜的默認：「……一個活生生的姑娘死了只值一百多元，之後再無人過問，就是這一點，不僅令人心寒，而且讓人氣憤！親屬要向農場和政府提出補償要求，難道我們知青的命就這麼不值錢？農場有關人員也該看望一下啊！海南兵團兄弟應該提出自己的要求，為遇難兄弟姐妹討個尊嚴！不能只是悲哀緬懷。」

說實話，這個帖子自由兄弟點擊不下二三十次，當我第一次看完時，竟止不住淚流滿面，痛哭失聲！不僅是又想起那個可怕的奪去年輕生命、風雨交加的夜晚，還因為一個活生生的姑娘死了只值一百多元，之後再無人過問；還因為那個白髮蒼蒼，年過九旬，對那段悲痛的往事仍然記憶猶新，提起失去的女兒更是傷心落淚的老母親……之後，我幾乎每隔一兩天都要點擊一下，我不知道我在期待著什麼？但我卻又明知道我在期待著什麼……

但是，我卻沒有看到我期待的消息。許多個夜晚，我又想起許多長眠在那片熱土的兄弟姐妹（包括一些冤屈的），我不知道他（她）們的父母和家人，也是否得到過一百多元的撫恤金？我不知道是否有人也給他（她）們的家人少許安慰的話語？一年一年的春夏秋冬，轉瞬之間三十多年過去……唯有一聲長長的歎息：如果有來生，真希望我們生在一個風和日麗的年代！

最近，我又讀到了小草網友代**郭楚容哥哥**發的帖子〈**憶楚容**〉：

……那時候家裏窮，楚容七歲時就領著五歲的妹妹去棉城搭篷廠「揭葉」，一天可賺「四分錢」，到月底才結上個月的數。媽媽正愁不夠錢買米，她手裏捧著一元多錢給媽媽說：「媽媽，我想剪塊布做衣服，現在你沒錢買米，這是上個月的工資，你拿去買米吧！」媽媽望著那瘦小的手，看著很多補釘的衣服，想說什麼但沒有說，摟著她，媽媽流下了眼淚。

我「上山下鄉」那一天，她對我說：「我要跟你一起去下鄉。」當時我沒有同意。現在想來，真後悔當初沒帶她一起來下鄉。

她去海南是自己報名的，當時家裏人口多，爸爸下放沒有工作，靠媽媽做些手工活賺點錢還不夠買米。她懂事，知道去海南就可以減輕家裏的負擔，所以她毅然決定報名去海南，那一年她才十六歲……

多懂事的一個姑娘！看完此帖，自由兄弟禁不住又是淚流滿面……逝者已矣，可綿綿無期的傷痛卻永遠留給了生者！並不遙遠的一點距離啊！他（她）們當年為國盡忠，以致今天不能盡孝！有關部門應該代為行之，派人來看望一下當年那些將生命奉獻給農場的知青的父母吧?!儘管造成當年的悲劇主因不在你們，但你們是當年兵團延續的法人呀？也許這樣更能激發和延續回城知青情繫農墾的感情！

對於那些因各種緣由，而留守農場的夥伴，回城知青更是放在心上。他們在返回農場時必定要前去看望敘舊，還想方設法幫助解決他們的生產和生活上的困難。二〇〇六年五月，方堅、林瑞琴以及龔大和等三位潮汕知青，返回農場時，不辭勞累地兩天驅車走訪了農場六個生產隊的十四戶職工，其中包括七戶留守農場的老知青。三名知青每人分別捐款近萬元補助這些生活困難的職工和知青。

當方堅來到二十六隊，看到當年與自己一起下鄉、一起在橡膠林裏勞動的知青戰友林某病退在家，生活困難，當場決定拿出一筆錢存在場工會，要求每月補助林某生活費，一直補助到送終為止。看到林某居住的房子比較破舊，三位知青表示一起捐錢給予修理和裝修房子、購置家具等，讓林某過上好生活……

最為令自由兄弟感動的是**藍藍**發的一則帖子：

……二〇〇三年，西慶農場的知青聯誼會換居，在組織回訪中，得知原十六中留場知青謝興基先生肝癌晚期，聯誼會馬上召集捐款助醫。同年其女考取了西安農業科技大學，但家貧如洗（此時，其子也得了嚴重的肝病）。我們得到消息後，立即召開知青聯誼會議通過了一項特別的決議：留場知青的女兒就是我們的女兒，留場知青的事情就是我們的事情，謝秀玲是知青的子女，我們一定不能讓她失學。

是年，我們為她繳納了全年學費，並把她全年所需的生活費匯到她所在大學的系裏，讓系領導按月發放給她，幫助管理好她的日常生活，保障了她的正常學習。後來其父病故，她回去海南奔喪，往返機票等費用全由西慶農場知青聯誼會解決。目前，她在學院申請了學費貸款，但生活費用多年來一直由我們西慶農場知青聯誼會負擔。我們將把對她的援助一直支援到明年她畢業為止……

讀罷這則帖子，我想，各位網友的心情也會肅然起敬的。非親非故，憑什麼如此慷慨大方？憑的是同為海南兵團農場的知青！憑的是那風雨同舟的幾年知青情誼！憑的是對海南那方熱土的眷戀之情！

所以，在某種意義上來說，留場知青謝興基的女兒在不幸中又是萬幸的！儘管父親英年早逝，但卻依然有這麼多的知青叔伯姑姨關心著她的成長。自由兄弟有時暗想，倘若謝興基九泉有知，也是一定會對西慶農場的知青兄弟姐妹感激涕零的！……

第四節　重新走進海南晚霞中的志願者

歲月悠悠，情思縷縷。二〇〇七年春季，已經成立運作了一段時間的粵海農墾（兵團）知青網在與海南農墾部門的日常交往中，得知一些農場學校師資力量緊缺，教學經驗不足。於是與海南農墾教育局經過多次協商，擬定合作組織開展半年一期的支教助學活動，並在網上發出了「組織退休知青教師進行半年一期的支教活動如何？」的倡議。

支教助學的倡議一經在知青網上發出，不少教學實踐經驗豐富的知青老師紛紛踴躍報名。他們為提高農墾教學水平，毅然決定再到農墾發揮餘熱，表示要盡心盡力做好這件功德無量的大事。同時，也有不少熱忱而又有特長的知青亦紛紛請纓，表現出對農墾這第二故鄉厚重的情誼。

知青**zheng1954**說：

我第一時間報名：本人主打「文學類」、「行政管理」、「商務」用在農場區域還行！——本來我曾向兒子交代過：我死後把骨灰扔到大海，現在看來將來條件允許的話，要把一部分骨灰埋在農墾知青膠林園我認種的膠樹下。成堅也說過而且是當時種膠苗時說的！以後會有很多知青回訪農場時，肯定會請農墾總局順帶知青到農墾知青膠林園認種我們「後知青時期」的膠樹苗。園區還有很多沒種上的苗樹穴，那裏景色很美，是知青永久的膠林園。那裏現在勞動、生活、休閒都配套，是農墾總局為知青留下的唯一自留地，也寄託我們知青年代的眷戀之情！

知青**gzhuzhan**說：

好主意！也算我一個，十年前我已有這想法。我不是高級教師，也不是副教授，但我想我一定會受到歡迎，首先是憑我的熱心。我們去支教不是去淘金，也不是沽名釣譽，不需要設那麼高的門檻。可以先試講。支教的形式可以有多種，希望能通過試點為熱心的知青提供多種舞臺，以滿足我們由無法消去的「知青情結」產生的願望……

知青**袖攬花香**：

我在市老幹部大學任過系主任，不任課只是搞管理的。需要嗎？

知青**chenxiaoling**說：

這個建議太好了，我報名啊。希望早點落實。

更為幽默的是知青**happyfox**報名的理由：

我是教師，還有兩年時間才退休。我是兵團八師的（屬湛江地區），可我想到海南去支教，因為我是在一師找到老婆的……（因為一師位於海南）。

在眾多知青的積極回應之下，經過粵海農墾（兵團）知青網站與海南農墾教育局多次協商，擬定合作組織開展半年一期的支教助學活動終於正式啟動。二〇〇七年三月二十四日，知青網站召開了已報名參加支教的老知青會議。並將第一批支教助學的六位老師的報名材料傳真到海南農墾教育局，初步達成了兩點共識：一是今年九月一日新學年前去支教，二是五一後安排支教助學的老師到海南考察……

首批知青支教，雖然人數不多，但是意義重大，體現了十萬粵海農墾兵團知青對第二故鄉的深情厚誼，同時作為粵海知青支持第二故鄉的先頭部隊，為下一步的支教（如捐書，捐文具，開展短期講座等）鋪路，積累經驗。五月中旬，支教老師在海南農墾部門的陪同下，先後對萬寧的東興農場中學、新中農場中學、烏石農場中學和白沙邦溪農場等中學進行了考察。

五月二十四日晚粵海知青網站負責人和支教助學赴海南考察小組在廣東醫藥大廈召開了會議。會上，網站負責人員聽取了前往海南農墾中小學（部分）參觀學習的情況彙報。支教老師譚祝玲講述了前往考察後，看見農墾教育事業日新月異的發展深感興奮。農墾學校缺少中學老師，尤其是高級職稱的老師。同時也談出了自己的顧慮，怕大家期望過高，自己會辜負大家的期望。即將退休的郭桃桃老師到海南考察後，對支教助學感到很必要，決心努力去實踐自己的理想；目前她已經在任課的學校著手發動共青團組織為考察中瞭解到的農墾貧困戶小孩捐書助學。

聽說了知青老師前往海南支教助學的消息，五月二十五日早上，有一位帶潮汕口音的周女士用手機告訴粵海知青網工作人員，已經轉了五千元到知青網的帳號，並指定是用來支教助學。事後經瞭解，這位周女士是一九六九年下海南新進農場的汕頭知青。她的義舉是對粵海知青網發起的支教助學的活動最大的支持！支教助學的活動也帶動了許多沒有教師資格，但有專長特長的知青，他們紛紛向網站建議，要求義務到農場去給孩子們進行美術、音樂、舞蹈、攝影等短期培訓。

後經網站再次與農墾教育局溝通，有關領導表示，只要是知青，或曾是在農墾任過老師的，農墾都歡迎大家的到來。再次體現了對我們知青的信任和期盼。同時徵集短期（三至七天）師資（校長、教務主任及各科教師）義務培訓班教員。消息傳來，許多頗有名氣的知青大師踴躍報名，甚至表示哪怕暫時放下日進斗金的生意不做，也要前往海南農場先回報心願……

經過一番精心準備，第一批海南兵團的知青暑假短期支教隊伍共二十人，於二〇〇七年七月十九日啟程到海南農墾九個學校開展電腦、攝影、美術書法、舞蹈、小品朗誦等短期培訓。這支隊伍分別由大學教授、中學高級教師、工程師、攝影師、書畫家等組成，都擁有一定的專長勝任教學。雖然只有短短幾天的培訓，但培訓結業之時，學生們都有一定的收穫，有的孩子還依依不捨支教老師的離去，場面令人動容。

緊接著，八月二十六日晚上，第二批支教助學人員教師譚祝玲、郭桃桃又乘坐火車奔赴海南，開始了到海南紅光農場中心小學支教半年的生活。有趣的是，廣州知青譚祝玲是一九六八年下鄉到海南三亞，曾割過橡膠、當過廣播員，最後還當過農場教師；回城後她隨丈夫到廣西工作，曾任某小學校長，二〇〇四年退休後她遷回廣州生活。當得知有知青支教的活動後，她毅然報名，還到當地進行了考察。她說：「時代不同了，四十年前我們是被迫下鄉的，但如今我是自願下鄉的。我主要是想充實自己，回報農場。」

而另一位支教老師郭桃桃則稱自己是去「報恩」的。她的父輩是曾經出生入死打仗的老革命，在文化大革命中受到批鬥迫害，她被分配到黑龍江生產建設兵團，一去就是十年：「基層的人民最偉大，他們在我們家最艱難的時候向我伸出援助之手……所以，我要去回報他們，把餘熱奉獻給曾經貢獻過青春的廣闊天地。」郭桃桃滿臉笑意地說。

轉眼間，到了二〇〇八年的元月，在老知青支教老師即將離開返城的頭一天，記者趕到了澄邁紅光農場中心小學。據記者**陳標誌**報導：

……天氣似乎在一夜間突然變冷，譚祝玲老師已經將從廣東帶來的毛線衣穿上。年過六旬的她，正與數學閱卷組的一些年輕老師坐在一起，給學生改期終考卷。

「不說了，很慚愧，在這裏沒有將學生教好，感覺有點誤人子弟。」譚祝玲似乎沒有去年九月份接受記者採訪時的欣喜與開懷，眼神中多了些留戀與不捨。這一天，是譚老師在紅光農場中心小學最後一天支教的日子。至於為什麼有一種「慚愧」的感覺，這位曾經獲過「十佳小學校長」榮譽的退休老教師，卻始終找不出「慚愧」的具體地方，她說：「也許是我對這裏的教育期望太高了吧。」

譚老師將閱完的試卷遞給對面的一名年輕女教師統計分數。接過試卷的一名年輕女教師接過話茬說：「譚老師在這裏教得很好，我們都捨不得她走。」按照學校年輕教師的理解，譚老師是一個教學方法很多的老教師，她的實物教學法將呆板的課堂變得格外生動起來，學生也愛聽。

而在中午休息時間，教英語的郭桃桃老師正在宿舍裏收拾餘下的行李。這時，兒子從美國打來國際長途。郭老師的兒子在美國留學，在一月一日回國時專程來海南看望母親。

郭老師的兒子帶著一個數碼相機，紅光農場中心小學的許多學生得知郭老師要走，爭著要與老師合影。臨走前，郭老師按照數碼照片的人頭數沖洗，分別將合影照送給孩子們。

「我是教英語的，但在這裏，英語教學沒有得到足夠重視，五年級的學生，連二十六個英語字母也認寫不全。」郭老師說，紅光農場中心小學原分配的英語教師，後來分去教別的課程了，學校就沒有專門的英語教師。「學校有一名外語專科畢業的教師請產假，一個化學系畢業的老師代替她給學生上英語，我當時剛好從走廊上經過，一聽不是那個味，最起碼的單詞發音都不準確，豈不是誤人子弟呀！」郭老師對此感到擔憂。

從剛到農場那天，郭老師就開始寫她的支教日記，半年的支教生涯結束，支教日記也洋洋灑灑寫了三萬字：

「如果有可能，下次我們還會回來，按照我的經濟能力，不需要任何人安排住宿，義務支教一兩個月，辦個英語班，讓那些好苗子學生學到更多的知識。」郭老師一邊與記者交談，一邊收拾自己的行李。在行李箱裏，放著孩子們送給她的禮物——信件、大頭貼、手工做的紙房子……

「孩子們不知道從哪裏聽說我們要走，剛開始用零花錢買一些小禮物送來，我知道後，及時制止了，並宣佈一條『紀律』：不能用錢買禮物。孩子們很聰明，後來找些不用的紙張，做千紙鶴、風鈴等。」郭老師說，「孩子們還寫了許多信給我，將自己的大頭貼貼在上面，真的很感動。在我離開之前，我不敢拆開看，怕控制不住自己的情緒。我要將它們帶到內地後，慢慢地回味這段難忘的支教生活。」

雖然由於國家有關規定和種種原因，知青們的支教行動無法延續，但他們情繫海南農墾的赤誠之心卻依然如故。自由兄弟在本文中蒐集的故事，只是海南兵團十多萬知青的滄海一粟。各個師團（農場）還有著許許多多感人的個人和集體典型，隨著知青網的影響擴大，將會有更多的兵團知青志願者，踏著海南的晚霞，重新走上返回農場、連隊的彎彎山路，用自己的知識和財富，再次實現當年青春之時未遂的夢想……

而自由兄弟如今只是掛一漏萬，將所知的一些表象反映出來，並藉此告訴世人和後人，作為海南兵團的知青，我們不會忘記那些曾經寄託著我們的理想和熱望，激情燃燒的歲月；更不會忘記那曾經打碎我們的夢想，和令我們不僅流汗而且流血、流淚的祭奠青春的地方——海南和雷州……因為冥冥之中的命運，就註定那將是我們終生眷戀的第二故鄉！

（全文完）

後記：留給後人一個不加修飾的真實過去

當我終於擱筆，編纂整理完這部《熱島知青潮》時，一股如釋重負的感覺湧上我的心頭。作為海南兵團十幾萬知識青年中的一員，作為海南兵團從組建到解體的親歷者，將這段刻骨銘心的歷史寫出來，留給後人，一直是我心底的熱望，也是我自認為作為那個特殊年代特殊群體中一員的責任和使命。因為我知道，歷史不會因為時光的流逝而改變，也不會因為人們的遺忘而消失，而唯有每一位親歷那段歷史者的鮮活記憶，才能還原那段日漸遠去的歷史，才能留給後人一個不加修飾的真實的過去。

無悔也罷，無奈也罷，那一場知青運動帶給我們這一代人的傷痕卻是永遠不爭的事實。不能因為害怕反思歷史這個沉重的話題，我們就永遠封閉記憶地生活在歷史的消沉中，而且在走出了歷史消沉的若干年後，仍然不敢說出我們的真實感受！我們常說：「忘記了過去就意味著背叛！」何況我們並沒有忘記，因為那一段青春記憶已成為我們生命中揮之不去的隱痛。與其害怕、逃避，不如痛定思痛。因為只有反思歷史才是避免重蹈災難覆轍的最好辦法，只有吸取歷史的教訓，才是對歷史真正地負責任。

想想看，整整一代人既已將青春年華鎔鑄在那段歷史中，就應該將一個完整和真實的知青歷史還予歷史上的知青，假若連這一點心胸和膽識都沒有，那我們就無從談歷史，也無從談知青，更無從站在歷史的高度來看待知青運動。正因為基於此種認識，我的良知催促我拿起筆，完成這個艱難的選擇，艱巨的任務。

因為這許多年來，自由兄弟一直耿耿於懷這段刻骨銘心的歲月，它對於我和千千萬萬的知青後來人生的道路，有著無法估量和形容的深遠影響，將這一特殊歷史事實盡可能完備地展現於世人，留給世人，讓後人知曉我們這一代曾經的坎坷和艱難的足跡，並對其中的是與非、經驗與教訓進行深刻反思。從而引以為戒，讓歷史不再重現，讓悲劇不再重演，是我最真誠的企盼。

知青的歷史是由知青自己書寫的，其中有著許多不為人知的心路歷程和坎坷落拓。作為一個動亂年代的犧牲品，每個人都有著自己難以言說的經歷和故事，每個人都有著自己不堪回首的往事和懺悔。本文集中所收錄和引用的事例全部都是海南兵團知青本人所經歷的真人真事和心路歷程，但是，由於自由兄弟所掌握的資料有限，許多有關海南兵團的重大事件都無法翔實還原。而且由於本人經歷和思想認識的局限，在整理述說海南兵團的故事中，難免摻雜個人的情感因素，甚至有偏頗失誤之處。敬請讀者特別是海南兵團生活的親歷者，給予理解、諒解和批評指正。

最後我要說的是：自由兄弟懷著摯愛與悲痛之心將此書獻給我活著和死去的，我永遠至親至愛的海南兵團戰友，尤其是知青兄弟姐妹們。歲月雖然流逝，青春雖然不再，但歷史不會忘記我們，人民不會忘記我們，我們的生命和靈魂將與海南那一片雨林、那一片沃土永存於世，亙古不變！

二〇一一年三月二十九日終稿

釀文學43　PC0187

熱島知青潮（下）

——海南生產建設兵團的血淚見證

編　　者　自由兄弟
主　　編　蔡登山
責任編輯　林千惠
圖文排版　邱瀞誼
封面設計　王嵩賀

出版策劃　釀出版
製作發行　秀威資訊科技股份有限公司
114 台北市內湖區瑞光路76巷65號1樓
電話：+886-2-2796-3638　傳真：+886-2-2796-1377
服務信箱：service@showwe.com.tw
http://www.showwe.com.tw
郵政劃撥　19563868　戶名：秀威資訊科技股份有限公司
展售門市　國家書店【松江門市】
104 台北市中山區松江路209號1樓
電話：+886-2-2518-0207　傳真：+886-2-2518-0778
網路訂購　秀威網路書店：http://www.bodbooks.com.tw
國家網路書店：http://www.govbooks.com.tw
法律顧問　毛國樑　律師
總 經 銷　創智文化有限公司
236 新北市土城區忠承路89號6樓
電話：+886-2-2268-3489　傳真：+886-2-2269-6560
博訊書網：http://www.booknews.com.tw

出版日期　2011年12月　BOD一版
定　　價　370元

Printed in Taiwan

國家圖書館出版品預行編目

熱島知青潮：海南生產建設兵團的血淚見證 / 自由兄弟
編著. -- 一版. -- 臺北市：釀出版, 2011.12
冊； 公分. --（史地傳記類；PC0185 - PC0187）
BOD版
ISBN 978-986-6095-59-7（上冊：平裝）.--
ISBN 978-986-6095-60-3（中冊：平裝）.--
ISBN 978-986-6095-61-0（下冊：平裝）

1. 知識分子 2. 中國

546.1135 100022086

讀者回函卡

感謝您購買本書，為提升服務品質，請填妥以下資料，將讀者回函卡直接寄回或傳真本公司，收到您的寶貴意見後，我們會收藏記錄及檢討，謝謝！

如您需要了解本公司最新出版書目、購書優惠或企劃活動，歡迎您上網查詢或下載相關資料：http:// www.showwe.com.tw

您購買的書名：________________________________

出生日期：________年________月________日

學歷：□高中（含）以下　□大專　□研究所（含）以上

職業：□製造業　□金融業　□資訊業　□軍警　□傳播業　□自由業

□服務業　□公務員　□教職　□學生　□家管　□其它_____

購書地點：□網路書店　□實體書店　□書展　□郵購　□贈閱　□其他

您從何得知本書的消息？

□網路書店　□實體書店　□網路搜尋　□電子報　□書訊　□雜誌

□傳播媒體　□親友推薦　□網站推薦　□部落格　□其他__________

您對本書的評價：（請填代號　1.非常滿意　2.滿意　3.尚可　4.再改進）

封面設計____　版面編排____　內容____　文／譯筆____　價格____

讀完書後您覺得：

□很有收穫　□有收穫　□收穫不多　□沒收穫

對我們的建議：________________________________

____

____

____

請貼
郵票

11466
台北市內湖區瑞光路 76 巷 65 號 1 樓

秀威資訊科技股份有限公司 收

BOD 數位出版事業部

（請沿線對折寄回，謝謝！）

姓　　名：＿＿＿＿＿＿　年齡：＿＿＿　性別：□女　□男

郵遞區號：□□□□□

地　　址：＿＿＿＿＿＿＿＿＿＿

聯絡電話：（日）＿＿＿＿＿＿＿（夜）＿＿＿＿＿＿＿

E-mail：＿＿＿＿＿＿＿＿＿＿